# 365 DIAS NO MUNDO CORPORATIVO

## DO "HIPOCRISIL" AO "DEMAGOGIL"

Copyright© 2019 by Literare Books International
Todos os direitos desta edição são reservados à Literare Books International.

**Presidente:**
Mauricio Sita

**Vice-presidente:**
Alessandra Ksenhuck

**Capa:**
Gabriel Uchima

**Arte da capa:**
Kayon Tinti

**Diagramação e projeto gráfico:**
Gabriel Uchima

**Revisão:**
Camila Oliveira

**Assessoria textual:**
Carolina Martinelli Massaro

**Diretora de projetos:**
Gleide Santos

**Diretora executiva:**
Julyana Rosa

**Relacionamento com o cliente:**
Claudia Pires

**Assessoria Jurídica:**
Valéria R. C. Zibordi

**Impressão:**
ANS

---

Dados Internacionais de Catalogação na Publicação (CIP)
(eDOC BRASIL, Belo Horizonte/MG)

| | |
|---|---|
| B496t | Bergh, Rogério.<br>　　365 dias no mundo corporativo / Rogério Bergh. – São Paulo, SP: Literare Books International, 2019.<br>　　15,5 x 22,5 cm<br><br>　　ISBN 978-85-9455-223-5<br><br>　　1. Administração de empresas. 2. Sucesso nos negócios. I.Título.<br>　　　　　　　　　　　　　　　　　　　　　　CDD 658.3 |

**Elaborado por Maurício Amormino Júnior – CRB6/2422**

---

Literare Books International.
Rua Antônio Augusto Covello, 472 – Vila Mariana – São Paulo, SP.
CEP 01550-060
Fone/fax: (0**11) 2659-0968
site: www.literarebooks.com.br
e-mail: literare@literarebooks.com.br

# PREFÁCIO

Este livro é baseado em 35 anos de experiência em empresas automotivas nas quais trabalhei e me dediquei.

Minha formação é em Engenharia Mecânica, com pós-graduação em Gestão de Custos e especialização em Engenharia Automotiva.

Tive a oportunidade de trabalhar no exterior, na Alemanha, Argentina, Áustria, Estados Unidos, Itália e México, o que me ajudou sobremaneira na análise dos comportamentos interculturais que são relatados neste livro.

Trabalhei com gestão de pessoas durante 24 anos, principalmente nos últimos 19, quando fui gestor de gestores. Assim, também foi possível relatar fatos de gestão inerentes ao comportamento dos indivíduos.

Observei, nesse período, muitas situações conflitantes nas organizações e procurei sintetizá-las em 365 perguntas que se referem ao cotidiano. As respostas são simples, sem nenhuma base catedrática ou científica, uma vez que são resultado do que observei ao longo desses anos e foram baseadas única e exclusivamente no meu entendimento pessoal.

Quando precisei de definições mais elaboradas, visando uma clareza maior sobre algum termo específico, recorri à pesquisa em fontes confiáveis e seguras.

Para não deixar o conteúdo deste "depoimento" entediante, procurei não exceder o número máximo de 1300 caracteres para cada item, deixando a leitura leve, interessante e, muitas vezes, até engraçada.

Os assuntos, na medida do possível, foram colocados em ordem cronológica dos acontecimentos, buscando principalmente uma continuidade entre eles. Por isso, dividi este livro em seis partes:

- **Parte 1: estagiando**
- **Parte 2: entrando no mundo corporativo**
- **Parte 3: dia a dia no mundo corporativo**
- **Parte 4: interação com pessoas**
- **Parte 5: procurando emprego**
- **Parte 6: aposentando**

Apesar da ordem cronológica, este livro pode ser lido a partir de qualquer ponto, uma vez que não existem ligações necessárias entre os assuntos. Cada tópico possui sua consideração própria.

Como sugestão, você pode iniciar a leitura de acordo com a sua atual situação profissional, ou seja, se estiver concluindo a universidade, pode iniciar pela Parte 1. Por outro lado, se já faz parte do mundo corporativo, ou estiver em final de carreira, pode iniciar pelas Partes 3 ou 6, respectivamente.

Este livro visa a maior flexibilidade possível no que tange à leitura. Portanto, fique à vontade.

É importante deixar claro que nenhuma das perguntas estão relacionadas às pessoas e, sim, a minha interpretação sobre o fato observado. Logicamente surgirão opiniões diferentes das minhas, o que é extremamente normal e aceitável, uma vez que os meus relatos não revelam verdade absoluta, mas aquilo que eu pude observar.

Certamente muitos dos meus colegas de trabalho da minha trajetória profissional lembrarão de alguns momentos. Espero que os relatos sejam encarados de forma impessoal, uma vez que não cito pessoas e/ou empresas.

Durante a elaboração deste livro, tive a ajuda de muitas pessoas que trouxeram questões para que respondesse e inquietações para serem abordadas, refletidas ou questionadas. Apesar de não ter vivido alguns fatos, fui capaz de relatá-los de acordo com meu entendimento sobre eles. Agradeço a essas pessoas que contribuíram para enriquecer o conteúdo da obra.

## PREFÁCIO

Em função de caracterizar melhor determinados temas, algumas palavras de baixo calão foram utilizadas, sem a mínima intenção de vulgarizar o livro ou de ofender leitores.

Algumas comparações com animais também foram utilizadas, porém sem nenhum intuito de depreciar indivíduos ou conotar desprezo aos animais.

Meu humilde objetivo com este trabalho é contribuir de alguma forma, claro que positivamente, com os novos profissionais, bem como com aqueles que estão percorrendo esse caminho corporativo. Apesar de algumas ironias, tentei ao máximo ser fiel a minha experiência profissional no mundo corporativo, dividindo o lado bom e ruim, pois sempre acreditei que compartilhar o conhecimento é uma forma de evoluirmos.

Boa leitura!

# PARTE 1:
# ESTAGIANDO

 **ESTOU ACABANDO MINHA GRADUAÇÃO. COMO DEVO ME PREPARAR PARA O ESTÁGIO?**

Chegou a hora... faltam apenas alguns meses para concluir o curso. Esse é um momento importantíssimo na vida de todas as pessoas. A migração do lado acadêmico para o corporativo trará mudanças importantes no cotidiano.

Essa mudança ocorrerá por meio de um período de estágio, pois o vínculo com a universidade não se perdeu e o aluno já estará atuando como um profissional.

O primeiro ponto a ser observado é a busca pela empresa certa. Mas será que existe empresa certa? Não, isso é utopia, pois a adaptação é o caminho.

Uma das formas de se entender as empresas é conversando com os empregados delas. Tente agendar algumas entrevistas com essas pessoas para captar informações relevantes. Certamente elas contribuirão para o seu direcionamento profissional e para a sua atuação.

O tamanho da empresa, nacionalidade e ramo de atividade definem suas características. Portanto, quanto mais informação detalhada, mais clareza na sua escolha.

A partir daí, concentre seu esforço nas companhias selecionadas, mas não deixe de aproveitar oportunidades de todas as empresas que venham a "bater a sua porta".

 ## COMO DEVO ME COMPORTAR NA ENTREVISTA PARA ESTÁGIO?

Atualmente, as entrevistas para estágios estão cada vez mais rigorosas e, em algumas empresas, até mais complexas do que para as vagas efetivas.

Isso acontece, pois os profissionais que estão no mercado de trabalho já são conhecidos e o perfil profissional deles é facilmente identificado por um entrevistador pelas redes sociais e profissionais, bem como por meio das áreas de recursos humanos das empresas.

Como os potenciais estagiários ainda não são conhecidos no mercado, provavelmente alguns testes adicionais serão feitos, como, por exemplo, uma filmagem na qual cada candidato tem a liberdade de falar um pouco da sua vida e ambições futuras, testes psicológicos, provas de inglês com entrevistas, entre outras.

Como sugestão, tente simular esses testes com a ajuda de pessoas de seu convívio, para que, com isso, esteja mais preparado no momento da entrevista. Quanto melhor for essa preparação, menor será o risco de ficar nervoso no dia.

O mais importante de tudo é ser você mesmo e procurar relatar seu cotidiano de forma autêntica, calma e segura. Jamais tente inventar algo para agradar aos entrevistadores, pois eles têm experiência suficiente para perceber isso.

 ## CONSEGUI O ESTÁGIO EM UMA EMPRESA. O QUE DEVO FAZER NOS PRIMEIROS DIAS?

Parabéns! Esse é um momento ímpar na sua vida. Independentemente da sua formação ou da universidade, as empresas procuram pessoas motivadas e proativas. Essas serão as principais características para seu sucesso.

Os primeiros dias são sempre complicados, seja para um estagiário, seja para um novo funcionário. Normalmente, os estagiários ainda não possuem acesso aos sistemas, tampouco têm um computador ou mesa para trabalhar. Não se preocupe, isso acontece com todos.

O importante é chegar com atitude positiva, buscando atividades para realizar e, principalmente, perguntando aos funcionários do departamento como ajudar.

Demonstre interesse em conhecer o processo produtivo da empresa e procure entender as atividades "core" (aquelas relacionadas diretamente ao negócio). Se for o caso, pesquise na *internet* (logicamente, em casa, após o expediente) todas as informações pertinentes à empresa.

É importante conhecer quem são os principais funcionários do departamento no que tange ao conhecimento das atividades. "Cole" neles e assimile o máximo de conhecimento possível, com o cuidado de não se tornar um estorvo.

Quanto mais rápido estiver apto para executar as funções do departamento, mais rápido virá o reconhecimento ao seu trabalho.

## COMO DEVO ME COMPORTAR COMO ESTAGIÁRIO?

Alguns pontos devem ser observados para não cometer os seis erros básicos dos estagiários:

**a) Telefone celular:** esse é o erro número um dos estagiários. Todos sabem que a conectividade faz parte do cotidiano, mas deixe para fazer isso fora da empresa. As pessoas fazem isso, mas não toleram isso dos estagiários;

**b) Assiduidade:** apesar de muitas empresas não focarem mais no tempo trabalhado e, sim, no resultado, nenhum gestor gosta que seu estagiário chegue atrasado, falte ou priorize viagens ao trabalho;

**c) Ficar parado aguardando nova demanda:** nunca faça isso! Acabou uma atividade, já peça outra a qualquer funcionário;

**d) Negar-se a fazer um serviço por não fazer parte do escopo:** todo estagiário deve mostrar que tem humildade e vontade de fazer de tudo. Mostre a todos que "veio para ficar";

**e) Internet:** isso é quase um crime para um estagiário que a utiliza dentro da empresa. Deixe para pesquisar e fazer compras em casa. Quando for necessário utilizar para serviço, evidencie isso o máximo possível;

**f) "Rodinha de conversas":** fuja o máximo possível de conversas que não agregam valor a sua atividade.

Lembre-se, o sucesso da efetivação está fortemente atrelado ao comportamento quando estagiário. Não adianta ter formação na "NASA", se não for proativo e motivado.

## MEU ESTÁGIO ESTÁ ACABANDO. SERÁ QUE VÃO ME EFETIVAR?

A esperança é a última que morre! Já vi vários casos de estagiários que sabiam que não ficariam na empresa e, no último dia, foram efetivados.

As evidências de permanecer ou não nas empresas vão surgindo durante o período de estágio. O que tem de ser analisado é o histórico de efetivação da companhia.

Entendo que existem três tipos de empresas:

**a)** As que têm uma política clara para os estagiários, nas quais existe um percentual muito grande nas efetivações. Normalmente essas empresas efetivam os estagiários no intuito de se fazer um escalonamento nas funções, ou seja, no topo da fila estão os profissionais em fase de aposentadoria e no fim da fila os estagiários, a cada saída de aposentado, a "escadinha" é feita e o estagiário ocupará o primeiro degrau.

**b)** O segundo tipo são aquelas que utilizam a mão de obra barata dos estagiários para executarem as tarefas operacionais e no fim do estágio fazem a troca por novos estagiários.

**c)** O terceiro tipo, o mais comum, são aquelas nas quais não existe uma política clara de efetivação, mas os estagiários são reconhecidos e podem ser efetivados mediante a capacidade e a oportunidade.

Sempre esteja atento ao tipo de empresa na qual trabalha para não perder as oportunidades.

 ## AS EMPRESAS REALMENTE USAM ESTAGIÁRIOS COMO MÃO DE OBRA "EFETIVA"?

Cada vez mais as empresas buscam reduções de custos e, consequentemente, utilizam estagiários como mão de obra "efetiva". Pode-se dizer que uma grande parcela de empresas se utiliza dessa prática.

Algumas empresas "propagam" para o mercado que os estagiários são exclusivamente treinados e capacitados para tornarem-se profissionais e que jamais fazem atividades operacionais cotidianas. Porém, acredite, a teoria nem sempre traduz o que realmente é praticado, por vários motivos e diferentes interesses.

O meu entendimento é que, quanto mais o estagiário atuar operacionalmente nas atividades, maior será seu aprendizado e, por conseguinte, maior empregabilidade ao final do estágio.

Percebe-se claramente que os melhores estagiários tiveram um histórico de exposição a essas atividades muito maiores e que os bons resultados atingidos foram principalmente em função disso.

O que as empresas não devem fazer jamais é colocar os estagiários para executarem atividades repetitivas e que não agregam valor ao estágio. Eles devem ser direcionados com o intuito de aumentar o nível de responsabilidade gradativamente durante o período de estágio. Pergunte aos estagiários o que eles acham disso!

 ## FUI ADVERTIDO POR UTILIZAR REDES SOCIAIS. ISSO VAI ME PREJUDICAR?

Atualmente, o uso das redes sociais em muitas empresas é liberado, caso contrário seriam bloqueadas pela área de TI (Tecnologia da Informação). Agora, qual a real intenção das empresas em liberar esse tipo de acesso?

As empresas entendem que os contatos com as redes sociais agregam positivamente ao desempenho dos funcionários, além de demonstrarem uma adequação à atual sociedade.

É esperado, porém, um uso adequado por parte dos funcionários e principalmente pelos estagiários, utilizando-se do bom senso para limitar este uso. Alguns cuidados devem ser tomados para que o uso de um benefício não se torne alvo de uma advertência futura.

Procure utilizar as redes sociais somente fora do horário normal de expediente, ou seja, no horário do almoço, na entrada ou saída do trabalho, desde que não estejam caracterizadas por horas extras. Mesmo na hora do almoço, não use em terminais que são visíveis às pessoas que passam pelos corredores, pois certamente o "rotularão" pelo uso, ainda mais sendo um estagiário.

O fato de ter sido advertido pelo uso, poderá prejudicá-lo caso isso se repita. Do contrário, o fato será relevado futuramente. Não se preocupe.

## POSSO PROCESSAR A EMPRESA POR ME USAR COMO MÃO DE OBRA EFETIVA?

Existe uma legislação específica para regular as relações de trabalho, assim todos têm seu direito resguardado. Porém, caso seu entendimento seja que foi contratado como estagiário, mas realiza atividades de um efetivo e se sentir prejudicado com isso, você tem como recorrer ao judiciário e comprovar a sua situação. Este julgará os fatos que forem devidamente comprovados e dará o veredito.

Porém, esse caminho não é tão simples. Terá de procurar um profissional habilitado (advogado) para esclarecer todas suas dúvidas e poder decidir de forma consciente.

Mas, infelizmente, sou obrigado a confessar que essa prática acontece nas empresas, principalmente por falta de recursos, entre outros motivos.

Não estou dizendo que não se deva processar a empresa, mas temos que ter o discernimento necessário, bom senso, nessas situações.

Caso não se sinta prejudicado, que não haja nenhum constrangimento, tire proveito da situação e aprenda tudo o que puder, certamente ajudará num futuro próximo. A decisão é sua.

##  9    POR QUE ALGUNS ESTAGIÁRIOS SÓ QUEREM "CUMPRIR TABELA"?

Para falar a verdade, algumas pessoas não sabem nem porque existem!

Alguns estagiários passam seu período de estágio como "Alice no País das Maravilhas", ou seja, acham que tudo aquilo a que são submetidos não passa de mera ficção e nunca os ajudará em nada no seu crescimento profissional.

Provavelmente, isso deve ter uma relação muito forte com a história de vida de cada um, o objetivo, o perfil, entre outros motivos.

Não se pode esquecer que o período de estágio é o alicerce da vida profissional, no que tange ao tipo de profissão que escolheu e se a rota deve ser corrigida. Este é o momento da decisão, pois se "o trem passar", não haverá mais tempo de chegar ao destino.

Percebe-se que muitos profissionais não foram bem-sucedidos, pois seus estágios não foram realizados de forma adequada ou não tomaram a decisão de correção de rota no momento apropriado, acostumando-se com a situação em que se encontravam, deixando, com isso, o tempo correr à revelia.

Não utilize o estágio como se fosse uma matéria de faculdade, que deve ser cumprida para finalizar o curso. Use-o como base de conhecimento para a definição exata do futuro profissional.

##  10    ERA ESTAGIÁRIO E FUI CONTRATADO. E AGORA, O QUE EU DEVO FAZER?

O momento da efetivação sempre é algo gratificante para os estagiários, pois é o mérito pelo período de dedicação durante o estágio. Atualmente os estagiários passam de um a dois anos nas empresas e, em algumas, o período pode ser até superior a isso.

A partir desse momento, terá uma atividade que será de sua inteira responsabilidade e, apesar de ser o início, não terá mais aquele suporte que tinha antes dos funcionários, pois entenderão que o período de treinamento passou e agora é "vida real".

Logicamente, é sabido por todos que, mesmo tendo sido efetivado, você terá momentos nos quais vai precisar consultar os profissionais seniores para a tomada de decisão, pois ainda não terá experiência suficiente para decidir.

Procure continuar humilde em suas atitudes, buscando sempre compartilhar com os mais velhos de empresa e sugerir. E tente passar o máximo de conhecimento adquirido aos novos estagiários que chegarão.

Certamente foi contratado por ser merecedor. Nada muda quando efetivado no que tange às atividades, porém, o nível de exigência passa a ser maior e a cobrança por resultados virá!

# PARTE 2:
# ENTRANDO NO MUNDO CORPORATIVO

## 11 QUAIS AS CARACTERÍSTICAS IMPRESCINDÍVEIS PARA INGRESSAR E MANTER-SE NO UNIVERSO CORPORATIVO?

Divido as características em três diferentes grupos: formação acadêmica, diversidade cultural e característica pessoal.

**a) Formação acadêmica:** as empresas procuram profissionais com nível acadêmico vindos de boas universidades, com formações não necessariamente específicas à função, como, por exemplo, tem-se visto inúmeros engenheiros assumindo posições nas áreas financeiras e comerciais. Isso denota uma flexibilidade muito grande de formação *versus* função;

**b) Diversidade cultural:** incluo neste tópico a habilidade linguística, ou seja, a fluência em idiomas, onde necessariamente o inglês é mandatório e um terceiro idioma é bastante desejável. Nessa característica, é importante a habilidade em lidar com outras nações e culturas, pois certamente as corporações são globalizadas com atividades nas mais diversas localidades;

**c) Característica pessoal:** desenvoltura, habilidade de trabalhar em equipe, comunicação oral e escrita aprimorada e, principalmente, resiliência. Nesse caso, entenda resiliência como a capacidade de trabalhar sob pressão, mantendo serenidade no comportamento.

Certamente, com essas características, o profissional poderá fazer parte do ambiente corporativo.

## QUAL É O PERFIL DO TRABALHO E TRABALHADOR IDEAL NO MUNDO CORPORATIVO?

Podemos dizer que as atividades do mundo corporativo são extremamente alinhadas aos procedimentos e encontramos instruções operacionais para tudo o que deve ser executado.

Dificilmente existe alguma atividade que não tenha por trás dela um procedimento específico. Algumas empresas utilizam as metodologias de manufatura, como a 5S, até mesmo em ambientes administrativos.

Chega-se ao requinte de ter espaço reservado e delineado para colocar um grampeador ou até um furador de papel. Em alguns lugares, chegam a tal nível de organização que possuem inventário nas gavetas dos funcionários, com quantidade máxima e mínima. É quase um "Kanban" (um sistema de gestão visual).

Por isso, algumas características são imprescindíveis para este profissional, como organização e cumprimento das regras da empresa. Portanto, se você tiver uma característica pessoal diferente dessas, dificilmente se adaptará nesse ambiente.

Além desses fatores, o profissional necessariamente deverá ser resiliente ao ambiente, uma vez que nenhuma atividade é realizada sem que haja uma pressão por prazo, custo e qualidade.

Se você não está preparado para isso, o melhor mesmo é procurar se encaixar em outra atividade profissional, pois certamente não servirá para ambientes corporativos.

## QUE "CONSELHO" DARIA PARA QUEM ALMEJA TRILHAR ESSE CAMINHO DO MUNDO CORPORATIVO?

Articulação! Só permanece vivo nesse ambiente quem for articulado, caso contrário, se arrastará por anos até a chegada da aposentadoria.

O ambiente corporativo requer uma flexibilidade enorme, seja no aspecto profissional, seja no pessoal. Essa flexibilidade vai da habilidade em se comunicar, até relacionamento pessoal.

Estudos demonstram que 70% dos profissionais seniores ou de nível de liderança que trocam de empresa não conseguem permanecer na nova empresa por mais de dois anos.

Agora, por que isso acontece? As mudanças de empresa me trouxeram experiência em relação à adaptação e posso dizer que isso ocorre porque esses profissionais não se fizeram "queridos" pelos novos colegas de trabalho. Já presenciei excelentes profissionais que passaram por isso e acabaram sendo desligados.

Como evitar isso? Para quem se recorda do filme "O quinto elemento", Korben Dallas, representado por Bruce Willis, mata o líder de um grupo de alienígenas para ter controle sobre o grupo.

É exatamente isso, você tem que se aliar a esse "líder", nesse caso os formadores de opinião da empresa, e criar um vínculo com ele. Assim, será aceito pelos demais. Se eles não aceitarem você, certamente os outros tampouco aceitarão.

## QUAIS FATORES IMPULSIONAM O PROFISSIONAL DO MUNDO CORPORATIVO A "DAR CERTO"?

Estar no lugar certo na hora certa!

Este é o segredo para impulsionar a carreira. O que podemos fazer então para estarmos no lugar certo e na hora certa? Não existe uma receita para isso, mas podemos usar o "cheirômetro" e detectar onde estão as oportunidades.

Partindo-se do pressuposto que estamos falando de profissionais competentes, uma vez que dificilmente incompetentes darão certo no mundo corporativo, temos que identificar os seguintes fatores:

**a) Pessoas experientes:** nos departamentos com essas pessoas há grande possibilidade de surgir oportunidades, quando da curva descendente da vida profissional, bem como no ganho de conhecimento;

**b) Projetos:** dão às pessoas oportunidades de mostrar o trabalho e impulsionar a carreira. Normalmente ficamos bem mais expostos às oportunidades;

**c) Atividades críticas:** normalmente atividades críticas não são desejadas por nenhum profissional, porém, assumir uma delas lhe dará visibilidade perante os gestores.

Analise sempre estes três pontos e tente sempre estar próximo e fazer parte das situações que eles apontam. Certamente o reconhecimento virá na sequência. Mas não se engane, pois relacionamento interpessoal deverá estar concomitante a isso, do contrário estará fadado ao insucesso.

## POR QUE OS AMBIENTES CORPORATIVOS SÃO TÃO "CONTAMINADOS"?

A "contaminação" dos ambientes corporativos surgiu a partir da competição entre empresas e pessoas.

No início da década de 1990, com a abertura de mercado e a consequente chegada da globalização, as empresas vislumbraram a necessidade de se tornarem mais competitivas frente aos concorrentes internacionais.

Uma avalanche de produtos importados começou a desencadear uma desenfreada procura por custos mais competitivos e, por isso, as empresas buscaram profissionais mais capacitados a essa nova situação de mercado.

Os novos profissionais da época eram necessariamente obrigados a falar inglês e a trabalhar em estruturas globalizadas.

Em virtude disso, iniciou-se também a competição entre as pessoas. Era notório, na época, que as pessoas competiam até para saber quem ficava até mais tarde na empresa.

Infelizmente tudo isso contribuiu sobremaneira para a "Contaminação" dos ambientes corporativos, que ainda está presente em algumas empresas. Noto uma melhora muito grande nos últimos anos, mas espero que, com a chegada de novas lideranças, isso possa ser exterminado definitivamente.

## POR QUE EMPRESAS DE NACIONALIDADES DIFERENTES NÃO TRABALHAM DA MESMA FORMA?

Tive a oportunidade de trabalhar em empresas de diferentes nacionalidades e, apesar, de todas estarem no mesmo segmento, terem processos semelhantes, serem regidas pelos mesmos tipos de requisitos e serem de tamanhos equivalentes, elas atuavam de forma totalmente diferente umas das outras.

Os pontos mais observados nessas empresas estão relacionados às estruturas organizacionais, tomadas de decisão e ambiente de trabalho.

Nota-se uma diferença muito grande entre a estrutura organizacional de empresas americanas e das europeias. A estrutura das americanas é muito mais pesada com diversos níveis hierárquicos, chegando ao ponto de ter quatro níveis a mais para uma mesma função.

As tomadas de decisão nas empresas europeias são muito mais rápidas, pois as estruturas organizacionais são menores.

Com relação ao trabalho, nota-se que não existe pessoalidade nas empresas europeias, o que diverge das americanas, nas quais normalmente os assuntos polêmicos são encarados como pessoais.

Independentemente disso, todas as empresas são excelentes, pois quem faz a diferença somos nós, por meio do nosso comportamento. Seja feliz onde estiver.

## POR QUE OS PROFISSIONAIS BRASILEIROS NÃO "PERFORMAM" COMO OS EUROPEUS?

Tive a oportunidade de trabalhar longos períodos na Alemanha, Áustria e Itália e percebi uma grande diferença dos profissionais europeus com os brasileiros.

Normalmente, os profissionais desses países são extremamente focados nas atividades que devem desempenhar, não ficando dispersos como os brasileiros. Para eles, o trabalho possui uma meta diária a ser atingida.

Logicamente, os italianos são mais parecidos com os brasileiros e sempre têm um tempo para um café e uma conversa informal, mas normalmente eles conseguiam concluir as atividades no próprio café e até o utilizavam como uma válvula de descarga para o estresse. Quando falavam *"prendiamo un caffè"*, pode ter certeza que era momento de parar a atividade.

Entendo que o maior motivo da *performance* ser diferente, é que eles não perdem tempo com conversas não pertinentes ao negócio, ou seja, evitam assuntos que não agregam valor ao trabalho e, principalmente, fogem das "fofocas" corporativas que os brasileiros adoram e praticamente fazem parte do nosso DNA.

Dificilmente você encontra um europeu fazendo conjunturas sobre quem será promovido ou demitido, ou mesmo quanto ganha o fulano ou o sicrano. Nessas questões, somente se preocupam com si mesmos.

## 18 O QUE REALMENTE SIGNIFICA NA PRÁTICA CULTURA ORGANIZACIONAL?

Alguns a definem como: cultura organizacional é a cultura existente em uma organização composta por práticas, comportamentos, valores éticos e morais, políticas internas e externas etc.

O conceito de cultura organizacional foi trazido pelas multinacionais, com interesse em buscar mão de obra e matéria-prima em localidades de menor custo para obter vantagens competitivas, utilizando um padrão de funcionamento e operação. Porém, por diversas vezes, era observado que os resultados não eram os esperados, pois os costumes locais não se adaptavam à cultura implantada.

A cultura organizacional tem grande influência no andamento das empresas no mercado, pois afeta tanto o seu interior e sua formação, como o relacionamento com os demais, influenciando as vendas e compras, porque todos os costumes e tradições que as empresas possuem alteram o seu andamento, podendo ser pontos positivos ou negativos, ou se modificando com o tempo.

A cultura organizacional envolve comportamento, valores compartilhados e pressupostos. Também pode conter componentes visíveis, que são sempre orientados pelos aspectos organizacionais, ou componentes ocultos, que são pela emoção e situações afetivas.

## 19 EXISTE SENSO DE COERÊNCIA NO MUNDO CORPORATIVO?

Absolutamente não! Pelo contrário, o mundo corporativo é tão cheio de incoerências que muitas vezes parece que estamos trabalhando numa "repartição pública". As incoerências se estendem por todos os departamentos, desde a mais simples atividade até decisões estratégicas da empresa.

Da maneira que estou colocando os fatos, parece até que nada tem coerência no mundo corporativo, certo? De forma alguma. Os processos em todas as áreas da corporação são muito robustos e consistentes, porém nem todo processo robusto e consistente é capaz de garantir aos tomadores de decisão que eles tenham 100% de coerência.

As decisões, na grande maioria das vezes, estão focadas nos departamentos ou "cleros" e não no todo e, em determinadas ocasiões, o foco pode ser até nos interesses pessoais individuais.

Como evitar então que isso aconteça para que se tenha sempre coerência no mundo corporativo? Não tem como isso ser evitado, pois as empresas são geridas por pessoas e por trás de cada indivíduo existe um padrão de comportamento.

Quantas vezes nos deparamos com situações nas quais a empresa gastará mais para se fazer algo e a decisão é tomada nesse sentido? Onde está a coerência nessas decisões? Pensem nisso!

## 20 POR QUE AS MUDANÇAS NO MUNDO CORPORATIVO ACONTECEM DE SURPRESA?

Na verdade, as corporações são imediatistas na maioria das vezes e consequentemente os problemas devem ser resolvidos do dia para noite.

Nas grandes empresas, de tempos em tempos, aparecem os "gurus", que nada mais são do que os "Gênios da Lâmpada" que acreditam que executando os três desejos do CEO terão sua missão cumprida, podendo voltar para a "lâmpada" até que um novo CEO a esfregue.

Esses gurus vêm com dia e hora marcadas para executar o trabalho e, portanto, não analisam criteriosamente as consequências daquilo que será decidido, tampouco a aplicabilidade nos locais que serão abrangidos.

Empresas de atuação global sofrem muito com isso, pois esses tomadores de decisões infelizmente não são globais e, consequentemente, não conhecem os meandros das localidades nas quais a corporação atua.

Após a decisão tomada, não há mais nada a fazer, pois jamais reconhecem o erro. Mesmo que isso seja comprovado monetariamente, os superegos não permitem, principalmente porque a mudança teve o aval do CEO.

O que fazer então? Aguardar pelo próximo "guru", que certamente virá com uma nova ideia, revertendo todo que foi feito. E assim as corporações vão se perenizando ao longo dos anos.

### COMO É DISCORDAR NO CORPORATIVO? ACATA OU CONTESTA? TENTA MUDAR OU EXECUTA? COMO DEVO PROCEDER?

Discordar no mundo corporativo é quase que assinar sua própria demissão. Todos conhecem aquela frase: "Manda quem pode e respeita quem tem juízo"? É exatamente dessa forma que se deve proceder dentro das corporações.

Em mais de 35 anos convivendo com esse tipo de situação, percebi que os contestadores, apesar de, em vários casos, serem excelentes profissionais, eram tidos como "resistentes" e muitas vezes até como "polêmicos".

O mundo corporativo chega, frequentemente, a parecer um exército, no que tange às ordens dadas pelos superiores, ou seja, ordem dada, a tarefa deve ser executada sem nenhuma contestação, pois contestações são encaradas pelos superiores como preguiça.

Para mudar essa situação, deve-se criar mecanismos de alianças com os "Generais, Coronéis e Majores" a ponto de fazer com que eles tenham a ideia que, apesar de ser sua, será doada gentilmente a eles. Essa é a única maneira de mudar as decisões sem ferir os superegos desses "militares". Faça parte desse exército para não se tornar um desertor no futuro!

### QUAL A IMPORTÂNCIA DE ESTAR INSERIDO NO MUNDO CORPORATIVO?

A oportunidade existe somente para alguns e as pessoas por vezes não pensam nisso e não valorizam isso, por desconhecimento do contexto socioeconômico. Estar no mundo corporativo nos dá a oportunidade de aprimorarmos nossa capacidade de articulação, bem como quebrar alguns paradigmas pessoais, principalmente no quesito comunicação.

Percebe-se que pessoas do mundo corporativo são aptas a falar em público, uma vez que é quase um requisito mandatório das atividades diárias.

Existem vários pontos que poderíamos enumerar como positivos, como status social, remuneração, entre outros, mas entendo que o principal é a diversidade cultural que se encontra nesse ambiente.

Grandes corporações têm suas atividades espalhadas ao redor do mundo e a oportunidade de interação com diversas culturas, por meio de viagens profissionais, conferências e até no dia a dia do trabalho, são gigantescas.

Muitas pessoas desse ambiente foram capazes de conhecer inúmeros países simplesmente por terem trabalhado em empresas corporativas, viajando profissionalmente para vários lugares.

Não estou afirmando que a única maneira de ter essa oportunidade é estar inserido no mundo corporativo, mas sim que a facilidade de poder ter essa experiência é muito maior nesse ambiente.

## 23 POR QUE A COMUNICAÇÃO FALHA É RESPONSÁVEL POR MAIS DE 60% DAS PERDAS NO MUNDO CORPORATIVO?

Cada vez mais a comunicação dentro das empresas é feita de forma escrita, principalmente por *e-mail* e, mais recentemente, pelo *WhatsApp*, mas de forma imprecisa.

A comunicação escrita pode ser mais complicada, pois normalmente as pessoas não se preocupam em como escrever para que o outro possa compreender o real significado daquilo que foi escrito.

Vamos imaginar duas situações nas quais a comunicação escrita gera perdas:

Primeira: o comunicado não foi entendido pelo receptor. Nesse caso, haverá inúmeras trocas de *e-mails* entre os indivíduos e, consequentemente, uma perda muito grande de tempo devido às idas e vindas das mensagens.

Segunda: o comunicado foi entendido de forma errada pelo receptor. Aqui o problema é maior ainda, pois quando se atentarem que o entendimento foi errôneo, o retrabalho gerará uma perda de tempo muito maior.

O que fazer para se evitar isso? Procure escrever de forma clara e se coloque no lugar de quem está lendo. O melhor mesmo seria levantar "a bunda" da cadeira, ir até o receptor e explicar o que necessita. Porém, se a distância for um impeditivo, faça um telefonema que, apesar de *démodé*, ainda ajuda.

## 24 O HOMEM SÓ EVOLUIU POR QUE É PREGUIÇOSO?

Na evolução do homem, nota-se que as principais invenções foram criadas para facilitar nossa vida e que trazem um maior conforto e, consequentemente, maior tempo livre.

É notório que sempre tentamos resolver os problemas pelo método mais fácil e mais rápido. Apesar disso, as organizações são obrigadas a cumprir novas exigências que vão na contramão da facilidade que buscamos.

Os processos estão ficando cada vez mais complexos e burocráticos, tornando-se, em muitos casos, até entediantes, como é o caso do SOX para as empresas de origem Americana.

O ser humano procura cada vez mais as facilidades no cotidiano e isso é válido também para as atividades dentro das empresas, mas não é esperado trabalhar em empresas que não tenham rigorosos processos de controle, o que consequentemente gera uma maior demanda de trabalho.

"O homem só evoluiu porque é preguiçoso". Plagiei esta frase de um grande amigo de uma das empresas em que trabalhei. Ele era convicto dessa afirmação e, se analisarmos, ele está totalmente certo, pois apesar de toda a burocracia criada nas empresas, sempre tentamos automatizar os processos para fazermos menos esforço. Concordam?

## 25 COMO ENXERGA O MUNDO CORPORATIVO NA PRÓXIMA DÉCADA?

As organizações se manterão perenes por séculos, porém o "modus operandi" mudará para se adequar às gerações vindouras. A próxima década marcará o êxodo da geração "X" e, por consequência, a chegada maciça da geração "Z". Esse período será histórico e definirá o sucesso ou a ruína das organizações.

Em pesquisa sobre a geração "Z", alguns autores apontam particularidades em relação às antecessoras, que relato abaixo:

a) **Pragmáticos:** realistas ao extremo, adeptos do pensamento lógico e vivem de forma pragmática;

b) **Indefinidos:** contestam estereótipos e não ligam para gênero, idade ou classe. Exaltam a individualidade e entendem a diferença;

c) **Conversadores:** compreendem a diferença. O diálogo é a ferramenta e a rede, seu campo de conciliação;

d) **Autênticos:** primeira geração que vive a ressaca em rede. Autênticos e espontâneos, expõem fragilidades, intimidade e valorizam a transparência;

e) **Ecléticos:** transitam nas comunidades e gostam de fazer parte de diversos grupos. Não importa a ideologia ou a corrente de pensamento;

f) **Memes:** adotaram um novo código universal, baseado em memes e usam essa linguagem;

g) **Multitarefa:** conversam enquanto enviam "*Snaps*", chamam um *Uber* e enviam "*whats*" para amigos.

Será que o mundo corporativo estará preparado para isso?

## 26 DEMAGOGIA É CONSIDERADA UMA QUALIDADE NO MUNDO CORPORATIVO?

Na Língua Portuguesa, demagogia significa ação ou discurso que simula virtude com objetivos escusos. No mundo corporativo, a demagogia pode ser aplicada em inúmeras circunstâncias, seja em benefício próprio, seja em benefício do departamento no qual atua.

O adjetivo demagogo é encontrado claramente nos profissionais carreiristas, que estão metodicamente agindo em benefício próprio, praticando na maioria das vezes atitudes não condizentes com o bom senso coletivo.

Partindo-se do pressuposto de equivalência profissional entre indivíduos, nota-se que a ascensão de carreira dos demagogos é sempre mais rápida do que dos profissionais não-demagogos.

Isso tem muita ligação com aquilo que as lideranças querem e gostam de ouvir. Para a maioria dos gestores, concordar com eles significa proatividade e engajamento com o time. Não existe nada mais simples para um demagogo do que concordar sempre com o chefe.

Não estou dizendo que devemos ser demagogos para progredir profissionalmente, mas um comprimido de "Demagogil" pela manhã, como não tem efeitos colaterais, pode ser benéfico para sua carreira.

## 27 COMO AS INFORMAÇÕES CORPORATIVAS "VAZAM" PARA OS COMPETIDORES?

Na atual conjuntura mundial, não existe mais nada que seja segredo. As informações circulam à revelia nos meios de comunicação à mercê da vontade dos comunicadores. Existem basicamente duas formas de vazar informações:

**a)** Pelos próprios funcionários que acabam divulgando informações da empresa em ambientes inadequados para se vangloriar. Essa informação boca a boca pode chegar a pessoas erradas;

**b)** A mais grave é a Espionagem Industrial propriamente dita, que várias organizações têm sofrido ao decorrer dos anos. Infelizmente, o mercado altamente competitivo traz algumas situações nas quais a ética muitas vezes é deixada de lado. Geralmente essa prática ilegal consiste na infiltração de pessoas nos setores de dentro da empresa, chantagens de ex-funcionários

PARTE 2: ENTRANDO NO MUNDO CORPORATIVO

ou contratação de *hackers* para invadir o sistema ou o banco de dados. O roubo das informações pode resultar em prejuízos e é muito perigoso, dependendo, é claro, do que esses documentos apresentam.

Independentemente da forma que vazam, trata-se de um crime e, portanto, ser cauteloso nas conversas é recomendado, principalmente porque assuntos corporativos deveriam ser tratados somente em ambientes pertinentes.

## 28 POR QUE AS CORPORAÇÕES VIVEM SOMENTE O PRESENTE?

Basicamente pela necessidade patente de poder econômico, que está intimamente ligada à ambição pelo dinheiro por parte dos acionistas. Infelizmente, é uma prática comum de quase todas as grandes organizações.

Nas decisões cotidianas tomadas por elas, nota-se claramente esse comportamento e, muitas vezes, acabam perdendo um pouco a noção do que é certo ou errado, sem se preocuparem com como será o futuro.

Uso como exemplo a Volkswagen que, alguns anos atrás, teve problema com motores a diesel referente à emissão de gases além do limite permitido pelos órgãos governamentais.

De acordo com análise divulgada no jornal britânico *The Guardian*, o impacto dos 11 milhões de veículos adulterados da VW em todo o mundo pode significar a emissão de aproximadamente 500 mil toneladas de gases poluentes por ano. Esses dados são colossais, significam uma emissão superior à da maior estação de energia da Europa, a Drax, que libera 39 mil toneladas de NOx por ano.

Fica claro nesse exemplo, apesar de existirem muitos outros, que a maioria das corporações vive somente o presente.

Infelizmente, o ser humano ainda não atingiu a espiritualidade necessária para entender que a materialidade não fará a mínima diferença quando deixarmos este corpo que habitamos. Portanto, muita cautela.

## 29 · COMO É ANALISADA A TRANSIÇÃO DE CARREIRA DENTRO DO CORPORATIVO? É VIÁVEL?

Transição de carreira é um processo inerente à própria carreira. Para ter sucesso nisso, é necessário um plano com objetivos definidos de onde está e onde quer chegar.

Na maioria das vezes, a transição de carreira ocorre de forma forçosa, devido a:

**a) Circunstâncias:** mudanças organizacionais ocorrem abruptamente nas empresas e nos forçam, muitas vezes, a mudar de posição sem prévio aviso;

**b) Funções deixam de existir:** a evolução tecnológica faz com que novas profissões surjam e as antigas desapareçam. Às vezes não são completamente excluídas, mas os avanços tecnológicos fazem com que o trabalho diário seja diferente e exija novas habilidades;

**c) Limitações físicas:** algumas atividades dentro das empresas requerem condições físicas compatíveis, ou seja, há um limite natural para continuar na função a vida toda;

**d) Motivos particulares:** a falta de tempo com a família e o estresse excessivo de algumas profissões podem ocasionar mudança;

**e) Mercado:** demissões em determinados setores, mesmo que momentâneas, podem induzir diversos profissionais a terem que se adaptar a novos contextos e atividades.

Podemos concluir que a transição de carreira nem sempre está ligada à vontade das pessoas e, sim, às situações externas.

## 30 · POR QUE AS PESSOAS DO CORPORATIVO VIVEM NUMA "BOLHA" E POR VEZES IGNORAM O QUE COMPÕE O TODO?

Principalmente porque acreditam que o que vivem é o suprassumo da sapiência humana e se esquecem de que existe vida após o trabalho!

Por pior que me sinta, eu já fui também um destes "meninos da bolha"! Quando estamos dentro dela, parece que o mundo exterior não existe e que nossa empresa é o centro do universo. Que ignorância! A explicação mais razoável que temos para esse comportamento é a "lavagem cerebral" que as empesas fazem nos profissionais, tornando-os números.

Para quem é fã de *Star Trek*, a nova geração tem episódios que retratam uma espécie chamada "Borg". Esses "Borgs" possuem mentes interligadas entre si e têm um propósito comum para atender aos objetivos da espécie. Sua meta principal é assimilar outras espécies e torná-las "Borgs". O jargão utilizado por eles é: "Sua espécie será assimilada e resistir é inútil".

Assim são as corporações, as quais assimilam nossa individualidade e nos fazem pensar como uma comunidade que luta para assimilar outros indivíduos, tornando-os parte de um todo, com o objetivo único de atender aos acionistas.

Será que os acionistas não são da espécie "Borg"?

## 31 — É POSSÍVEL SER FELIZ NUM AMBIENTE CORPORATIVO?

Felicidade é algo inerente à pessoa e, portanto, ser feliz depende de como você encara o ambiente e as pessoas que o rodeiam. Existe uma fábula que retrata o seguinte:

Um casal chega para se estabelecer em uma cidade e pergunta a um ancião como são as pessoas daquele local. Imediatamente, o velhinho inverte a pergunta para o casal: como são as pessoas da cidade da qual vocês vêm? O casal responde que as pessoas eram egoístas, mal-educadas e orgulhosas. O ancião imediatamente diz ao casal: aqui as pessoas são exatamente assim, portanto, sugiro que não se mudem para cá.

Passados alguns meses, um novo casal, que pretendia se estabelecer na mesma cidade, pergunta ao velhinho: como são as pessoas desta cidade? Novamente, o velhinho retorna a pergunta ao casal: como são as pessoas da cidade da qual vocês vêm? O casal responde que as pessoas eram gentis, bem-educadas e humildes. O ancião imediatamente diz ao casal: aqui as pessoas são exatamente assim, portanto, podem se estabelecer aqui que serão bem-vindos e muito felizes.

Ou seja, você é que faz a sua própria felicidade e não o ambiente que o rodeia!

## QUAL É O REAL PESO DE UMA BOA FORMAÇÃO EDUCACIONAL NO "SUCESSO" NO MUNDO CORPORATIVO?

Pelo meu entendimento, uma boa formação educacional não é a chave para o sucesso no mundo corporativo. Se fizermos uma análise dos executivos de primeiro nível, percebemos que a grande maioria não teve a formação educacional em universidades de primeira linha.

Percebe-se, entretanto, que muitos deles tiveram uma pós-graduação em entidades de renome internacional, porém quando já estavam em rota de ascensão para o cargo que ocupam hoje.

Fica muito claro que outros quesitos se tornaram muito mais importantes no mundo corporativo que a formação educacional. O jogo político nesta estratosfera certamente será muito mais benéfico que qualquer formação acadêmica.

Durante os últimos 35 anos, notei que um bom interlocutor em idioma nativo e inglês fluente é muito mais valorizado do que um profissional formado em Harvard ou Cambridge e é aí que está o segredo. Articulação, interação política e bom senso são os comportamentos mais valorizados nas corporações e, consequentemente, se sobrepõem a qualquer histórico escolar.

Felizmente ou infelizmente este é o perfil esperado para o sucesso dos profissionais no mundo corporativo.

## QUAL É O PREÇO QUE PAGAMOS PELAS REDUÇÕES DE CUSTO?

Cada vez mais somos cobrados por resultados financeiros nas empresas. Isso é reflexo da competição acirrada que temos e pela busca por produtos de altíssima qualidade a baixo custo.

Chamamos este fenômeno de "Tripé da Excelência", que visa maior qualidade, menor custo e entrega no prazo. Existe um contrassenso muito grande em se buscar qualidade com menor custo. Vejam que nunca tivemos tantos "*recalls*" como nos últimos anos, apesar dos órgãos certificadores exigirem cada vez mais nas auditorias.

Estamos com procedimentos e auditorias cada vez mais burocráticos o que garante bons processos, porém não asseguram que o produto tenha qualidade.

Até que ponto poderemos comprometer a integridade física das pessoas em detrimento às reduções de custo? Existe um limite máximo e as empresas deveriam cuidadosamente se atentar a isso.

Alguns segmentos, como o de eletrônicos, certamente terão seus custos cada vez mais baixos mediante a evolução dos produtos, porém em segmentos que são regidos exclusivamente por *commodities*, isso não é mais possível, ficando as empresas à mercê das mesmas.

Portanto, fica cada vez mais claro que o diferencial das empresas estará na prestação de serviços e não mais no custo.

## 34 | EMPRESAS FAMILIARES TÊM SIMILARIDADES COM O MUNDO CORPORATIVO?

As semelhanças entre empresas familiares e corporativas são ínfimas. Pode-se assumir até que praticamente não existem.

Por outro lado, existem muitas diferenças entre essas empresas, principalmente no que tange à estrutura organizacional, na qual os principais cargos são exercidos por pessoas da família.

É muito comum vermos a primeira geração, no caso o pai, como o diretor-presidente e os filhos em cargos de diretoria, principalmente nas áreas de operações, finanças e vendas.

Independentemente da empresa familiar seguir padrões de gestão idênticos às corporações de acionistas, a gestão familiar começa a se complicar quando entram os agregados (noras e genros) e a terceira geração, ou seja, os netos do presidente. Quem nunca ouviu aquela famosa frase: "Pai rico, filho nobre, neto pobre"?

Pois é, a história nos mostra que muitas organizações gigantescas com gestão familiar faliram principalmente por esse motivo.

Por outro lado, notamos que algumas empresas familiares tomaram a decisão correta, no momento certo, profissionalizando a empresa e, consequentemente, evitando com isso a falência.

Por isso, é sempre importante entender qual o momento de se profissionalizar a empresa.

##  EXISTE NAS CORPORAÇÕES UM PACTO DE MEDIOCRIDADE? UMA VULGARIZAÇÃO DO SER MAL?

Apesar de parecer estranho, isso é muito comum nas corporações.

Usando um exemplo bastante simples, pacto de mediocridade é basicamente você fingir que trabalha e seu chefe fingir que acredita. Os sintomas de que isso está ocorrendo em sua vida profissional são bem simples, mas muito marcantes. Mantenha-se sempre atento para não cair nessa mesmice praticada por muitos no mundo corporativo. Alguns fatores poderão denotar esse comportamento:

**a)** Quando você não se importa mais com tudo que está vinculado ao seu trabalho e fica alheio às inter-relações profissionais;

**b)** Quando existe falta de proatividade para quaisquer atividades. Pessoas que não são proativas podem caracterizar mediocridade;

**c)** Quando não se preocupa com a execução do trabalho, tendo uma grande tendência de ser desorganizado, não mantendo em ordem os documentos, tampouco sua própria agenda;

**d)** Quando existe falta de entusiasmo para novos desafios, não sendo capaz de se animar com nada que lhe é solicitado fazer.

Caso você perceba uma das características acima no seu dia a dia, procure ajuda de um profissional e mude seu comportamento urgentemente, pois se persistir seu fracasso é iminente!

## 36 É PREMATURO PENSAR EM APOSENTADORIA LOGO QUE COMEÇO A TRABALHAR?

De forma alguma! O ideal é começar a pensar na aposentadoria imediatamente após ingressar no ambiente de trabalho, seja ele qual for.

A maioria das empresas de grande porte possui planos de aposentadoria com coparticipação que variam de 50% a 200% dependendo da empresa. Não existe investimento tão rentável como este no nosso mercado. Nem mesmo o mercado de ações é tão rentável assim.

A educação financeira voltada à aposentadoria é a garantia de ter um futuro digno e descente na terceira idade. Por isso, a estratégia de aposentadoria deve iniciar junto com seu primeiro emprego.

Para aqueles que trabalham em empresas que não possuem um plano de aposentadoria, é importante que façam um plano independente num banco de primeira linha. Certifique-se somente das taxas administrativas.

Independentemente de ter uma contrapartida da empresa, estima-se que, se economizar 10% do salário bruto durante o período de atividade, agregando a esse, a aposentadoria do INSS, terá o mesmo salário líquido que tinha quando em atividade por mais de 20 anos após aposentado. Pense nisso, pois um dia a aposentadoria chega!

## 37 QUAL SERIA O PLANO DE TRABALHO PARA O MUNDO CORPORATIVO?

Não só para o mundo corporativo, mas um plano de trabalho para toda a vida. Retirei estas dez dicas de um texto cujo autor é desconhecido para mim, porém os méritos são todos dele:

**a)** Faça o que é certo, não o que é fácil. O nome disso é Ética;

**b)** Para começar coisas grandes, comece pequeno. O nome disso é Planejamento;

**c)** Aprenda a dizer não. O nome disso é Foco;

**d)** Parou de ventar? Comece a remar. O nome disso é Garra;

**e)** Não tenha medo de errar, nem de rir dos seus erros. O nome disso é Criatividade;

**f)** Sua melhor desculpa não pode ser mais forte que seu desejo. O nome disso é Vontade;

**g)** Não basta ter iniciativa. Também é preciso ter "acabativa". O nome disso é Efetividade;

**h)** Se você acha que o tempo voa, trate de ser o piloto. O nome disso é Produtividade;

**i)** Desafie-se um pouco mais a cada dia. O nome disso é Superação;

**j)** Para todo "*Game Over*" existe um "*Play Again*". O nome disso é Vida.

Se todas as pessoas fossem capazes de agir dessa maneira, certamente os ambientes corporativos seriam muito melhores. Ouvi uma frase certa vez que marcou a minha vida, e até hoje tento descobrir a autoria: "A vida é somente uma viagem entre dois destinos, portanto, quanto mais entendimento tivermos sobre ela, mais fácil se tornará esta passagem".

# PARTE 3:
# DIA A DIA NO MUNDO CORPORATIVO

PARTE 3: DIA A DIA NO MUNDO CORPORATIVO

## 38 RESILIÊNCIA OU AUTOPROTEÇÃO?

No atual mundo corporativo, notamos uma alta valorização de profissionais que possuem resiliência. Isso tem se tornado um quesito importantíssimo para se manter nas empresas.

O fato de se manter sereno e equilibrado em situações de pressão extrema pode simplesmente caracterizar que o profissional é resiliente? Até que ponto a resiliência não está sendo confundida com autoproteção?

Atualmente, nas empresas, nota-se claramente uma preocupação imensa em manter os empregos e consequentemente os profissionais resilientes têm maior chance de se afirmar.

A partir do momento que o ponto de vista do indivíduo não está alinhado às decisões corporativas, o profissional deixa de ser "resiliente" e passa a ser "resistente", mesmo que a decisão traga resultados negativos.

Será que os líderes do futuro terão habilidade para aceitar os profissionais resistentes? Por que não voltar um passo atrás e entender por que o profissional é resistente, ao invés de dizer que a decisão foi tomada e temos que seguir? Estamos dispostos a ouvir atentamente aos "resistentes" antes da tomada de decisão?

## 39 O LÍDER TEM CONHECIMENTO DA CARGA DE TRABALHO DOS COLABORADORES?

Temos duas situações: líderes que vieram de outras áreas, nunca trabalharam operativamente na função e normalmente não têm esse conhecimento. Os que fizeram carreira na área, têm conhecimento profundo da carga de trabalho.

Para esse segundo caso, apesar de conhecer minuciosamente a atividade, os líderes são forçados pela alta direção a tirar o máximo de resultado com o mínimo de recursos.

Virou modismo no mundo corporativo a expressão "fazer mais com menos", mas todos sabemos as consequências disso. Então, o que devemos fazer para nos adequar?

Percebe-se um excesso de controles e relatórios nas empresas, os quais, em muitos casos, não são utilizados. Portanto, precisamos entender se aquilo que estamos fazendo é realmente necessário e se alguém está utilizando para algo.

Mesmo que algumas atividades sejam feitas corriqueiramente, temos que usar nosso discernimento e entender se algo pode ser eliminado. Certamente, metodologia "*Lean*" seria uma ferramenta adequada a isso, mas o bom senso sempre nos orienta nesse sentido. Eliminar atividades desnecessárias é a única maneira de conseguir adequar a carga de trabalho.

Nunca se engane, pois os líderes que cresceram na área têm todo o conhecimento dela e sabem onde estão os gargalos.

## 40 RECEBI UMA OFERTA DO CONCORRENTE. COMO DEVO PROCEDER?

Isso é muito comum nos dias de hoje, principalmente porque as empresas não querem perder tempo na adaptação e treinamento dos novos colaboradores.

Muitas empresas tentam restringir, por meio de contratos, a migração de funcionários para os concorrentes.

Caso receba uma oferta do concorrente e você esteja inclinado a aceitar, alguns pontos devem ser observados nos campos da ética e moral.

Deve deixar claro à nova empresa, no momento da entrevista, que tem interesse em seguir o processo desde que as informações confidenciais da empresa anterior não sejam exigidas após a contratação. Isso é necessário principalmente para que a contratante entenda seu caráter ético, o que certamente o ajudará no processo.

Outro ponto importante: no momento da demissão, nunca mencione que está mudando para o concorrente e procure deixar "as portas abertas" na empresa atual. Certamente após alguns dias sua antiga empresa saberá seu destino, mas não por você.

O mais importante de tudo é agir com integridade e bom senso com ambas as empresas, pois não deixará pontos de questionamentos futuros e, principalmente, terá uma trajetória profissional livre de comentários e supostos julgamentos.

## 41 COMO LIDAR COM ASSUNTOS QUE JÁ CONHEÇO O DESFECHO?

Quando permanecemos na mesma área por muito tempo, normalmente com o passar dos anos vamos atingindo um nível de conhecimento e maturidade muito grande.

Devemos estar sempre abertos às novas metodologias e atualizados. A pior coisa que pode existir é a resistência àquilo que é novo.

Porém, muitos processos recém-chegados nada mais são do que os velhos com uma nova roupagem e que, consequentemente, deixam de ser novidade. Aí que começa o problema, pois na maioria das vezes são definidos "*top-down*" e devem ser implementados de qualquer maneira.

Fica difícil para um profissional experiente, que já sabe o que vai acontecer com essa nova metodologia, dizer à liderança que aquilo não dará certo, ou então que não chegará ao resultado esperado.

O ideal é criar aliados e explicar com dados e fatos que aquilo não dará certo, visando que a empresa não perca tempo e dinheiro, mas nem sempre isso é possível, pois pode denotar resistência à mudança.

Nos casos em que não é possível mudar, por mais que se tente, o melhor é aguardar o desfecho e deixar que a empresa reconheça o erro e encare esse processo como "Lições Aprendidas", por mais sofrível que seja para você.

## 42 — ACABEI DE FAZER UM CURSO PAGO PELA EMPRESA. POSSO PEDIR DEMISSÃO?

Para garantir o retorno do custo investido no funcionário, as empresas normalmente fazem um contrato entre as partes, que pode variar de seis meses a três anos. Isso é feito para que haja um mínimo de comprometimento do associado no sentido de usar o conhecimento adquirido em benefício da empresa.

Habitualmente isso é utilizado para treinamentos no exterior em outras divisões da própria corporação, cursos com custos elevados como MBA, proficiência em algum idioma, entre outros.

Esses contratos são meramente internos, sem consequências jurídicas, uma vez que a empresa tomou a decisão e ofereceu ao funcionário, que normalmente não recusa para não perder a oportunidade concedida.

Caso o funcionário recuse a proposta da empresa, certamente criará restrição para ele mesmo em novas oportunidades que venham a surgir, ou seja, analise, reflita, pense muito bem e se esforce para aceitar. A recusa poderá trazer consequências indesejadas.

O fato de pedir demissão antes de finalizar o período definido em contrato tem uma questão moral, pois as condições foram previamente definidas e acordadas entre as partes.

Portanto, por pior que esteja sua situação na empresa ou melhor que seja a proposta de uma outra, não é conveniente pedir demissão. Cumpra a sua palavra.

## 43 — QUAL A VISÃO SOBRE AS EMPRESAS QUE TÊM UM RÍGIDO PROCESSO DE "COMPLIANCE" E NÃO O PRATICAM?

Apesar de parecer contraditório, isso é comum. Existem empresas com uma estrutura de *"compliance"* bastante robusta, porém são incapazes de aplicar as penalidades aos infratores.

Por trás de uma política de *"compliance"*, há sempre um treinamento necessário para que os funcionários tomem conhecimento das regras, bem como dos riscos para a empresa, então aí que o problema se instala.

Normalmente, a divulgação dos treinamentos é feita de forma massiva e obrigatória a todos os associados. Então, por que temos problemas para aplicar as penalidades aos infratores?

As empresas são feitas de pessoas e a inter-relação entre elas é patente, portanto, quando algo é infringido, sempre recai em questões como: será que não fizemos o treinamento de forma adequada? Aquele profissional é excelente e provavelmente não se apercebeu do erro? Entre outras muitas desculpas que conhecemos.

Visto isso, o que fazer então se inúmeras chances são dadas aos associados que não cumprem as regras? As empresas devem extinguir a pessoalidade e disciplinar as pessoas a seguirem as regras, por meio de advertências verbais, afastamentos não remunerados e demissão.

A permissividade das lideranças é que acaba flexibilizando as políticas de *"compliance"*.

## 44 OS E-MAILS CORPORATIVOS REALMENTE SÃO UTILIZADOS DE FORMA CORRETA?

Infelizmente não! Notamos que a maioria dos *e-mails* são enviados para se proteger, do que para relatar ou dar continuidade a uma atividade.

Alguns pontos devem ser observados na emissão dos *e-mails*, para que essa ferramenta importantíssima seja utilizada de forma correta.

O assunto deve ser claramente definido, utilizando-se no máximo cinco palavras. Isso é importante para que os destinatários abram o *e-mail* por prioridade.

Devemos incluir no campo "para" somente as pessoas que tenham alguma ação efetiva sobre o assunto, ou seja, que realmente atuarão.

No campo "cc" deve-se apenas incluir aqueles que precisam ter conhecimento sobre o assunto, sendo assim, não há necessidade de copiar as lideranças das pessoas que vão atuar no assunto, tampouco o seu líder, para mostrar que está fazendo algo. Seja objetivo e tenha certeza de quem deve incluir.

Os *e-mails* devem ser redigidos de forma objetiva e sem erros de ortografia, para que fique claro tudo o que se necessita fazer.

Infelizmente, muitas pessoas banalizam o uso de e-mails e consequentemente ele tem se tornado o maior vilão do tempo gasto pelas pessoas nas atividades cotidianas. Portanto, vamos ser assertivos nesse sentido!

## 45 POR QUE A DONA CIDA SABE DE TUDO E NÓS NÃO SABEMOS DE NADA?

Para dissertar este artigo, utilizei o nome "Cida" em homenagem à minha sogra, mas é um nome fictício, criado ao acaso e não tem relação com nenhuma pessoa. Qualquer semelhança é mera coincidência.

Normalmente, as empresas possuem um ícone nesse sentido e por mais incrível que pareça, esse ícone sabe de tudo que está acontecendo, bem como o que está por vir.

Na maioria das vezes, essa pessoa ocupa um dos cargos de faxineira, copeira, porteira, entre outros, sem nenhum desmerecimento à função. Têm como característica pessoal a boa interlocução e interação com as pessoas. Nota-se que é um indivíduo muito positivo e de "bem com a vida".

Com estas características, essas pessoas se relacionam com todos na empresa e têm a capacidade de se atentar a todos os assuntos "de banheiro, de café e de corredores", portanto, assimilam tudo que é dito.

Por esse motivo, a Dona Cida tem acesso geral às informações as vezes até às confidenciais. Portanto, muito cuidado com ela, mas se precisarem de alguma informação talvez possa perguntar para a Dona Cida, que certamente saberá responder ou indicará quem sabe.

Apesar disso, parecer uma "lenda urbana", acreditem, pois é fato recorrente nas empresas!

## 46 COMO SE COMPORTAR EM EVENTOS GLOBAIS QUANDO RECEBO ELOGIOS POR MEIO DE CRÍTICAS AOS DEMAIS?

Isso é algo bastante comum em *workshops* globais, nos quais um país possui um nível de excelência, que outros não atingiram ainda.

Apesar de ser lisonjeio receber elogios pelo seu trabalho, é muito constrangedor quando utilizado para comparar com as performances negativas dos demais países.

Nesses casos, o melhor a fazer é ser o mais humilde e natural possível. Quando indagado, comente que o sucesso do seu time foi principalmente pelas oportunidades que surgiram naquele momento e acabaram possibilitando isso.

Coloque-se sempre à disposição dos demais países para ajudá-los a atingir essa maturidade e procure fazer de forma espontânea. Não existe nada pior do que virar foco dos outros como o "queridinho do chefe", pois no primeiro momento que você tropeçar, ficará no "spot".

Portanto, seja o mais transparente possível com as informações e transfira aos outros países todo o material necessário para que eles também possam utilizar suas "benesses".

Não esconda nunca o que você aprendeu e desenvolveu para atingir esse grau de maturidade, pois engana-se quem ainda acredita que deter conhecimento é ter poder. Isso é coisa do passado e não tem o mínimo valor no mundo atual, muito pelo contrário, o compartilhamento faz a diferença.

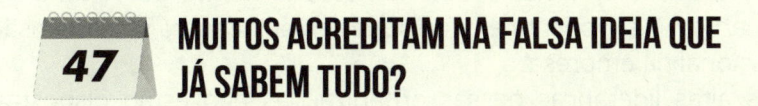

## 47 — MUITOS ACREDITAM NA FALSA IDEIA QUE JÁ SABEM TUDO?

Isso é muito comum em diversas pessoas no mundo corporativo, principalmente aqueles que já têm muitos anos de empresa e entre os recém-chegados com "complexo de Narciso".

Essa pretensão em achar que sabem tudo, pode trazer complicações inesperadas a ponto de colocar em risco a própria carreira desses indivíduos. Isso não pode ser confundido com experiência, que é naturalmente adquirida com o passar dos anos e é fato notório aos demais colegas de trabalho.

Esses "sabichões" têm características particulares que denotam claramente esse adjetivo. Normalmente se metem nos assuntos de todos os departamentos, achando que podem resolver os problemas. Quando indagados, são capazes de "dissertar uma tese de mestrado" para cada problema.

Essa falsa ideia de se achar o "ser sapiente supremo" é facilmente identificada pelos demais funcionários, que naturalmente vão lhe excluindo do convívio profissional, a ponto de não lhes envolver em assuntos importantes.

Aqui segue uma dica: se você tem essa autopercepção, é melhor procurar ajuda especializada e se livrar o mais rápido possível dessa característica, pois isso não é suportado dentro do ambiente corporativo e, arrisco dizer, nem no social. Fique atento!

## 48 DEVO TOMAR UM COMPRIMIDO DE "HIPOCRISIL" ANTES DE INICIAR MINHA JORNADA DIÁRIA?

Na Língua Portuguesa hipocrisia significa, falsidade, dissimulação, ato ou efeito de fingir.

Partindo do pressuposto que temos que tomar um comprimido de "Hipocrisil" antes de iniciar nossa atividade diária, concluímos que devemos manter nossa hipocrisia durante o dia.

Por que isso é tão patente no mundo corporativo? Infelizmente isso é quase uma habilidade mandatória dentro desse ambiente. Quanto mais hipócrita é o funcionário, melhor será sua ascensão profissional na empresa.

As altas lideranças dessas organizações não estão dispostas, ou até não estão totalmente preparadas para serem questionadas e principalmente serem advertidas por erros cometidos. Por isso, o tratamento com "Hipocrisil" é recomendado.

Quem nunca passou pela situação de ter que ovacionar uma decisão equivocada de um executivo e acreditar que aquilo foi a coisa mais maravilhosa e surpreendente do mundo após a invenção da roda? Essa é a dura realidade destes ambientes que são carregados de superegos.

A maioria das organizações ainda não atingiram a maturidade necessária para que o "Hipocrisil" seja totalmente banido da Agência Nacional de Saúde. Sendo assim, se você deseja perenizar sua vida profissional, continue ingerindo um comprimido pela manhã.

## 49 — ATUALMENTE "VESTIR A CAMISA" É ALGO "DÉMODÉ"?

Durante as décadas de 1980 e início de 1990, o termo "vestir a camisa" foi muito usado para identificar as pessoas que defendiam as empresas sob qualquer circunstância. O DNA da empresa estava tão enfronhado no comportamento das pessoas a ponto de elas terem discussões homéricas quando as companhias eram difamadas ou até comparadas entre si.

Quem nunca defendeu sua empresa quando algum consumidor falava mal dela? Defender a empresa era quase que uma obrigação do funcionário e todos se sentiam bem e orgulhosos de fazer isso.

Vestir a camisa, atualmente, virou sinônimo de "zoação" e dificilmente veremos pessoas atuando dessa forma, seja por vergonha ou mesmo por sentimento de pertencimento.

Nada impede que o funcionário goste da empresa em que trabalha e se sinta parte dela a ponto de viver intensamente esse sentimento. Mas nada é comparado com a postura de um passado recente, quando isso era algo vivido pela maioria das pessoas.

Nas próximas décadas, principalmente com a chegada dos "Zs" no mercado, esse comportamento não será mais visto, tampouco será lembrado. Para essa geração, com pouco apego às coisas, já está muito claro que trabalhar é o meio e não o fim! As transformações não param.

## 50 — O QUE SIGNIFICA "COLOCAR A CEREJA EM CIMA DA MERDA"?

Normalmente esta frase é utilizada quando alguns executivos fazem uma dissertação memorável ou escrevem um texto de altíssimo nível, porém quando finalizam, conseguem estragar tudo com uma frase impopular e impactante.

Vou utilizar dois exemplos que tive a oportunidade de presenciar e que ficaram marcados na minha jornada profissional.

**a)** Discurso feito após demissão de um funcionário: "Infelizmente a atual situação da empresa nos obriga a fazer alguns cortes de pessoal, para conseguirmos manter os custos frente ao mercado competitivo. Sabemos que esta situação compromete o moral das pessoas que ficam, mas pedimos que o nível de motivação continue, para não sermos obrigados a demitir outros";

**b)** Discurso feito para que os funcionários focassem toda energia num determinado treinamento: "Pedimos o comprometimento de todos os participantes neste treinamento, pois é um tema bastante intenso e requererá que se ausentem das atividades diárias junto aos seus times, bem como de suas famílias".

Fica bem claro nestes dois exemplos que a "cereja foi colocada em cima da merda", pois não ouve o mínimo bom senso desses executivos na finalização dos discursos.

## 51 MORAL E ÉTICA ANDAM JUNTAS?

Assunto bastante polêmico e de origem filosófica, mas até que ponto ética e moral caminham juntas e, se caminham, como uma interfere na outra?

Se considerarmos que ética é um conjunto de regras aplicadas a um grupo específico de pessoas e moral refere-se ao comportamento de um indivíduo e como este se posiciona diante do certo ou errado. Pode-se afirmar que no mundo corporativo, principalmente no ambiente externo que envolve as inter-relações, observa-se que muitos foram contra a sua própria moral para atender a princípios éticos das empresas.

Ao longo do tempo, parece que esse código de ética invade a nossa mente e se mistura com a nossa moral, uma vez que existe uma linha tênue que divide os dois princípios. Equivale dizer que nem sempre seguir um código de ética faz com que você não seja imoral.

Durante o holocausto da Segunda Guerra Mundial, muitos arianos foram contra as atitudes de genocídio do exército alemão e consequentemente foram exterminados em campos de concentração juntamente com os judeus.

É possível entender nesse exemplo onde está a ética e moral? Logicamente os arianos tinham uma conduta ética dentro daquilo que consideravam como verdade absoluta, mas individualmente alguns eram contra a matança dos judeus, pois moralmente entendiam que era errado.

## 52 QUAL É O PESO DA INTELIGÊNCIA EMOCIONAL NO DESEMPENHO PROFISSIONAL?

Inteligência emocional é um conceito relacionado com a chamada "inteligência social", presente na psicologia e criado pelo psicólogo estadunidense Daniel Goleman. Um indivíduo emocionalmente inteligente é aquele que consegue identificar as suas emoções com mais facilidade.

Se tivesse que criar uma escala de zero a dez, sendo zero a pior nota e dez a melhor, diria que a inteligência emocional pesaria oito, no mínimo. Isso é válido não somente para empresas do mundo corporativo, mas para todas as outras atividades profissionais existentes.

Quando possuímos essa habilidade de identificar nossas emoções, certamente ficaríamos menos suscetíveis às adversidades do mundo corporativo, que vão desde pequenas contrariedades até momentos de extremo estresse para atingimento de resultados. Não podemos confundir inteligência emocional com demagogia, que mencionarei em artigos mais à frente.

É notório que o desempenho profissional dos indivíduos com alta inteligência emocional é muito superior. Portanto, se quiser melhorar nesse sentido, procure aumentar seu nível de inteligência emocional.

## 53 QUAL É O MOMENTO DE JOGAR A TOALHA?

Alguns dirão que nunca devemos jogar a toalha, mas gostaria de explorar um pouco mais esse tema, pois em determinadas ocasiões devemos, sim, jogar a toalha. Mas em que ocasião podemos fazer isso?

Sempre nos deparamos com problemas no nosso cotidiano e, na maioria das vezes, nos sentimos impotentes em resolvê-los, porém quando analisamos historicamente os problemas, percebemos que tudo tem solução dentro do mundo corporativo. Não existe nada tão trágico que não possa ser resolvido.

O critério de jogar ou não a toalha nunca deve estar focado na incapacidade de resolver o assunto e, sim, no recurso para resolvê-lo. Todos nós sabemos que não é preciso ser um cientista da NASA para resolver os problemas do mundo corporativo.

Portanto, quando perceber que já tentou de tudo e, mesmo assim, ainda não consegue solucionar o problema por falta de recurso, seja ele de pessoas, sistemas ou equipamentos, o melhor a fazer é jogar a toalha e pedir ajuda para seu superior.

Não deixe a situação degringolar para tomar a decisão, pois certamente vão lhe perguntar cinicamente e ironicamente: "Por que não me envolveu antes?". Aí, meu amigo, já é tarde e você não terá como se justificar.

## 54 CONSULTOR É AQUELE PROFISSIONAL QUE NOS DIZ O QUE DEVEMOS FAZER, APESAR DE JÁ SABERMOS O QUE FAZER?

Sim, exatamente! Estou sendo extremamente radical nessa afirmação, mas não conheço nenhum caso, nestes meus 35 anos de empresas corporativas, que não acontecesse isso.

Os consultores normalmente sabem bem menos que os profissionais que serão assessorados, porém possuem o discernimento necessário para ordenar os fatos de maneira cronológica, coesa e de fácil interpretação.

Pode-se perceber claramente que na maioria das vezes que utilizamos consultores as informações estão todas disponíveis, mas nunca numa sequência lógica ou de fácil acesso, o que nos remete a ficar totalmente perdidos. Além disso, fica bastante claro que todas as metodologias que o consultor utiliza já foram por nós aprendidas em algum momento do nosso cotidiano, mas ficaram esquecidas no nosso cérebro por falta de uso.

### PARTE 3: DIA A DIA NO MUNDO CORPORATIVO

Normalmente, o que acontece? O consultor nos dá o direcionamento de como devemos utilizar a informação de forma simples para que tenhamos o melhor resultado possível.

Não se deprecie por ter sido orientado por um consultor. Simplesmente aproveite as lições aprendidas para fazer parte do seu enriquecimento profissional. Quem sabe no futuro você não possa ser um consultor também?

## 55 — DEPOIS DE ALGUM TEMPO NO MUNDO CORPORATIVO NÃO DAREMOS MAIS IMPORTÂNCIA QUANDO ALGUÉM RECEBE O MÉRITO QUE DEVERIA SER NOSSO?

Por incrível que pareça, isso é uma grande verdade!

Com o passar do tempo, nossa maturidade atinge um grau de excelência tão alto que praticamente nada mais nos abala. Alguns adjetivos como orgulhoso, vaidoso, pretensioso, entre outros, acabam deixando de fazer parte do nosso dicionário e o que passa a ser importante é o fim e não os meios.

Alguns ainda sofrem e se amarguram por esses fatos, mas a consideração que faço é que não temos nada a fazer para mudar uma decisão tomada nesse âmbito.

Expor-se contra as decisões pode acarretar alguns problemas que você não tinha, como ser rotulado como uma pessoa que não enxerga o mérito dos outros. Portanto, evite questionar essas decisões, pois poderá perder outras oportunidades por retaliação.

Procure dar o seu melhor na sua atividade profissional, mas não fique esperando recompensa por isso, pois muitas vezes ela não virá, por mais "bonitão" ou "bonitona" que você seja.

Se não está conformado com isso, tente encontrar um outro emprego no qual o valorizem, mas não se esqueça que nem sempre essa é a melhor alternativa, pois mudanças requerem esforços adicionais, que nem sempre estamos dispostos a fazer.

## 56 — É IMPORTANTE CRIAR O CAOS PARA DETERMINADAS SITUAÇÕES NO MUNDO CORPORATIVO?

Em muitas situações criar o caos é a única forma de se resolver um assunto ou passar a mensagem para a companhia que algo deve ser imediatamente modificado.

Para se criar o caos, deve-se ter a *expertise* para evitar que a situação fuja do controle. Jamais crie o caos sem analisar criteriosamente as consequências dele.

Utilize a metodologia dos cinco porquês, trocando a palavra porque por "e se". A partir daí, tente montar uma matriz das cinco prováveis consequências do caos instaurado e a solução de todas.

Parece que estou dizendo que é importante criar dificuldade para vender oportunidade? Não. Não é isso. Estou querendo dizer que muitos executivos são extremamente inócuos às situações e não acreditam que os processos criados por eles são falíveis.

Nesses casos, a única maneira de resolver o problema é criando o caos. Mas nunca, jamais, crie o caos de maneira antiética e imoral. E como isso é possível sem afetar ética e moral?

Coloque o fator exagero na apresentação dos fatos e na medida do possível tente demonstrar que se o problema não for resolvido, os valores da empresa podem ser comprometidos. Crie uma analogia com exemplos catastróficos ocorridos em outras organizações. Cuidado, nunca exagere na dose! Use com moderação!!!

## 57 — AO LONGO DO TEMPO AS FORMAS DE COMUNICAÇÃO INTERNA FORAM SE ALTERANDO. COMO ISSO ACONTECEU? MELHOROU?

Sem dúvida melhorou sobremaneira, deixando claro que falamos da qualidade dos meios de comunicação e não da forma como são utilizados.

Quando comecei, em 1984, as convocações de reunião eram datilografadas e distribuídas via correio interno, sendo necessário tirar uma cópia, colocar num envelope e preencher o destinatário e depois depositar esse envelope na caixa de saída do departamento.

Para se ter uma ideia, as secretárias perdiam um tempo enorme para fazer uma convocação e era necessário fazê-la com antecedência.

Com o advento da informática, começou a ser possível fazer isso por meio dos computadores, que eram gigantes, porém ainda não era possível saber a disponibilidade do convocado.

Com a evolução dos computadores e softwares, passou a ser possível verificar a disponibilidade dos convocados, evitando a concomitância de reuniões.

Mais tarde já era possível até reservar a sala e recursos necessários para cada reunião.

Hoje, chegamos a um nível no qual tudo pode ser feito por meio de aplicativos de celular e as reuniões deixaram de ser presenciais, sendo até possível participar delas remotamente.

Fica a pergunta: mesmo assim, será que sabemos usar corretamente todos os recursos disponíveis?

## 58 QUANDO UM AUDITOR NÃO ENCONTRA NENHUM PROBLEMA DURANTE A AUDITORIA, ELE INVENTA ALGUM?

Muito provável! Normalmente os auditores têm que deixar uma marca na auditoria. Quando não encontram nada, acabam criando um ponto de oportunidade para mostrar a importância da auditoria. Infelizmente é isso que acontece.

Porém, fica sempre a comparação: por que temos auditores externos se a empresa possui uma auditoria interna muito mais eficiente que a externa?

A resposta é muito simples: criou-se um paradigma no mercado, por meio das montadoras, que os problemas de qualidade poderiam ser minimizados com um critério pré-estabelecido de pontos de auditoria, evitando-se com isso os famosos "*recalls*".

Na verdade, isso é ilusório, pois a maioria dos "*recalls*" aconteceu com empresas de renome internacional certificadas por diversos órgãos.

Como todo esse ambiente de auditoria, os auditores, que são bem remunerados, devem apresentar senioridade a ponto de deixar sua contribuição por meio de um ponto de melhoria.

Aliás, alguém conhece alguma empresa de grande porte que perdeu a certificação? Digam-me, pois eu nunca presenciei isso.

## 59 QUAL É O MOMENTO QUE DEVEMOS APERTAR O BOTÃO DO "FODA-SE"?

Nunca! Jamais devemos partir para este caminho. Somos remunerados de acordo com aquilo que previamente havíamos acordado com a empresa e, portanto, temos que dar a nossa contrapartida.

Logicamente existem situações que nos deixam desmotivados como, por exemplo, promoções não atingidas, aumentos de salários não conseguidos, desprezo de algumas pessoas, perda de benefícios, entre outras inúmeras situações que nos deprimem e que nos dão vontade de largar tudo.

Todos esses fatos acontecem e continuarão acontecendo nesse ambiente corporativo e engana-se quem acredita que um dia teremos o "Jardim do Éden" como ambiente de trabalho. Até na Google os profissionais têm problemas, podem acreditar.

Existem duas alternativas que devemos tomar no momento em que a vontade de apertar o botão do "foda-se" vier à tona:

**a)** Conviver com a situação e procurar superar, entendendo que momentos de frustração são inerentes ao mundo corporativo;

**b)** Não se conformar com a situação e procurar outro emprego em substituição ao atual.

Independentemente da decisão que tomar, você deve manter o alto grau de motivação para demonstrar seu nível de maturidade. Profissionais de alta *performance* não se abatem nunca com as adversidades do ambiente.

## 60 SOPA DE LETRINHAS: POR QUE TANTOS CÓDIGOS NO MUNDO CORPORATIVO?

Se você se lembrar de pelo menos metade das siglas abaixo, realmente você é uma pessoa do mundo corporativo.

AOP, SOP, VSM, PDCA, SWOT, DMAIC, ROI, EBIT, FMEA, STI, PIP, PPAP, APQP, EQF, CPO, CSO, CEO, COO, CLO, CMO, CFO, PFMEA, SC,

PARTE 3: DIA A DIA NO MUNDO CORPORATIVO

PO, FYI, FUP, MOR, DOR, BAR, POR, CAP, SP, QAD, IATF, R3M, RASI, FYA, FYK, FDP, GMT, KPI, SLA, LTA, ECR, ECA, OEE, OE, 5S, 6M, ROCE etc.

Por que foram criadas e para que servem? Foram criadas para abreviar termos mais complexos e principalmente para agilizar a conversa dos interlocutores com a comunidade corporativa.

Agora, quando usamos estas expressões o tempo todo passamos a ser "chatos", pois não há mais nada inoportuno do que falar, por exemplo: "FYA, preciso que façam um VSM, utilizando PDCA e SWOT, para apresentarmos no POR e talvez no BOR para o CFO, COO, CPO, CSO e CEO, uma vez que sem isso não concluiremos o APQP e consequentemente a aprovação do PPAP. Peçam para o pessoal da EQF ficarem atentos e lembrem-se de mencionar que o FMEA e PFMEA foram devidamente executados no GR, porém temos o risco de comprometer o SOP e certamente nosso EBIT estará fora do que prevíamos no AOP".

Vamos usar as expressões, mas não exagerem, pois é muito entediante!

## 61 A PRINCIPAL FUNÇÃO DOS E-MAILS É SE PROTEGER?

Infelizmente, sim! O *e-mail* teve sua utilização massiva a partir do final da década de 1990 e hoje é comumente empregado de forma inadequada e inadvertida.

A maioria dos *e-mails* do mundo corporativo tem um conteúdo agressivo e de pouca utilidade para solução dos problemas. Nota-se que são utilizados claramente no sentido de autoproteção.

A mediocridade atingiu tal nível que as pessoas utilizam os *e-mails* também como instrumento de acusação. Quem nunca foi indagado sobre um assunto tratado em *e-mail* no qual estava apenas copiado?

Pois é, as pessoas ultimamente estão mais preocupadas em registrar os assuntos do que propriamente trabalhar nele. Essa é dura realidade que transformou as grandes organizações em ambientes inóspitos para se trabalhar.

Mais recentemente, a utilização de *WhatsApp* em substituição a alguns *e-mails* é patente no meio corporativo, que no final tem o mesmo objetivo.

Desafortunadamente, cada vez mais viramos reféns dessas ferramentas que acabam tomando mais de 80% da nossa atividade diária. Será que ferramentas de comunicação menos ortodoxas virão no futuro? Só nos resta esperar.

## 62 — O QUE SIGNIFICA, NO MUNDO CORPORATIVO, "O GATO SUBIU NO TELHADO"?

Muitas pessoas conhecem esta expressão e o significado dela refere-se àquilo que não dará certo, ou seja, quando algo tem uma probabilidade alta de falhar, dizemos que "o gato subiu no telhado".

Das diversas origens possíveis, a mais comentada é que se trata de uma piada que ocorre entre dois conterrâneos. Um deles viaja para seu país de origem e deixa o gato de estimação com seu amigo aqui no Brasil. Passadas algumas semanas, o amigo no Brasil informa ao outro que o gato havia morrido.

Indignado com a súbita mensagem ele diz ao amigo: quando acontecer uma tragédia desse tipo, deve-se contar a história em etapas para minimizar o sofrimento, explica ao amigo. Sendo assim, você deveria dividir as mensagens e espaçar os dias para informar, da seguinte forma:

Seu gato subiu no telhado; seu gato escorregou do telhado; seu gato caiu do telhado; levei seu gato para o veterinário; seu gato não está passando bem; seu gato foi para a UTI; seu gato morreu. Dessa forma, diz ele, eu ficaria bem menos chocado com a notícia.

Passados alguns meses, o amigo no Brasil envia uma mensagem ao que está viajando e informa que a mãe dele havia subido no telhado!

## 63 — POR QUE ALGUMAS PESSOAS SÓ CONSEGUEM ESCREVER "HIERÓGLIFOS"?

Para quem não se recorda, hieróglifo é um extinto modelo de escrita pictográfica, utilizado principalmente pela antiga sociedade egípcia e por alguns grupos indígenas, como os maias e os astecas.

Os hieróglifos foram compreendidos pela primeira vez por Jean François Champollion, em 1822, com o uso da Pedra de Roseta, que possuía escrito em hieróglifos, grego e demótico egípcio num grande bloco de granito. Este bloco foi descoberto em 1799 por homens de Napoleão Bonaparte enquanto cruzavam a região de Roseta.

Atualmente, no mundo corporativo algumas pessoas escrevem tão mal que se assemelham aos hieróglifos pela dificuldade de interpretação daquilo que foi escrito.

Com a chegada cada vez mais massiva dos meios eletrônicos de comunicação, existe uma tendência muito grande disso ficar cada vez pior, pois ninguém mais utilizará lápis e papel para escrever. Dificilmente participaremos de apresentações que utilizarão quadros brancos para dissertar o assunto, pois as pessoas não se arriscarão a fazer garranchos, ou hieróglifos indecifráveis.

Se um dia nossa civilização acabar, certamente o Google será o oráculo, como a pedra de Roseta foi no século XIX. Certamente o descobridor da base de dados da Google fará história. Quem viver verá!

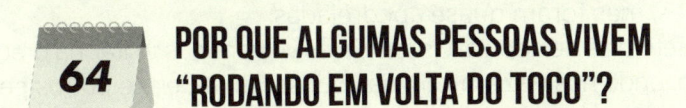

## 64 POR QUE ALGUMAS PESSOAS VIVEM "RODANDO EM VOLTA DO TOCO"?

Algumas pessoas são extremamente capazes de iniciar e executar uma tarefa com maestria, porém não têm a destreza de finalizá-la com "chave de ouro", ou seja, ficam "rodando em volta do toco".

Na maioria dos casos não conseguem dar um desfecho compatível com aquilo que foi executado e acabam se "enrolando" e até têm uma prolixidade nesse momento.

Isso está intimamente ligado à insegurança dessas pessoas em interagir com o externo no momento da conclusão de algo. Possivelmente trazem um trauma de algum momento profissional, presente ainda no subconsciente.

Não entendam isso como incompetência, que tem uma característica totalmente diferente desses casos.

As lideranças devem estar atentas a esse tipo de atitude e, de maneira bastante proativa, tentar ajudar o associado a superar esse trauma, por meio de estímulos.

Caberá ao líder discernir como atuar junto ao colaborador, uma vez que cada pessoa terá uma reação diferente a esses estímulos. E não se frustre caso não tenha sucesso, mas de qualquer forma tente utilizar o potencial do seu funcionário da melhor maneira possível, mesmo que tenha que concluir os assuntos dele.

## 65 OS SINDICATOS DOS TRABALHADORES AJUDAM EM ALGO?

Vivi situações que me levaram a ter a seguinte opinião: em empresas de grande porte os sindicatos mais atrapalham do que ajudam.

Vou narrar uma delas e a mais emblemática: tinha apenas 18 anos e passei por uma greve em dezembro de 1984. Naquele momento trabalhava como ajudante na linha de montagem da empresa multinacional.

Os trabalhadores, inflamados pela retórica do sindicato, ficaram irados a ponto de pararem a produção, não deixando ninguém sair de dentro da empresa. Algumas pessoas até conseguiram escapar dos piquetes, mas foram quase apedrejadas.

Foram sete dias de agonia. Os familiares vinham nos visitar na grade da empresa, onde nos traziam comida, roupas limpas, entre outros pertences. Parecia que éramos presidiários. Durante as seis noites, dormi dentro dos veículos do pátio ou sobre espumas e papelões no chão da fábrica.

Os grevistas já haviam preparado bombas incendiárias para colocar fogo na empresa com o intuito de destruir o patrimônio, caso as reivindicações não fossem aceitas.

Por essa e por outras situações que convivi no ABC paulista nas décadas de 1980 e 1990, quando me perguntam sobre sindicatos, sinto imediatamente um asco. Portanto, apesar de estar generalizando, não consigo visualizar benefícios neles, infelizmente.

## 66 QUAL É O MOMENTO EXATO PARA FICAR QUIETO NUMA REUNIÃO?

Costumo usar a regra das três tentativas, mas nem sempre é bom chegar até a terceira. Explico o porquê.

Normalmente reuniões são convocadas para solução de problemas e/ou tomadas de decisão. Não necessariamente temos que concordar com as afirmações ou decisões dos presentes e é aí que a regra das três tentativas é importante.

a) **Primeira tentativa:** diga de maneira polida que não concorda com a decisão. Caso não seja eficaz, vá para a segunda;

b) **Segunda tentativa:** seja dessa vez mais incisivo, deixando claro que, apesar do exposto, ainda não ficou convencido e explique os motivos. Se mesmo assim não convencer, vá para a terceira;

c) **Terceira tentativa:** deixe claro de maneira mais enfática, assertiva e agressiva que não está convencido do assunto, exemplificando de maneira gráfica (fluxograma, se for o caso) que não concorda.

Se mesmo assim você não conseguir colocar seu ponto de vista, é melhor ficar quieto na reunião e esperar pelo resultado da decisão.

Depois do fato consumado, caso você tivesse realmente razão, não deixe de dar aquela "cutucada" política no seu interlocutor, mas sempre tome cuidado quem e até onde pode "cutucar". Sempre alerta!

## 67 QUAIS SÃO OS MAIORES "DESPERDIÇADORES" DE TEMPO NO MUNDO CORPORATIVO?

Temos 20 principais responsáveis pelo desperdício de tempo no mundo corporativo, apesar de alguns executivos discordarem:

Gerenciamento por crise; interrupções causadas por telefone; planejamento inadequado; excesso de tarefas; visitantes inesperados; delegação ineficaz; desorganização pessoal; falta de autodisciplina; dificuldade em dizer não; procrastinação; reuniões; trabalho burocrático/papéis; deixar tarefas sem conclusão; funcionários inadequados; excesso de socialização; responsabilidades ou autoridades confusas; comunicação pobre/ruim; controles e relatórios de progresso inadequados; informações incompletas e viagens.

Como podemos reduzir o tempo perdido nesses "desperdiçadores"?

**a)** Crie uma tabela com os "desperdiçadores", estime o percentual que perde com cada um deles durante o dia;

**b)** Caso seja uma atividade que não é diária, divida o percentual pela periodicidade e encontre uma média diária;

**c)** Elenque os cinco principais itens da lista;

**d)** Elabore ações de contenção do desperdício para esses desperdiçadores, definindo data de término de cada ação.

Certamente após implementar as ações, notará que os percentuais vão migrar entre os "desperdiçadores", portanto, de tempo em tempo, volte a executar essa metodologia.

## 68 POR QUE TEM TANTA BABAQUICE EM EVENTOS DE LIDERANÇA?

Isso me remete à lembrança de uma música inspirada no desenho animado do He-Man, que diz: "Eu tenho a força, sou invencível, somos amigos, unidos venceremos a semente do mal".

Basicamente os eventos de liderança podem ser resumidos a isso. Infelizmente não existe nada inovador nesses *workshops* estratégicos e consequentemente somos obrigados a aplaudir e fazer cara de paisagem cada vez que um "gênio da lâmpada" inventa ou reinventa algo.

Gostaria de dividir os participantes em três grupos distintos, os diretores, os mais novos de carreira e os mais velhos de carreira para concluir o raciocínio.

**a) Os diretores:** são obrigados a acreditar em tudo e tentam fazer com que todos acreditem também, apesar de, no íntimo, sabem que 80% do que é falado num *workshop* não serve para nada;

**b) Os novos de carreira:** acham que tudo que foi falado é a coisa mais maravilhosa do mundo e ficam deslumbrados com as conclusões dos diretores, desejando ser igual a eles no futuro, ou seja, os diretores passam a ser referência profissional;

**c) Os velhos de carreira:** sabem que tudo que foi falado não tem efetividade e que na semana seguinte tudo será esquecido e a rotina de trabalho voltará ao normal.

Não quero ser generalista nessas considerações, mas infelizmente é isso que ocorre na maioria das empresas. Será que somos hipócritas a esse ponto?

## 69 O QUE SÃO ANALFABETOS FUNCIONAIS?

Literalmente falando, analfabetismo funcional é a incapacidade que uma pessoa demonstra ao não compreender textos simples. Tais pessoas, mesmo capacitadas a decodificar minimamente as letras, geralmente frases, sentenças, textos curtos e os números, não desenvolvem habilidade de interpretação de textos e de fazer operações matemáticas.

Transportando esse adjetivo para o mundo corporativo, podemos dizer que os analfabetos funcionais são os indivíduos que não são capazes de executar uma atividade sem que sejam guiados constantemente pelo seu gestor ou até mesmo que não são capazes de analisar o problema a ponto de encaminhar ao departamento responsável para a solução.

Apesar de não parecer comum, isso ocorre em demasia dentro dos ambientes corporativos, independentemente das gerações. Isso foi notado nos *"Baby Boomers"*, geração "X" e atualmente nas gerações "Y" e "Z".

A falta de introspecção pode ser a principal causadora dessa ineficiência, uma vez que os sujeitos não observam os conteúdos de seus próprios estados mentais, não tomando consciência deles. Dentre os possíveis conteúdos mentais passíveis de introspecção, destacam-se as crenças, as imagens mentais, memórias (sejam visuais, auditivas, olfativas, sonoras, tácteis).

## 70 SEGREDO ENTRE DUAS PESSOAS ... SOMENTE MATANDO UMA?

Por incrível que pareça, as informações dentro das organizações "vazam" de uma maneira absurda. Não existe nada que seja mantido em segredo, a ponto de quando oficializado não deixe de ser surpresa para alguns. Por que isso acontece?

Infelizmente, as pessoas têm amigos confidentes e por consequência esses amigos confidentes também têm outros amigos confidentes e assim por diante.

As empresas têm formulários específicos, chamados "Termos de Confidencialidade", para garantir que as informações sejam mantidas somente entre um grupo definido de pessoas, mas a efetividade desses documentos são mínimas e não asseguram que as informações não sejam veiculadas e tampouco dão cobertura legal para aplicar sanções disciplinares aos infratores. Talvez possam ser demitidos sem justa causa, caso tenham certeza por quem a informação "escapou".

O ser humano tem uma necessidade natural de contar aos amigos aquilo que soube antecipadamente, sentindo-se empoderado pela informação sabida. Qual a vantagem de ter namorado a mulher ou o homem mais bonito da escola, se não posso contar para ninguém?

Essa analogia, apesar de simplista, corrobora para sustentar esse tema, pois informações confidenciais nas empresas são motivo de se envaidecer perante os demais.

## 71 AS EMPRESAS POSSUEM TELEFONES SEM FIO?

Para quem não se lembra, ou para os mais novos, "telefone sem fio" era uma brincadeira de criança, na qual o líder do grupo passava uma informação ao "pé do ouvido" do primeiro, que passava para o segundo e assim por diante, até chegar no último. O último, por sua vez, deveria dizer a frase que foi passada e não podia errar. Com certeza já sabem o que acontecia.

Nas empresas é exatamente isso que acontece, o que torna esse meio de comunicação o mais efetivo dentro das organizações no que tange à velocidade, mas o conteúdo sempre chega distorcido.

Agora, por que isso ocorre? Normalmente informações que envolvem mudanças estruturais, relacionamento íntimo entre pessoas, demissões, entre outras, são sempre discutidas e repassadas adiante, porém os conteúdos vão se modificando com adição ou exclusão aos subsequentes, tornando o assunto totalmente diferente do original.

Parece que o ser humano tem uma necessidade eminente de fazer fofocas quando os assuntos envolvem pessoas e infelizmente isso jamais acabará dentro das organizações.

Já presenciei situações nas quais o líder advertiu, de forma totalmente equivocada, um funcionário que não fazia parte do "telefone sem fio", pela distorção de fatos. Portanto, fiquem atento a esse ciclo vicioso!

## 72 POR QUE EXISTE TANTO AMADORISMO NO MUNDO CORPORATIVO?

Literalmente falando, amadorismo é o desempenho de uma atividade por prazer e não visando a subsistência. Para que fique bem claro, amadorismo não é inerente ao corporativo e sim a um padrão comportamental individual.

Nas corporações, o amadorismo fica mais patente uma vez que as atividades são regidas por políticas e procedimentos bastantes claros e teoricamente esse amadorismo não deveria existir.

Podemos considerar que esse amadorismo é principalmente devido à "Lei de Ação e Reação", ou seja, como algumas corporações tratam as pessoas como amadoras, estas se comportam como amadoras.

Esse descaso é uma via de duas mãos. Se essas pessoas não fossem tratadas como amadoras, certamente teriam um comportamento diferente.

É importante deixar claro que, caso você se sinta um amador na empresa em que trabalha, seja por lhe tratarem assim ou por comportar-se assim, está na hora de uma mudança de rota.

Evite chegar a essa condição, pois se seu amadorismo começa a ser motivo de comentários, é porque você já está sendo rotulado, então mude de emprego antes que seja tarde e você se torne realmente um amador.

## 73 É SALUTAR VENDER DEZ DIAS DE FÉRIAS?

Nunca se pode vender aquilo que não é possível de se comprar! Normalmente nos deparamos com este entrave, pois sempre colocamos o fator dinheiro na frente das nossas decisões.

Logicamente isso está muito ligado ao momento que estamos na nossa carreira, bem como situação financeira que vivemos, mas gostaria de enfatizar esse tema para gerar uma pergunta em nossa mente todas as vezes nas quais vamos programar nossas férias.

Antes da reforma trabalhista de novembro de 2017, nos deparávamos com a condição de quebra de férias de 20+10 dias para aqueles com idade inferior aos 50 anos. Para os mais velhos não era possível fazer essa quebra.

Sendo assim, acabávamos vendendo as férias para não ficar tanto tempo afastado da empresa, pois sabíamos que o retorno era sofrido. Com a flexibilidade da nova lei, podemos quebrar em até três vezes, sendo que um dos períodos não pode ser inferior a 14 dias e outro período inferior a cinco dias.

Temos que sempre levar em consideração que a única oportunidade que temos de ficar "longe da selva" é nas férias, então por que vender? Puro masoquismo.

Para aqueles que acham que trabalhar é mais legal que tirar férias, é melhor ir ao psiquiatra, pois talvez tenham algum distúrbio.

## 74 PESQUISAS DE CLIMA ORGANIZACIONAL SÃO BURLADAS?

Não diria que são burladas e, sim, que a amostragem não atinge os formadores de opinião.

Normalmente, antes de se fazer uma pesquisa de clima organizacional, algumas medidas são tomadas para se evitar o fracasso delas.

Por vezes, os diretores com a alta gerência definem os critérios das pesquisas e passam as informações aos líderes de forma a convencê-los de que aquilo é extremamente necessário para melhorar o clima organizacional.

Munidos da informação e com a "lavagem cerebral" já feita, os líderes dissertam sobre o tema com os colaboradores de forma a demonstrar somente o lado positivo e de que forma a empresa gostaria que o resultado acontecesse. Arrisco dizer que até escolhem aqueles que vão responder.

Fica claro a todos que, apesar de ser uma pesquisa anônima, retaliações podem acontecer de maneira velada, o que inibe os funcionários a escreverem o que pensam.

Outras empresas usam o método de alternativas que, mesmo que o funcionário tente negativar o máximo as respostas, não é possível, pois as perguntas não contemplam tudo.

Quem nunca passou por isso na vida profissional, ou que o amigo lhe contou, que atire a primeira pedra!

## 75 POR QUE QUANDO INICIAMOS NO MUNDO CORPORATIVO ACREDITAMOS QUE OS CEOS SÃO AS PESSOAS MAIS INTELIGENTES DO MUNDO?

Porque não temos a mínima noção de qual é a realidade das corporações e do que cada um deles fez para atingir aquela posição.

Já parou para pensar que atrás de um CEO existe também pontos de incompetência e falhas como todos nós mortais temos? Então, por que endeusamos estes profissionais a ponto de tratá-los como seres supremos?

Atrás desses executivos existem comportamentos e circunstâncias políticas que os levaram àquele patamar e, podem acreditar, as empresas têm profissionais mais qualificados que esses CEOs e que, provavelmente, se ocupassem a posição deles, trariam resultados bem melhores do que os deles.

Faço questão de frisar que chegar a esse patamar hierárquico é uma questão política e circunstancial, o que nos remete a assumir que não passam de profissionais de alta *performance* que chagaram ali meramente por estarem no lugar certo na hora certa.

Super-heróis só existem nos quadrinhos da Marvel!

## 76 O NOSSO TRABALHO PODE E/OU DEVE SER DIVERTIDO?

Se o trabalho não for divertido, não faz sentido trabalhar.

Por mais que muitas pessoas digam que gostam de trabalhar, pessoalmente discordo e acho que é porque elas não têm algo melhor a fazer ou não sabem como deixar um legado para a sociedade.

Partindo do pressuposto que trabalhar é uma obrigação, não podemos passar oito ou mais horas dentro de uma empresa mal-humorados e carrancudos, pois certamente essas oito horas serão penosas e danosas para nosso corpo.

O melhor a fazer é passar momentos divertidos, encarando os problemas como oportunidades de diversão, logicamente com todo profissionalismo possível.

Quando nossa direção pede por "milagres", vamos pensar que milagres existem (apesar de que na maioria das vezes são impossíveis de alcançar) e encarar essas solicitações como oportunidades, deixando que elas passem suavemente sem causar dano ao nosso "fígado".

Procure sempre estar bem-humorado e passe esse ânimo para seus colaboradores, tentando humorizar todas as situações, sem deixá-las irônicas, cínicas, hipócritas ou demagogas.

Não existe nada pior que trabalhar num ambiente sem que haja um pouco de diversão. Viva essa passagem da vida com muito humor, pois tem grande chance de ser mais leve e proveitosa!

## 77 NAS EMPRESAS O QUE REALMENTE MUDA SÃO AS MOSCAS?

Certamente! Tive a oportunidade de passar por cinco grandes corporações, sendo que a menor delas faturava US$ 8 bilhões por ano, ou seja, eram megaempresas.

Respeitando-se as diferenças culturais entre elas, o "*modus operandi*", de maneira geral, é exatamente o mesmo.

Logicamente existem pontos de comparação entre elas, o que mostra que algumas são melhores em certos processos do que outras, porém o oposto também é verdadeiro, ou seja, as empresas com pontos positivos em determinados processos possuem pontos negativos em outros.

Considerando essa característica de similaridade entre corporações, quanto mais alto estiver nosso nível de maturidade, mais fácil será a adaptação nas migrações entre elas.

Em segmentos diferentes de mercado, as comparações têm uma maior variabilidade, porém o cerne das empresas é praticamente o mesmo, mais vulgarmente dizendo, "a merda é a mesma, somente as moscas que mudam".

Com experiência profissional adquirida, podemos usar uma analogia com jogadores de futebol, ou seja, podemos mudar de time e entrar jogando na próxima partida, o drible depende de você.

## 78 EXISTE ALGUMA ÁREA NAS CORPORAÇÕES QUE NÃO SEJA COBRADA POR REDUÇÃO DE CUSTO?

Atualmente todas as áreas dentro das empresas, sem exceções, são cobradas por reduções de custo. O que diferencia uma área da outra são os tipos de reduções exigidas.

Todos os anos preparamos as previsões de gastos para o ano seguinte e normalmente nos deparamos com dois tipos de solicitação:

**a)** Manter o gasto do ano atual para o próximo: isso ocorre quando a empresa está relativamente bem com relação aos lucros esperados;

**b)** Reduzir em "x" porcento o gasto do próximo ano, baseado no ano atual: geralmente, nesse caso a empresa espera ter um resultado melhor no próximo ano.

Jamais encontraremos situações nas quais a corporação libera um gasto para o ano seguinte superior ao ano atual, mesmo que esse adicional seja baseado somente na inflação. Esse tipo de concessão só ocorre no nosso governo.

Além dessa premissa de gastos, algumas áreas recebem objetivos extremamente pesados para atingirem reduções de custo reais, como por exemplo: compras (por meio de compras mais eficientes);

engenharia (por meio de processos mais robustos); produção (melhorando a produtividade da fábrica); entre outras.

Se você tem a esperança de não ser cobrado por reduções de custo, não trabalhe em corporações, pois a frustração virá.

## 79 POR QUE O CONCEITO DE ASSÉDIO MORAL MUDOU TANTO NOS ÚLTIMOS ANOS?

Entende-se por assédio moral a exposição dos trabalhadores e trabalhadoras a situações humilhantes e constrangedoras, repetitivas e prolongadas durante a jornada de trabalho e no exercício de suas funções, sendo mais comuns em relações hierárquicas autoritárias e sem simetrias, nas quais predominam condutas negativas, relações desumanas e sem ética.

O entendimento sobre o assédio moral e o acesso às informações contribui sobremaneira para intensificar a quantidade de processos trabalhistas referentes aos assédios morais.

Antigamente era normal aceitar crueldade e indelicadeza de alguns chefes, mesmo quando tinham um cunho sexual. Mas os tempos mudaram, hoje nossa sociedade não aceita mais isso.

Contudo, por vezes podemos verificar um exagero nas reclamações, algumas infundadas, outras inverídicas, que levam a um aumento da demanda processual.

Devemos repudiar o convívio em ambientes que permitem o assédio, porém temos que ter bom senso e discernimento necessário para interpretar os fatos e jamais processar uma empresa ou pessoa sem que haja evidência concreta. Sejamos cautelosos e coerentes!

## 80 POR QUE ALGUNS PROFISSIONAIS PREJUDICAM TANTO OS FORNECEDORES?

Grandes corporações são conhecidas pela dureza nas negociações com fornecedores e algumas empresas até faliram por atitudes exageradas dos clientes. O maior problema que vemos nesses relacionamentos é o radicalismo imposto e a consequentemente opressão sofrida pela cadeia de fornecedores.

O que não se pode admitir é que todos os problemas gerados dentro das corporações sejam de responsabilidade dos fornecedores, por isso as lideranças devem sempre usar o bom senso e principalmente o discernimento na análise dos casos.

A falta de profissionalismo de certos indivíduos, que utilizam os fornecedores como "muleta" para encobrir os próprios erros, é a principal causa desses problemas. Podemos citar como exemplo a compra de um componente erroneamente especificado por esse profissional.

Nesse caso, o "amador" tenta de qualquer maneira se eximir do seu erro, não aceitando a entrega desse componente e vai "empurrando com a barriga" até que o fornecedor desista. Esse tipo de atitude é completamente imoral, mas infelizmente faz parte do comportamento dessas pessoas que são incapazes de admitir aos seus superiores que cometeram um erro.

## 81 POR QUE SE USA TANTO GERUNDISMO NO MUNDO CORPORATIVO?

Simplesmente porque as pessoas não aprenderam a falar o português corretamente!

A explicação mais comum dada ao uso do gerundismo na Língua Portuguesa é que as pessoas acabam utilizando formações gramaticais baseadas na língua inglesa.

No inglês é muito comum utilizarmos o tempo verbal *"present perfect continuous"*, por exemplo *"I have been working"*, que traduzindo ao pé da letra significa "eu tenho estado trabalhando".

Essa construção verbal acabou sendo erroneamente utilizada no português, principalmente em operações de *telemarketing*, como por exemplo, "vou estar encaminhado sua solicitação" ou "vamos estar resolvendo o seu problema".

Já presenciei a utilização de uma sequência inacreditável de quatro verbos, como "sua solicitação vai estar sendo analisada pela ouvidoria", que poderia ser simplesmente resumida em um único verbo no tempo correto "a ouvidoria analisará sua solicitação".

Fique atento às construções verbais utilizadas no cotidiano, pois é errado e ridículo esse excesso de gerundismo. Demonstra que você está tentando rebuscar seu vocabulário e no fundo está cometendo um erro gramatical grave da Língua Portuguesa.

Fique atento ao modo como você fala para não passar por situações constrangedoras.

### 82 — NOS PLANEJAMENTOS ANUAIS, QUAL A DIFERENÇA ENTRE OS SUBSTANTIVOS: "TRUE", "WISH", "DREAM" E "MIRACLE"?

Esses substantivos em inglês – que significam verdade, desejo, sonho e milagre – passaram a ser empregados por nativos da Língua Portuguesa com o objetivo de caçoar dos autocratas presentes nas corporações. Eles são aplicados em comentários nos bastidores, pois os idealizadores não têm coragem, tampouco perderam o juízo de dizer. Abaixo destaco o significado de cada um deles:

**a) True:** aquilo que é informado pela pessoa que executa a atividade e que realmente vai acontecer no ano em questão. Dificilmente erram essa estimativa;

**b) Wish:** aquilo que o gestor da área gostaria que acontecesse e luta semanalmente com seus os subordinados para acontecer. Às vezes até conseguem atingir;

**c) Dream:** aquilo que o responsável do negócio sonha que aconteça, mas sabe que acontecerá parcialmente, uma vez que a corporação não deu a mínima atenção às observações dele;

**d) Miracle:** o que a corporação exige que aconteça, mas, como todos sabemos que milagres não existem no mundo corporativo, isso nunca acontecerá.

Apesar de cômico, isso é um resumo daquilo que acontece em todas as corporações. Ainda quer fazer parte de uma? Tem realmente certeza disso? Se já faz parte, quer continuar?

## 83 OS LÍDERES TÊM MEMÓRIA CURTA?

Vamos dividir o assunto entre "Líderes" e "Verdadeiros Líderes". Os "Líderes" não têm memória curta e sim memória seletiva, o que não é válido para os "Verdadeiros Líderes".

Vocês já se depararam com situações nas quais você conversa profundamente sobre determinado assunto com sua chefia e em determinada ocasião, normalmente na frente de outras pessoas, o chefe fala que não tinha conhecimento do assunto? Pois é, isso não é algo tão difícil de ocorrer e tenho certeza que já passaram por isso.

Normalmente esse "líder" fica com "cagaço" de assumir o assunto e no momento em que é indagado por outros, acaba o colocando na berlinda. E vou ser muito honesto com vocês, não tentem jamais indagar seu chefe nesse sentido, pois certamente vai dizer que você nunca tocou nesse assunto com ele.

Se você já sabe que seu chefe é assim, procure documentar e, se for o caso, antecipe o problema de forma mais generalizada, para que o assunto não fique somente entre seu chefe e você, logicamente respeitando-se a confidencialidade do assunto.

Já com os "Verdadeiros Líderes", eles dirão que tinham conhecimento do assunto e assumirão a responsabilidade pelo departamento mesmo que a culpa seja de um funcionário específico.

## 84 POR QUE ALGUNS EXECUTIVOS NÃO TOMAM DECISÕES?

Apesar de não parecer comum, isso ocorre com uma frequência inimaginável.

Normalmente esses executivos são inseguros e não são capazes de tomar a decisão se não tiver 100% de certeza de que aquilo dará certo. Isso compromete o tempo de implementação de projetos e principalmente cria uma burocracia interna enorme.

Podemos entender então que é falta de experiência dos executivos? Não, muito pelo contrário. Normalmente eles possuem uma vasta experiência, porém não são capazes de conviver com o erro caso ocorra e, principalmente, lhe faltará habilidade de correção de rota.

Existem alguns outros executivos que disseminam o trabalho em equipe para se esconder atrás da tomada de decisão. Por vezes, envolvem os times, geram um ambiente propício de troca de informações e experiências, fazem *"brainstorming"* e acabam seguindo as orientações dos mais experientes.

De forma alguma isso é errado, uma vez que compartilhar as decisões com o time enriquece o relacionamento do departamento, porém é muito evidente quando o executivo realmente compartilha as decisões ou quando se esconde atrás do time.

## 85 — TIVE PROBLEMA DE COMPLIANCE NA MINHA ÁREA. COMO DEVO PROCEDER DAQUI PARA FRENTE?

A partir do momento em que sua área tem um problema de *compliance*, ficará no *"spot"* naturalmente, independente da gravidade do fato.

Existem vários problemas de *compliance*, que vão de pequenas violações às políticas internas, até questões mais sérias, como fraudes.

De qualquer maneira, é algo que deve ser tratado imediatamente com planos de ação bastante robustos, bem como prazos definidos que obrigatoriamente devem ser cumpridos.

Infelizmente passei por diversos episódios em minha vida profissional de problemas de *compliance*, entre eles alguns muito graves, culminando em demissões dos envolvidos, até por justa causa.

A partir de um caso como este, as lideranças passam a ser julgadas pelo comportamento de seus subordinados. Apesar de muitos entenderem que isso é injusto, as chefias têm que ter o "cheirador" apurado nesse sentido.

É muito difícil analisar o comportamento das pessoas, principalmente quando não temos todo o histórico delas, porém alguns indícios podem ser observados nos comportamentos e devem ser analisados, não como uma investigação policial, mas como alerta.

Lembrem-se que, a partir do momento que existiu um caso na sua área, certamente vão ficar atentos ao seu comportamento, sem mesmo ter um motivo aparente para isso.

## 86 PERCENTUALMENTE QUANTO REALMENTE TRABALHAMOS?

Anteriormente, no artigo 67, elenquei quais são os maiores "desperdiçadores" de tempo, porém gostaria de esclarecer que o assunto abordado agora refere-se ao tempo realmente não trabalhado, ou seja, tempo no café, telefonemas particulares, conversas de corredor, WhatsApp, entre outros.

Nós brasileiros e latinos, de forma geral, temos um menor aproveitamento do tempo quando comparados com europeus e americanos. Apesar de parecer estranho, tem muito a ver com nossa cultura.

Europeus e americanos são determinados quanto à execução de tarefa e dificilmente se dispersam no cotidiano. Para nós, qualquer assunto é motivo para um cafezinho e quando alguém descobre uma fofoca, aí que a coisa piora. Não estou dizendo que isso também não ocorre em outros países, mas aqui no Brasil é demasiado.

Segundo as mais recentes pesquisas, o brasileiro perde, em média, 20% do seu tempo com assuntos não pertinentes ao seu dia a dia. Podemos dizer que representa um dia de trabalho por semana.

Apesar disso, temos que levar em consideração que nós brasileiros somos muito rápidos na execução das tarefas, quando nos comparamos com trabalhadores de outras culturas, o que compensa essa perda. Imaginem então se utilizássemos esses 20% perdidos efetivamente nas tarefas?

## 87 EXISTEM MAIS PESSOAS FELIZES OU INFELIZES NAS CORPORAÇÕES?

Atualmente, arrisco dizer que temos mais pessoas infelizes do que felizes nas corporações.

Estamos passando por momentos muito difíceis, o que nos remete a relacioná-los com nossas atividades profissionais. Nessa década de 2010, estamos vivendo o que talvez seja a maior crise político-econômica da nossa história.

O índice de desemprego atingiu valor recorde na faixa de 13% e muitas pessoas não estão trabalhando naquilo que realmente gostam. Pelo contrário, muitas acabam aceitando emprego naquilo que aparece.

Tudo isso acaba afetando o bem-estar e a felicidade dos indivíduos e, consequentemente, reflete no seu dia a dia nas corporações.

Quando voltamos para os anos de 2010 até 2012, tínhamos um mercado extremamente bom em termos de vagas de empregos, favorecendo substancialmente a escolha da melhor oportunidade. Naquela época, dizia-se que até maus profissionais se empregavam.

Aguardamos que essa infelicidade seja momentânea e que possamos viver momentos de glória nas próximas décadas. Mas o importante é não deixar a crise se instalar em você.

## 88 — POR QUE O ASSÉDIO SOFRIDO PELA GERAÇÃO "X" NÃO É MAIS ACEITO PELAS NOVAS GERAÇÕES?

Costumo dizer aos amigos que nossa geração, no caso a "X", foi a última que respeitou os pais e a primeira que não é respeitada pelos filhos. Analise um pouco e reflita se isso faz algum sentido para você?

Esse fenômeno acabou passando às organizações como um reflexo da sociedade.

Antigamente era inimaginável você entrar na sala de um diretor sem primeiro passar pelo seu supervisor e gerente. E mesmo que tivesse o aval dos dois, ainda tinha que passar pelas secretárias que eram verdadeiras "escudeiras", que protegiam os diretores como se fossem reis.

Naquele tempo, os chefes eram temidos e podiam xingar, humilhar e até maltratar os funcionários que era normal.

Com a dinâmica da sociedade, essa informalidade foi crescendo e acabou criando um clima de questionamento às chefias, a ponto de não se aceitar tudo o que o chefe diz.

Consequentemente, o comportamento inadequado dos chefes é interpretado como assédio e, a partir de então, providências são adotadas.

Os ambientes profissionais deverão se adequar rapidamente a esse novo "modus operandi" para não sucumbirem ao fracasso. Afinal, o mundo não para e a história nos mostra que existem rupturas e continuidades. Então, observe criteriosamente os movimentos.

### 89 - FUI CONVOCADO PARA UMA REUNIÃO NA QUAL SEREI MASSACRADO. COMO TIRAR VANTAGEM DA SITUAÇÃO E SAIR ILESO?

Se você já sabe que será massacrado é porque tem conhecimento do que está errado ou o que está atrasado.

A melhor maneira de se evitar isso é estar munido de informações relevantes que acarretaram os erros ou atrasos. Essas informações devem ser usadas somente se indagadas.

Não tente jamais se justificar usando-as, pois "o tiro pode sair pela culatra". Não existe nada pior nessas reuniões do que tentativas de desculpas, pois isso denotará fraqueza ou até autoproteção.

Exponha o fato com clareza e assuma a responsabilidade. Nunca tente empurrar a culpa para pessoas do time, mesmo que realmente a culpa seja delas. Todos sabem quem errou, então não se preocupe com isso!

A melhor forma de tirar proveito dessas situações é trazer na discussão aqueles pontos que você já havia elencado como risco anteriormente, mas nunca como no desenho animado *Carangos e Motocas*, no qual a moto ficava repetindo sem parar "eu te disse, mas eu te disse".

Seja articulado e conduza o assunto dessa forma, para que um dos "carrascos da mesa" se lembre desses riscos e acabe o ajudando. Já passei por isso muitas vezes e, na maioria delas, fui ajudado.

Se não der certo isso, assimile a "porrada" e tente na próxima.

### 90 - POR QUE AS PERGUNTAS SÃO PREVIAMENTE PREPARADAS PARA OS DISCURSOS DOS CEOS E BOARD?

Vai dizer que vocês não sabiam disso? Não acredito! É pessoal, isso é a mais pura verdade.

As organizações costumam escolher algumas pessoas para fazer as perguntas pré-definidas para os visitantes quando eles fazem os famosos "Town Hall Meetings" ao visitarem as plantas ao redor do mundo.

Com frequência, essas perguntas são elaboradas metodicamente para preparar os colaboradores para a implementação de alguma estratégia polêmica num futuro próximo ou, então, para disseminar informações importantes para os associados.

Vamos olhar por outro ângulo também. As pessoas ficam intimidadas em fazer perguntas para os executivos, portanto, essa é uma maneira de "quebrar o gelo" nesses eventos.

Podem até dizer que estou contaminado pela "teoria da conspiração", mas infelizmente, ou felizmente, isso é normal.

Os mais polêmicos, que sempre gostam de fazer perguntas impactantes, são previamente orientados pelos gestores imediatos para permanecerem calados durante o evento ou para tomarem cuidado com o tipo de pergunta que pretendem formular.

Pessoalmente já recebi uma pergunta pronta para fazer a um CEO que veio visitar uma das empresas que trabalhei. Conto o milagre, mas não revelo o nome do santo!

## 91 DIRIJO OU SOU DIRIGIDO?

Já se perguntou alguma vez isso? É quase que filosófica essa pergunta, mas podemos utilizá-la para uma reflexão interna.

A maioria das pessoas são dirigidas e outras poucas dirigem. Logicamente isso é inerente ao tipo de gestão que possuímos, onde reportamos para um líder quase sempre.

Mas será que mesmo tendo esse reporte, não podemos dirigir nossas próprias ações? Claro que sim! Todos nós deveríamos ser auto gerenciáveis, com processos claros e pré-definidos, sem que houvesse a necessidade de recebermos ordens.

Apesar de parecer utopia, isso é possível a partir do momento no qual as lideranças deixem de ser centralizadoras e os subordinados atinjam a maturidade suficiente para isso.

Uma das empresas na qual trabalhei tentou mudar a gestão por pessoas para a gestão por processos. Foi um fiasco e o projeto nem sequer saiu do papel. Acredito que a gestão por processos não acontecerá nas próximas décadas, ou talvez nunca aconteça.

Na verdade, algumas pessoas se sentem confortáveis com a situação de ser dirigidas por alguém e nunca se habituarão com a gestão por processos, pois necessitam o estímulo diário do chefe para atuar.

Isso é uma característica pessoal que deve ser respeitada e nunca aplicar um demérito por isso. As pessoas não são iguais entre si! E você, quem é?

## 92 ATÉ QUE PONTO PODEMOS SER IDEALISTAS NO MUNDO CORPORATIVO?

A definição de idealismo é qualquer teoria filosófica em que o mundo material, objetivo, exterior só pode ser compreendido plenamente a partir de sua verdade espiritual, mental ou subjetiva, segundo a qual a realidade apresenta uma natureza essencialmente espiritual, sendo a matéria uma manifestação ilusória, incompleta ou mera imitação imperfeita de uma matriz original constituída de formas ideais inteligíveis e intangíveis.

Traduzindo, idealismo é algo que não funciona dentro do ambiente corporativo, principalmente porque na maioria dos casos não está alinhado com as diretrizes da empresa.

Podemos entender que existem pessoas idealistas dentro das empresas, mas que são engolidas ou absorvidas por padrões de comportamento quase que pré-definidos para enquadramento às políticas da corporação.

Costumo dizer que a empresa é uma tábua cheia de pregos onde todos estão na mesma altura em relação à madeira. Quando um dos pregos está com uma altura superior a dos demais, vem uma martelada para que eles fiquem todos iguais novamente.

Assim funciona o ambiente corporativo e podemos até comparar com a música *"The Wall"*, do Pink Floyd, sendo que os tijolos somos nós.

## 93 COMO MANTER-SE ACORDADO EM PALESTRAS INSTITUCIONAIS?

Difícil, quase impossível, mas temos que fazer "cara de paisagem" e demonstrar interesse àquilo que está sendo apresentado em respeito ao palestrante.

Vamos dividir nossa carreira em terços:

**a) Primeiro terço (entre 1 a 12-15 anos de carreira):** fase na qual estamos abertos para tudo que nos é falado e vamos prestar atenção como uma "coruja". Nada nos fará dormir, a não ser que o palestrante seja muito entediante;

**b) Segundo terço (entre 12-15 a 25-30 anos de carreira):** fase intermediária e de estabilidade. Segregamos tudo que não tem interesse para nosso crescimento profissional e damos atenção somente às palestras com conteúdo pertinente à nossa carreira. Possivelmente dormiremos em algumas palestras;

**c) Terceiro terço (entre 25-30 a 36-45 anos de carreira):** fase final, ou seja, curva na descendente. Não temos mais paciência, tampouco interesse naquilo que está sendo palestrado. Buscamos nesse momento prestar somente atenção naquilo que nos ajudará na nossa aposentadoria.

Dormir ou não dormir em palestras dependerá única e exclusivamente dos interesses pessoais de cada um, seja na vida profissional ou na aposentadoria. Quando for dormir, só se policie para ninguém notar e muito menos roncar. Seja feliz!

## 94 SOU MEIO LINGUARUDO. POSSO TER PROBLEMAS NO MUNDO CORPORATIVO?

Não conheço nenhum linguarudo que se saiu bem no mundo corporativo. Nem mesmo os de alta *performance*.

Por mais atuante e proativo que seja, o linguarudo é rotulado como pessoa resistente e de pouco interesse aos problemas da empresa, apesar de isso ser mera suposição dos "rotuladores", mais conhecidos como "lado negro da força", para os amantes de "Star Wars".

Os seguidores de "Darth Vader" farão de tudo para prejudicar o linguarudo, até de inventar situações para condená-lo. Como o linguarudo já é rotulado, dificilmente terá argumentos para se defender das acusações.

Você que é linguarudo e não consegue se livrar dessa característica, seja pelo menos esperto para saber em que ambiente pode "soltar suas pérolas". Muitas pessoas até aceitam críticas dos linguarudos, mas nunca em ambiente aberto, mais especificamente, com outras pessoas ao redor.

Portanto, seja cauteloso com as pessoas, como na parábola do passarinho que ficou congelado e uma vaca cagou sobre o gelo que acabou derretendo. Logo em seguida, feliz por ter sido descongelado, uma raposa comeu o passarinho. Portanto, nem sempre quem caga na sua cabeça é inimigo e nem sempre quem o tira da merda é seu amigo. Reflita!

## 95 A EMPRESA ME DEU UMA OPORTUNIDADE E NÃO APROVEITEI NO MOMENTO. POSSO TENTAR REVERTER?

Em uma das empresas que atuei, reportei diretamente para o presidente e tinha acesso às informações, bem como fazia parte das decisões.

Pela minha forma simples e muitas vezes pouco ambiciosa, acabei deixando algumas oportunidades passarem na minha porta e não aproveitei. Isso não chegou a ser um problema, em função principalmente da maturidade que possuía e do momento profissional que estava passando.

Cabe saber até que ponto aproveitar todas as oportunidades que passam pela sua frente trará felicidade a você. Será que realmente o que nos faz felizes é poder ter acesso às informações e participar das decisões da empresa? Acredito que não. Felicidade é inerente às pessoas e não ao ambiente ao qual está inserido.

Reverter essa situação é praticamente impossível, pois quando o trem passa pela estação, lhe dá duas opções: entrar e seguir o caminho, ou não entrar e permanecer na estação. Cabe a nós tomarmos essa decisão e jamais nos arrependermos por não termos aproveitado o momento.

O que ficou para trás é passado e o que está por vir é o futuro que não temos como prever. Portanto, viva intensamente o presente e não se arrependa do que passou e tampouco se preocupe com o que virá.

### 96 — SOU UM EXCELENTE FUNCIONÁRIO, MAS RECUSARAM MEU PEDIDO DE REEMBOLSO PARA UM CURSO. O QUE FAÇO?

Nem todas as empresas têm uma política clara sobre subsídio de cursos. Sendo assim, deve-se entender a abrangência dela nesse sentido e, se não existir, como a empresa se posiciona nesses casos.

Nos últimos anos, várias empresas reembolsaram cursos externos a seus funcionários e algumas ainda continuam reembolsando, porém notou-se que em muitos casos os funcionários acabaram deixando a empresa, sem o mínimo reconhecimento. Apesar de existir termo de compromisso em algumas, não existe uma consequência jurídica nesses casos.

É importante deixar claro que as empresas não são obrigadas a dar treinamentos aos seus funcionários, mas costumam fazê-lo até como um diferencial de mercado.

No caso da recusa de um pedido de reembolso, deve-se aceitar pacificamente sem criar uma ira interior.

Cabe salientar que o crescimento profissional deve ser conduzido sempre pelo indivíduo e não pela empresa. Temos que perder essa mania de "vinde a mim", que é intimamente ligada à cultura brasileira, que foi se enfronhando cada vez mais pela liderança de governantes populistas, principalmente nessas últimas décadas.

Faça acontecer por você mesmo. Não espere pelos outros! Viva a autonomia!

### 97 — REALMENTE EXISTE TRABALHO EM TIME NO MUNDO CORPORATIVO?

Claro que existe! Não significa que existe entendimento sadio no time de trabalho, ou que as atribuições sejam proporcionais.

PARTE 3: DIA A DIA NO MUNDO CORPORATIVO

Infelizmente, nos trabalhos em equipe, sempre um acaba se sobressaindo. Isso é inerente à própria habilidade de cada indivíduo.

Quem nunca fez trabalho de escola e queria ter um *nerd* no grupo para tirar proveito? Acham que nas empresas não acontece a mesma coisa? Certamente que sim. Engana-se quem acha que as contribuições dos membros do time são iguais.

Agora vamos analisar com bastante parcimônia. Seria realmente necessário formar times de trabalho se cada profissional soubesse o que fazer e executasse a atividade no tempo certo, com qualidade e com o menor custo? A resposta é não.

Digo sem medo de errar que os trabalhos em time se originaram para melhorar a eficiência dos processos, evitando que os "elos da corrente" se quebrem. Sem sombra de dúvidas, essa é a melhor maneira da empresa diminuir custos, riscos e prazos na implementação dos projetos.

As fraquezas individuais passam despercebidas no trabalho em equipe e isso acaba sendo uma fortaleza. Faço a analogia com outro artigo que escrevi sobre a "tábua cheia de pregos". Os pregos ficam todos na mesma altura nos times de trabalho.

## 98 AO PERCEBER COMO FUNCIONA TODA ESSA ENGRENAGEM DO CORPORATIVO, É POSSÍVEL SEPARAR O QUE É INDUZIDO E O QUE REALMENTE É NECESSÁRIO?

A princípio não. Isso só é possível após adquirir maturidade! As coisas no mundo corporativo funcionam por osmose.

Coloquialmente, o termo osmose pode ser utilizado quando se refere a alguém que quer aprender algo sem estudar, ou realizar algo sem saber, pensando que vai aprender absorvendo o conhecimento de forma natural, por "osmose", sem necessidade de gastar energia. Dormir com o livro didático debaixo do travesseiro e achar que vai acordar já sabendo a matéria é um exemplo dessa expressão popular. Obviamente isso não funciona para muitas coisas, mas funciona no corporativo.

A inércia da engrenagem corporativa é tão grande que somos carregados por ela, ou seja, quando nos damos conta, já estamos fazendo parte dela e agindo como os demais.

Criticamos os governos populistas que arrastam multidões por meio dos discursos convincentes e não nos atentamos que o mundo corporativo é exatamente assim, capaz de nos induzir com todas as metodologias pré-fabricadas.

O corporativo é uma piscina na qual todos estão com a água no queixo, impossibilitando que levantemos a cabeça para visualizar o horizonte. A única maneira de visualizar o mundo exterior é saindo da piscina.

## 99 É POSSÍVEL BLINDAR-SE DOS "TREINAMENTOS" QUE FOMENTAM SUA MENTE PARA MELHORAR A PERFORMANCE E CONSEQUENTEMENTE GERAR MAIS LUCROS?

Esta pergunta me remete a lembrar dos meus avós que constantemente me diziam: "Diga-me com quem andas, que te direi quem és"!

Porém, é possível, sim, se blindar, desde que tenha consciência do que a empresa quer de você e o que você quer da empresa. Não deixar se contaminar pela "demagogia e lavagem cerebral" que tentarão fazer com você.

Os treinamentos nos invadem como uma ferramenta para intensificar nosso foco, tornando-nos cada vez mais obstinados com o conceito de melhorar a produtividade, gerar mais lucro, fazer mais com menos, cortar funcionários, entre outros.

Ao final de tudo isso, observamos que nossas ações tornam os acionistas cada vez mais ricos. Mas também não podemos deixar de lembrar que graças às empresas temos nossos empregos e contribuímos com nossas famílias

Mas até que ponto aumentar cada vez mais a riqueza dos ricos não culmina em deixar os pobres cada vez mais pobres? Será que não poderíamos mover a "régua dos lucros" num patamar que todos ganhariam com isso, evitando assim a obsessão por ganhar cada vez mais?

Uma dica, haja sempre com bom senso e procure separar o "joio do trigo"!

PARTE 3: DIA A DIA NO MUNDO CORPORATIVO

## 100 — NUMA CORPORAÇÃO AS PESSOAS PENSAM EM SI SÓ, OU NO COLETIVO? O EGOÍSMO PREDOMINA?

Apesar do termo corporação referir-se a um conjunto de pessoas com alguma afinidade de profissão ou ideias, organizadas em associação e sujeitas a estatuto ou regulamento, infelizmente o egoísmo predomina! Os conceitos dos três mosqueteiros de "um por todos e todos por um" é mera ficção de Alexandre Dumas. Na verdade, Aramis não gosta do Athos e tampouco D'Artagnan gosta do Porthos.

Cada vez mais as empresas criam *slogans* como: "*for one another*", "*one team*", "*all for the same goal*", que não funcionam na prática e acabam como palavras soltas ao vento.

A melhor forma de perceber isso é quando você precisa de um recurso e pede para a outra área disponibilizar. Alguém já passou por isso? Se sim, disponibilizaram? Creio que não.

Quando a gente tenta mexer no queijo do outro, o conceito de coletivo vai "por terra" e ninguém está disposto a ajudá-lo.

Percebe-se que as empresas são formadas por subempresas que trabalham desvinculadas umas das outras. Todas possuem um subpresidente que dita as regras dessa subdivisão e está somente preocupado com o quintal dele.

Quando ocorre o encontro desses subpresidentes, eles fazem papel de "bons meninos" para os demais e assim vão mantendo seus cleros intocáveis.

## 101 — POR QUE A MAIORIA DAS VAGAS INTERNAS JÁ TEM UM DIRECIONAMENTO PARA ALGUÉM?

Podemos afirmar com convicção que isso ocorre em 90% dos casos!

Infelizmente, as empresas tentam popularizar os processos de seleção interna, mas isso não acontece. Geralmente, as vagas internas já têm "as cartas marcadas".

Se isso é verdade, então por que perdem tempo com o processo de seleção? Porque as empresas, de uma maneira geral, vendem a ideia de organizações modernas, com comunicação aberta e acesso amplo para todos os associados.

Mas isso não pode ter uma repercussão ruim, uma vez que o discurso é totalmente diferente da ação? Sim, pode, mas quando levamos em consideração que o processo de seleção interna foi seguido à risca e a decisão do gestor da área foi baseada nas entrevistas, os questionamentos da efetividade do processo passam a ser ignorados.

Apesar de ficar claro para todos que houve o direcionamento, não existem provas circunstanciais que corroborem a decisão, ou seja, fica impossível de se provar tal ato.

Isso não é algo inerente a algumas empresas e, sim, uma prática de mercado. Gestores de RH poderão discordar dessa afirmação, mas procurem analisar os casos e reconheçam essa prática.

## 102 NÃO GOSTO DA MINHA ATIVIDADE ATUAL, TAMPOUCO DO DEPARTAMENTO. COMO FAÇO PARA MUDAR?

Muito simples... se movimente! Como se diz popularmente, "dê seus pulos".

Primeiro, tente entender se o problema não está com você. Existem pessoas extremamente chatas que nada para elas está bom, ou seja, por mais que mudem de área numa empresa ou por mais que mudem de emprego, nunca estão satisfeitas e sempre acham uma desculpa para falar que não gostam do que estão fazendo.

Para essas pessoas, sugiro três opções: arrume um(a) companheiro(a) rico(a), para não precisar trabalhar; mude-se para o Tibete e fique meditando ou jogue na Mega-Sena e torça para ganhar.

Agora, a quem que não tem esse perfil e gosta da empresa na qual trabalha, manifeste transparentemente seu interesse de mudança ao seu gestor e deixe claro a outros gestores também sobre o seu interesse.

Se o problema é a empresa, procure pesquisar no mercado as oportunidades que se encaixem no seu desejo. Prepare um currículo bem estruturado e comece a enviar para sua rede de contatos. Lembre-se, jamais peça demissão sem ter arrumado outra atividade, pois é muito mais difícil arrumar um emprego estando desempregado do que quando está empregado. Tenha sempre isso em mente e, o mais importante, seja feliz!

## 103 NÃO FAÇA SEMPRE O QUE LHE PEDEM, MAS NUNCA DIGA NÃO?

Infelizmente dizer não dentro do mundo corporativo é quase que assinar seu atestado de óbito.

A melhor maneira de dizer não é nunca dizendo não! Que contrassenso. À medida que ganhamos experiência, sabemos antecipadamente o desfecho das atividades e é aí que o risco de falar não emerge.

Nesse momento, temos que refletir e responder ao interlocutor de maneira positiva, dizendo que fará a atividade. Com postura positiva poderá fazer perguntas para demonstrar que está interessado, mas precisa ainda de mais informações.

Seja inteligente para fazer perguntas que levarão seu solicitante a concluir que aquela atividade não agrega nenhum valor e não faz sentido executá-la.

Caso não consiga convencê-lo, procure trabalhar com o fator tempo, questionando quando necessita daquele trabalho. Demonstre que tem outras prioridades e precisará de um tempo maior para finalizar.

Se mesmo assim não for suficientemente assertivo, sugiro empurrar com a barriga até que caia no esquecimento. Infelizmente, inúmeras solicitações não fazem o menor sentido e são feitas para satisfazer o ego de alguns líderes.

Porém, tenha certeza que possui maturidade suficiente para discernir isso. Cuidado, pois pode se prejudicar se não estiver 100% certo!

## 104 A RÁDIO PEÃO TEM REALMENTE ASSERTIVIDADE?

Por incrível que pareça, a rádio peão é um dos meios mais eficazes de comunicação dentro de uma empresa.

Vamos dividir este assunto polêmico em duas partes: quando não queremos e quando talvez quiséssemos que a informação circulasse pela rádio peão.

a) Quando a informação vaza sem que queiramos: neste caso é a famosa "corrente do bem". Toda pessoa tem um amigo de confiança que, por conseguinte, possui outro amigo de confiança e a informação segue uma cadeia sucessiva até chegar na "base";

b) Quando talvez seja interessante que a informação vaze: será que muitas vezes não é importante que a informação vaze, principalmente quando existe interesse da empresa em angariar o máximo possível de adeptos para algum assunto polêmico? Por exemplo, dissídio coletivo. Nesses casos, é só passar para um "radialista" de plantão que a informação chegará de forma efetiva aos destinatários.

Se você está assustado com essas verdades, fique tranquilo, pois um dia descobrirá que isso acontece e certamente vai se lembrar desse artigo.

No mundo corporativo não existe "almoço de graça". Tudo é minuciosamente calculado nesse sentido. Muitas vezes, acreditamos que a informação é importantíssima e vazou ao acaso, mas talvez a direção da empresa quisesse que vazasse. Analise!

## 105 PROCESSO PDCA PODE SER ENTENDIDO COMO "PLEASE DON'T CHANGE ANYTHING"?

PDCA (*Plan Do-Check-Act*) é um método iterativo de gestão de quatro passos, utilizado para o controle e melhoria contínua de processos e produtos. Também conhecido como o círculo de Deming.

A ferramenta é baseada na repetição e aplicada sucessivamente nos processos, buscando a melhoria de forma contínua, para garantir o alcance das metas necessárias à sobrevivência de uma organização. Pode ser utilizada em qualquer ramo de atividade para alcançar um nível de gestão melhor a cada dia. Seu principal objetivo é tornar os processos da gestão de uma empresa mais ágeis, claros e objetivos.

Existem situações no mundo corporativo que é melhor utilizar a versão PDCA (*Please Don't Change Anything*), pois certamente se "mexer vai feder".

Quantas vezes nós sabemos que algo está funcionando da mesma maneira há muito tempo e de forma excepcional e vem um "iluminado", também conhecido por "gênio da lâmpada", e nos força a mudar? Nunca, isso acontece somente na Suíça. Na sua empresa não acontece, certo?

Então, como fazemos para convencer este "espírito de luz" que não devemos mexer em nada sem que ele interprete que você está sendo resistente à mudança? Infelizmente não tem jeito. Você vai ter que mudar e depois consertar a besteira.

## 106 EXISTEM REALMENTE TIMES DE "ALTO DESEMPENHO"?

Certamente existem, mas tornaram-se raros nesses últimos tempos. A falta de engajamento tem se tornado algo patente nas organizações que dificilmente encontramos.

Para se ter uma equipe eficiente, alguns quesitos são necessários:

**a) Plano de ação:** na construção de uma equipe de excelência, é explicado para cada um, individualmente, sobre a execução de qual parte do trabalho ele será responsável. No final, todos sabem quais as atribuições e como seu trabalho contribuirá na equipe;

**b) Líder:** condição *sine qua non* para garantir o alto desempenho. Se faz necessário deixar bem claro quem está no comando e no controle, a transparência é fundamental. Em uma boa equipe, todos devem saber quem comanda;

**c) Revisão contínua:** a equipe deve avaliar regularmente a evolução a partir das perspectivas. O time atingiu os resultados esperados? Ao lidar com os clientes, a equipe criou mecanismos para perguntar continuamente?

**d) Reuniões periódicas:** é importantíssimo para construir uma organização de alta *performance* a realização de reuniões regulares. O time é reunido semanalmente, durante um tempo determinado, para conversar, discutir, se atualizar sobre os progressos realizados e compartilhar ideias, opiniões e percepções.

## 107 "MENTORING" REALMENTE AJUDA?

Ajuda muito. Acho até que é uma das mais eficazes ferramentas de RH. Entretanto, é importante mencionar qual é a diferença entre coaching e mentoring.

No *coaching*, um profissional qualificado auxilia o indivíduo a atingir objetivos, desenvolvendo a capacidade que existe em cada um. O profissional será auxiliado a planejar, estabelecer metas e prazos em busca de objetivos tanto dele quanto da empresa.

O *mentoring* é um tipo de orientação na qual um profissional sênior, mais experiente, orienta os jovens. A condução é feita por um especialista em determinada área que dará instruções, dentro de sua experiência, aos mais jovens, visando ao crescimento profissional deles. Nesse processo não se estabelece prazos, pois a condução é feita conforme a evolução do profissional que contrata o serviço.

Os dois processos visam ao aperfeiçoamento, no *mentoring* mais voltado para a área profissional e o coaching alinhando vida pessoal com profissional.

Já presenciei muitos processos de *mentoring* e estou convicto em afirmar que nada é mais proveitoso do que obter informações diretamente do *expert*.

Como podemos crescer profissionalmente se não orientados pela pessoa que conhece o serviço? Seria como um solteiro sem filhos o orientando como cuidar dos seus filhos!

## 108 ENGAJAMENTO PODE SER CONSIDERADO FICÇÃO NOS DIAS DE HOJE?

Aparentemente, sim! Dizer hoje em dia que determinado indivíduo é engajado é quase que encontrar a foto da sogra na carteira do genro, ou seja, raríssimo.

Infelizmente isso está muito presente na sociedade brasileira, onde temos por comportamento olhar somente para nosso umbigo, sem preocupação com o que está acontecendo no quintal do vizinho.

Uma empresa pode ser comparada com um navio com um furo no casco que, apesar de algumas áreas serem inundadas antes das outras, no final todos afundarão.

O engajamento das pessoas deveria ser um requisito mandatório para que as empresas conseguissem obter os resultados esperados sem que houvesse a sobrecarga para alguns.

A própria dinâmica da sociedade brasileira acaba nos remetendo a esse tipo de comportamento, para o qual usamos o jargão "estou fazendo a minha parte". Mas será que fazer a nossa parte é suficiente? Certamente não é.

Essa postura de engajamento deveria ser mais evidenciada e enaltecida para que fizesse parte da cultura organizacional das empresas e não simplesmente intrinsecamente ligada a alguns poucos indivíduos.

Enquanto não entendermos que fazemos parte de um todo, não chegaremos a lugar algum. Vamos sucumbir!

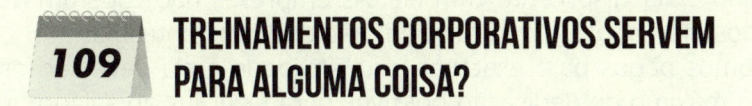

## 109 TREINAMENTOS CORPORATIVOS SERVEM PARA ALGUMA COISA?

Servem sim, principalmente para enriquecer as empresas que ministram os treinamentos. Poderão dizer para mim: nossa, que radicalismo!

Não é isso, eu simplesmente tenho observado que mais de 50% dos treinamentos não têm o mínimo aproveitamento depois de algum tempo.

Treinamentos devem estar intimamente ligados ao dia a dia das atividades dos profissionais treinados. Normalmente o que vemos são treinamentos que operacionalmente são impraticáveis no que tange a execução deles.

Dificilmente vamos conseguir implementar as lições aprendidas nestes treinamentos sem impactar sobremaneira nosso tempo de resposta ao cliente interno.

Antes de aprovar um novo treinamento para os associados, deveríamos analisar a carga de trabalho atual do funcionário, bem como se ele pode incorporar algo sem gerar horas adicionais de trabalho. Além disso, teríamos que verificar se ele se enquadra às políticas internas e às instruções operacionais de cada atividade.

É muito simples para quem sugeriu o treinamento que enalteça os benefícios que eles trarão para a organização e até os resultados financeiros que obteremos utilizando tal metodologia, mas até que ponto vamos poder enquadrá-lo ao nosso cotidiano?

### 110 TENHO A SENSAÇÃO DE QUE AS PESSOAS NÃO SE IMPORTAM COM A EMPRESA. ISSO É FATO?

Infelizmente, muitas pessoas passam pelas empresas como se fossem pegar um trem subterrâneo de uma estação a outra, ou seja, nem para apreciar a paisagem servem.

Tive a infelicidade de conviver com profissionais que afirmavam que não estavam na empresa para trabalhar e, sim, para buscar o salário nos dias 15 e 30. Inacreditável, mas acontece.

Existe uma diferença muito grande em ser um aficionado pelo trabalho e ser displicente com ele. As empresas não esperam que sejamos *"workaholics"*, mas também não querem "fantasmas".

Somos pagos para executar uma atividade e ela deve ser feita com o máximo de dedicação possível, para fazer jus ao salário que recebemos mensalmente.

É notório nas empresas que algumas pessoas não se importam com elas, denotando atitudes de desprezo e desperdício ao patrimônio, seja desde um guardanapo até um equipamento caríssimo.

As pessoas deveriam encarar os ativos de uma empresa como se tivessem gasto seu próprio dinheiro para a aquisição deles, cuidando e preservando.

Tenho certeza de que se sua empregada tratasse seus móveis e equipamentos na sua residência de forma desleixada, você ficaria possesso, ou não? Então, por que podemos destruir as empresas?

### 111 COMO DEVO AGIR SABENDO QUE A EMPRESA ESTÁ SENDO OPORTUNISTA POR INTERPRETAR AS LEIS COMO LHE CONVÉM?

A legislação brasileira em todas as áreas, seja trabalhista, seja fiscal, entre outras, apresenta lacunas que permitem interpretações diversas e daí surge o oportunismo dos mal-intencionados em burlar a Lei. A situação fica ainda mais complicada quanto existem interfaces entre as leis.

Apesar de parecer incomum, alguns executivos se utilizam destes artifícios de interpretação para a tomada de decisão, sem se preocuparem muito com as consequências ou até "pagando o preço" para ver o que acontece.

Incrível, não é? Mas, infelizmente, esses executivos menos dotados de escrúpulo atuam dessa forma, correndo riscos enormes para poder atingir os objetivos individuais. E isso, por mais estranho que possa parecer, ocorre em empresas de altíssimo rigor ético e com DNA de *compliance* patente em todos os níveis da organização.

Cabe salientar que esse tipo de comportamento não é da empresa e, sim, do indivíduo que toma a decisão, por isso é importante que todos tenham em mente que, caso entendam que a atitude não está alinhada aos valores da empresa, utilizem os canais de denúncia para que o fato seja averiguado. Não se calem, pois calar-se significa conivência!

## 112 POR QUE SOMOS COBRADOS EM USAR METODOLOGIAS CORPORATIVAS SE NÃO PODEM SER APLICADAS NO NOSSO PAÍS?

As metodologias normalmente são apresentadas a um executivo por meio de uma empresa de consultoria ou por próprio modismo de mercado.

A partir do momento em que o executivo compra a ideia, ele entende que aquilo "vai salvar o planeta" e que a empresa não pode viver sem aquilo. Quando isso fica claro para esse executivo, isso é apresentado às esferas superiores que podem ou não comprar a ideia e, partindo do pressuposto que a metodologia foi aprovada, a reação em cadeia começa.

Normalmente, as metodologias, ou sistemas, vêm de forma "enlatada" nas corporações, sendo impossível "topicalizá-las", ou seja, não estão totalmente parametrizadas para todos os países nos quais a corporação possui subsidiárias.

Após a decisão tomada, não é possível voltar atrás, seja por não assumir o erro ou por falta de conhecimento dos países envolvidos, porém a aplicação da metodologia é acirradamente cobrada pela implementação que, nem sempre, como explicado, é viável ou adaptável.

O melhor a fazer é deixar claro para a diretoria local, de forma sútil para não "magoar" os egos dos envolvidos, os motivos que o impedem de aplicar a metodologia e deixar ela cair no esquecimento com o passar do tempo.

## 113 POR PIOR QUE SEJA, É SEMPRE MELHOR FALAR A VERDADE?

Nem sempre! Vamos dividir o assunto em duas partes: verdades relacionadas às atividades operacionais e verdades relacionadas ao comportamento das pessoas.

**a) Operacionalmente:** nunca deixe de falar a verdade no seu dia a dia operacional, por pior que seja, pois certamente isso causará algum problema futuramente ou até consequências desastrosas para a empresa;

**b) Pessoalmente:** no mundo corporativo nem sempre é melhor falar a verdade. Vou usar como referência as cinco grandes empresas nas quais trabalhei. Algumas pessoas nas corporações não estão abertas para ouvir as verdades e ficam realmente "dodóis" quando ouvem. Costuma-se dizer popularmente que são aquelas crianças que "foram criadas pela avó no apartamento e jogavam bolinha de gude no carpete". Infelizmente ainda existe muito melindre e quando falamos as verdades aos melindrosos, acabamos nos prejudicando.

O ambiente profissional deveria ser amplo no que tange aos comentários, bons ou ruins, e não deveria existir o peso pessoal.

Enquanto não podemos ser totalmente sinceros, vamos nos policiando para saber para quem podemos dizer diretamente as coisas. Cautela, pois mesmo comentando veladamente com alguém, a informação chega rapidamente ao outro.

## 114 É POSSÍVEL "FAZER MAIS COM MENOS"?

Isso é pura utopia. As lideranças executivas, em função de direcionamento do "*board*", criaram este "*slogan*" para justificar cortes de pessoal dentro dos departamentos.

A abordagem é sempre a mesma: informam que o produto deixou de ser competitivo mediante a concorrência e consequentemente a área de vendas se viu forçada a abaixar os preços, o que afetou diretamente o lucro dos acionistas e, portanto, eles preferem aplicar o dinheiro deles em outro investimento, pois a rentabilidade da empresa deixou de ser viável. Quem nunca ouviu este blá-blá-blá que se pronuncie.

As organizações não possuem mais, ou não deveriam possuir, ociosidade nas operações e, portanto, para se "fazer mais com menos" algo certamente deixará de ser feito.

Fazendo um comparativo com a concorrência, uma vez que segredos industriais não existem mais, a matéria-prima tem o mesmo custo, as operações são similares e localizadas no mesmo país, bem como a tecnologia dos produtos são parecidas. Então, onde está a diferença? Está na quantidade de pessoas envolvidas no processo.

É por isso que o sentido da frase "fazer mais com menos" fica intrínseco na mente destes líderes. Portanto, a frase deveria ser: "o que estamos fazendo que deveríamos deixar de fazer", concordam?

## 115 POR QUE É DIFÍCIL FAZER NEGÓCIOS ENTRE GRANDES EMPRESAS?

Empresas de porte grande possuem estruturas jurídicas extremamente robustas e, além disso, procedimentos absurdamente complexos.

Quando nos deparamos com os negócios entre gigantes, certamente os dois lados vão tentar se assegurar de todas as maneiras possíveis para que, em caso de ruptura de um dos lados, não haja risco financeiro do outro.

Em diversas ocasiões percebemos que os negócios são fechados tecnicamente e comercialmente, porém fica pendente o famoso contrato jurídico, que em muitos casos só é assinado após o projeto ter sido concluído, ou seja, não haveria mais necessidade de tê-lo.

Fica então a pergunta para a qual certamente não teremos uma resposta: se as empresas são grandes, com estruturas robustas, critérios e processos extremamente capazes, sem indícios de problemas anteriores de nenhuma das partes, por que existe tanta burocracia para se finalizar um contrato entre as partes?

Não me arrisco a responder, mas certamente existe algo que vai muito além dos contratos propriamente ditos e que talvez esteja muito enraizado nos DNAs das empresas, não permitindo uma desburocratização de processos, tampouco confiança em outras empresas. Algo a se pensar!

## 116 EMOCIONAL VERSUS RACIONAL: O QUE É MELHOR TER NO MUNDO CORPORATIVO?

Sem dúvida nenhuma, o racional. E é o que se espera nas corporações, porém todos os meus chefes emocionais trouxeram mais resultados para as organizações do que os chefes racionais.

Costumo dizer que a racionalidade é primordial para as organizações e é o que define sua longevidade dentro dela. Consequentemente, os emocionais, em algum momento, se depararão com situações conflitantes que denotarão a resistência à mudança e eles acabarão sendo rotulados por isso. Essa conclusão, apesar de equivocada, acaba prejudicando sobremaneira os emocionais.

As corporações são geridas por meio de padrões políticos que estão intimamente ligados à racionalidade, portanto, perfis emocionais não têm espaço nelas.

O país de origem das corporações também define o nível de racionalidade esperada. Empresas americanas não admitem "emocionais", o que não faz a mínima diferença nas empresas italianas, por exemplo.

A meu ver, o único problema da racionalidade é quanto atinge o grau da falsidade, quando, apesar dos indivíduos agirem racionalmente, o conteúdo empregado no ato denota omissão, politicagem e até inverdade.

Apesar da racionalidade ser importante, ainda prefiro trabalhar com os "emocionais" do que com os "racionais falsos"!

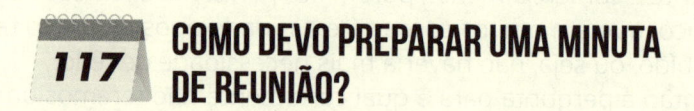

## 117 COMO DEVO PREPARAR UMA MINUTA DE REUNIÃO?

Esta é uma das assombrações que temos no mundo corporativo. Ninguém quer se voluntariar a fazer e tampouco trazer sugestões construtivas na elaboração desta.

Sete regras básicas devem ser seguidas na elaboração da minuta, sendo elas:

**a) Primeira:** a minuta deve ser elaborada durante a reunião e finalizada ao final desta;

**b) Segunda:** dia, hora, local e participantes devem constar da ata;

**c) Terceira:** o assunto deve ser claramente evidenciado no cabeçalho;

**d) Quarta:** os pontos abordados na reunião não devem ser mencionados e, sim, as ações que deverão ser tomadas;

**e) Quinta:** para cada ação deverá haver um responsável, bem como a data de finalização;

**f) Sexta:** ao final da redação, a leitura deverá ser feita e todas as pessoas devem concordar com o conteúdo. Nunca faça uma minuta colocando ações para quem não está presente na reunião. Se for o caso, um dos participantes deverá se responsabilizar em acordar os pontos com os envolvidos;

**g) Sétima:** a ata de reunião deve ser um documento "vivo", ou seja, deverá servir como ferramenta de trabalho até que todas as atividades sejam cumpridas. Portanto, deve ser definido um gestor para dar seguimento às ações, preferencialmente a pessoa que redigiu a minuta.

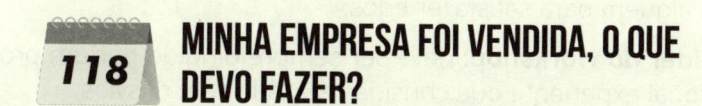

## 118 MINHA EMPRESA FOI VENDIDA, O QUE DEVO FAZER?

Nada! O melhor a fazer neste momento é aguardar.

Durante minha jornada profissional, passei uma única vez por um evento como este. Infelizmente foi traumático, mas você não tem muita margem de manobra quando isso acontece.

Após concluída a aquisição, existem etapas a serem cumpridas. Normalmente tenta-se aglutinar as áreas entre as empresas para otimizá-las. Não faz o menor sentido termos, por exemplo, duas áreas de RH, compras, entre outras.

A tendência é que exista uma redução de pessoal dessas áreas, devido à similaridade das atividades. Para que precisamos de dois compradores que compram dos mesmos fornecedores? Ou até, por que são necessárias duas áreas de recrutamento?

A redução de pessoal é iminente e não há muito a se fazer quando estamos nessas áreas similares, sendo que existirá uma preferência natural em se manter as pessoas da empresa que está comprando e dificilmente a empresa vendida terá algo a opinar.

Procure continuar a fazer seu trabalho normalmente, da melhor maneira possível, pois "tirar o pé do acelerador" nesse momento viabiliza mais facilmente sua demissão.

Não sofra por antecipação, pois nem sempre o que tem maior probabilidade de acontecer, acontecerá. Deixe o Universo decidir!

## 119 OS "WORKSHOPS" REALMENTE TRAZEM RESULTADOS?

Nem sempre. Alguns são realmente um fiasco. O sucesso do *workshop* está intimamente ligado aos seguintes fatores:

a) **Objetivo:** deve estar muito claro para todos;

b) **Pessoas envolvidas:** convoque pessoas que realmente fazem parte do contexto e que acrescentem algo. Nunca convoque alguém para satisfazer egos;

c) **Líder do workshop:** deve ser sempre dirigido por um profissional experiente que consiga realizá-lo sem desvios;

d) **Local:** reserve sempre um ambiente adequado, com ar-condicionado e condições ergonômicas favoráveis. Parece incrível, mas o bem-estar das pessoas ajuda no resultado;

e) **Resultados esperados:** tenha em mente o resultado esperado, sem aqueles objetivos impossíveis, pois perdem credibilidade;

f) **Aplicabilidade:** não invente *workshops* somente para atingir uma meta definida pela liderança ou para reunir pessoas. Faça-os somente quando forem realmente necessários;

**g) Recursos disponíveis:** devem ser adequados e estar disponíveis em todo o momento, sejam eles *notebooks*, *data-show*, entre outros. Não há nada pior num *workshop* do que ficar correndo atrás de "fita-crepe" no meio do evento.

Respeitando-se essas regras, a chance do *workshop* dar certo é muito grande. Nunca transforme seu *workshop* num "*workchopp*".

## 120 POR QUE TEMOS TANTAS REUNIÕES?

Vocês já perceberam que tudo é motivo para agendar uma reunião? As reuniões deveriam ser agendadas somente e exclusivamente para:

**a)** Evitar entendimentos diferentes sobre o mesmo assunto, mediante a complexidade dele;

**b)** Assegurar que todos os envolvidos sejam informados sobre determinado problema para que cada um possa tomar as ações dentro das respectivas responsabilidades;

**c)** Tomada de decisão compartilhada, de forma a assegurar que todos possam dar seu parecer sobre a decisão e, consequentemente, definir o melhor caminho a ser seguido em benefício da empresa;

**d)** Acompanhamento de projetos para garantir que eles estejam dentro do tempo, custo e qualidade previstas;

**e)** Assuntos técnicos e comerciais entre clientes e fornecedores.

Percebe-se, porém, que muitos outros assuntos também são abordados em reuniões porque as pessoas não possuem o discernimento necessário no momento de agendá-las.

Certamente, um simples telefonema ou se levantar da cadeira e conversar pessoalmente com as pessoas poderiam evitar reuniões, mas infelizmente o uso corriqueiro de "cueca e calcinha de chumbo" acaba dificultando esse deslocamento.

Sejamos mais proativos e vamos tentar resolver os assuntos sem reuniões. Podem ter certeza que será mais produtivo.

## 121 — QUERO ME AFASTAR DA EMPRESA PARA UM TREINAMENTO INTERNACIONAL. COMO DEVO PROCEDER PARA NÃO PREJUDICAR MINHA CARREIRA?

Existem mecanismos legais que permitem fazer isso, porém não significa que a empresa concorda que isso seja feito.

Antes de tomar qualquer decisão nesse sentido assegure-se de que:

**a)** Alguém já fez isso anteriormente;

**b)** Não existirá retaliação posterior por parte da sua chefia;

**c)** Quando retornar, haverá um lugar para você dentro da empresa;

**d)** Esse treinamento será útil para você e, principalmente, para sua empresa;

**e)** Você está seguro que não existe uma outra maneira de fazer esse treinamento localmente.

Analisados esses pontos, e dependendo do prazo que ficará fora da empresa, sugiro que utilize o máximo possível suas férias. Se for o caso, deixe para fazer esse treinamento próximo ao vencimento do segundo período, assim já terá 60 dias sem precisar pedir para empresa.

Caso o seu treinamento seja superior a esse prazo, solicite afastamento não remunerado para completar o período que falta.

Procure não depender da empresa para quaisquer tipos de treinamentos, pois é melhor desenvolver-se profissionalmente sem ficar "devendo favor" para ninguém. Bom senso é uma boa opção.

## 122 — DEPOIS QUE O "TREM PASSOU", POSSO ESPERAR PELO PRÓXIMO?

Esquece. Depois que o trem passou, não existe mais nada que você possa fazer. Esperar que um próximo trem passe é algo improvável, pois certamente chegará atrasado ao destino ou tomará um trem para outro destino. A oportunidade de subir no trem certo é única.

Apesar da analogia, isso é fato e acontece constantemente no mundo corporativo. Muitas vezes estamos prontos para uma nova oportunidade de carreira, ela chega e nós não a "agarramos".

Muitos fatores podem nos impedir de não "embarcar", sejam eles, problemas pessoais, culturais, religiosos, profissionais entre outros, mas é importante deixar claro que se você busca uma oportunidade e ela é sabida pela sua liderança, quando ela chegar, você deve aceitá-la.

Recusar não é a melhor postura profissional, pois certamente se aparecer novamente, sua liderança pensará duas vezes antes de lhe oferecer. Lembre-se de que houve um grande esforço por parte da sua chefia em conseguir isso e a recusando, gerará uma sensação de ingratidão da sua parte.

Para evitar isso, mantenha seu líder sempre atualizado sobre seus anseios e principalmente sobre seus problemas. Nesses casos, privacidade pessoal deve ser deixada em segundo plano.

## 123 COMO UMA TARTARUGA PODE SER ENCONTRADA EM CIMA DO POSTE?

O único jeito de se encontrar uma tartaruga em cima do poste é colocando-a lá, pois nenhuma tartaruga sobe em poste.

Analogamente, isso também se aplica aos executivos que acabam sendo promovidos mesmo sem nenhuma condição de subir na carreira.

O mais intrigante disso tudo é entender o porquê isso acontece. Existem três principais razões:

Pessoa errada, no lugar certo, na hora certa: profissionais recém--chegados numa empresa não têm total conhecimento dos subordinados e acabam se identificando com os que têm afinidades, que nem sempre são os melhores profissionais. Subitamente surge uma promoção e o recém-chegado acaba promovendo a pessoa errada;

Não tem ninguém, então vai você mesmo: a urgência de se fechar uma vaga corrobora para uma tomada de decisão intempestiva e erroneamente promovem o primeiro que aparece;

Conflito de interesse e/ou nepotismo: esse é o caso mais grave que existe, pois interesses escusos levam a isso.

Se as promoções fossem dadas somente aos mais qualificados, tenham certeza que as empresas seriam muito mais eficientes e competitivas e, consequentemente, as famosas "cagadas" que ocorrem nesse ambiente diminuiriam.

Mas que ironia: se essa utopia existisse realmente eu não conseguiria escrever este livro!

## 124 SEMANA QUE VEM TEM AUDITORIA. O QUE EU VOU FAZER?

Vamos restringir o espaço amostral dessa questão auditoria a empresas que fornecem para clientes que exigem certificações de órgão competentes para a sua cadeia de fornecedores e que, sem isso, elas não podem fornecer.

Auditorias normalmente nos deixam apreensivos durante as semanas que as antecedem, mas não há nada para se preocupar. Vou fazer algumas perguntas para deixá-lo mais tranquilo:

**a)** Você já teve conhecimento de alguma empresa, nesse espaço amostral que mencionei, que tenha perdido a certificação?

**b)** Você acredita que algum órgão certificador é insano suficiente para "sugerir" que você perca a certificação, sabendo que sem ela estará impedido de fornecer?

**c)** Nenhum cliente tem interesse em tirar a sua certificação. Se quisesse isso, já não o teria trocado por outro fornecedor?

**d)** Você acredita que se algum auditor ousar a fazer isso, poderia colocar o emprego dele em risco?

Pois é! Entre essas e inúmeras outras questões, não há motivos para se preocupar com as auditorias. Os auditores vêm para auxiliar-nos em possíveis pontos que não estamos adequados ainda.

Encare tudo isso sempre como um aprendizado para a melhoria contínua. Não sofra por antecipação!

## 125 — DESCOBRI QUE UM FUNCIONÁRIO ESTÁ ROUBANDO A EMPRESA. COMO DEVO PROCEDER?

A maioria das empresas possui canais pelos quais é possível fazer denúncias de forma sigilosa. Nesse caso específico, a recomendação é que faça a denúncia utilizando esses canais.

Caso queira, entre em contato com a área competente da empresa (auditoria e/ou jurídico) informando sobre sua suspeita. Mesmo que tenha certeza absoluta do fato, é sempre melhor não acusar ninguém.

Se o problema for na sua área, recomenda-se isolar a atividade desse funcionário, por meio de uma rotação interna ou, se isso não for possível, seja mais rígido no controle das atividades.

Crie sistemas de controle nas atividades para que futuramente não volte a ocorrer esse tipo de problema. Rotas de aprovação, exigência de determinados documentos, treinamento de "*compliance*" etc., podem ser ferramentas que minimizam o risco.

Jamais compartilhe esse assunto com seus pares ou internamente no departamento, pois "as paredes das empresas têm ouvidos" e consequentemente o fato chegará ao meliante mais rápido do que você imagina.

Nunca aja sozinho e de forma isolada, pois poderá se complicar. Lembre-se, você não é policial, tampouco investigador, portanto, atente-se a isso. Já presenciei fatos nos quais a pessoa investigou e acabou sendo objeto de investigação.

## 126 — MEU SALÁRIO É MUITO ALTO, DEVO ME PREOCUPAR?

Sim, deve, pois salários altos são foco para reduções de custo. Você não é culpado por ter salário alto. Normalmente isso ocorre pelas negociações salariais em detrimento ao tempo de trabalho que você tem na empresa.

Nos últimos anos, tivemos reajustes de salários acima da inflação, porém as faixas de mercado não foram ajustadas no mesmo patamar. Isso é comum em grandes empresas.

Com a taxa de desemprego em alta, existe uma tendência de que os salários nas empresas diminuam devido ao *"turnover"*, que não é nada mais do que a lei da oferta e procura.

O que devo fazer nesse caso? Procure manter o nível motivacional em alta e sempre deixe claro para sua chefia que reconhece que seu salário é alto, comparado com o mercado.

Não se coloque nunca na posição de "vítima" e tente cada vez mais se desafiar nas atividades para que você possa crescer para uma função compatível com o seu salário.

Caso ocorra a demissão pelo seu alto salário, não entre em desespero, pois todas as empresas têm agido da mesma maneira com o intuito de reduzir custo. Certamente, em uma entrevista de emprego, isso é sabido pelo entrevistador.

## 127 POR QUE ESTAMOS TENDO TANTOS PROCESSOS TRABALHISTAS?

Devemos lembrar que temos uma sociedade em constante mudança, nem sempre acompanhadas pelo Direito. Mas existem motivos para essa alta demanda.

Posso dizer que num passado recente os processos trabalhistas eram vistos como vexatórios para o funcionário que desse origem, independentemente da reivindicação.

Algumas empresas consultavam a Justiça do Trabalho para saber se o candidato à vaga de emprego tinha movido alguma ação trabalhista anteriormente. Absurdo isso, porém intimidava o indivíduo. Mas a sociedade tem uma dinâmica própria. As pessoas foram se libertando dessa represa e, associado a diversas fontes de informações veiculadas, surgiram também os exageros, pedidos desmedidos e ações oportunistas.

Isso teve seu auge nos governos populistas, pela própria característica deles e pela forma que foram criados. Porém, não foi o único motivo desse crescimento do número de ações.

Atualmente, diversas medidas também foram criadas para combater essas posturas, que desmoralizam o pedido do funcionário. Sempre destacando que "nem tudo que é legal é moral". Refletir nunca é demais, além de sempre se informar corretamente.

## 128. POR QUE MUITOS PROFISSIONAIS NÃO ATENDEM ÀS REUNIÕES AGENDADAS?

Vamos dividir esses profissionais em três grandes grupos:

**a) Inconsequentes:** refere-se aos profissionais que não atendem às reuniões por falta de engajamento com a empresa e principalmente pelo não comprometimento das suas obrigações. Apesar de parecer incomum, existem muitos indivíduos que se comportam dessa forma, porém com poucas chances de permanecer na empresa por muito tempo;

**b) Desorganizados:** são aquelas pessoas que não têm a capacidade de gerenciar o tempo e acabam se atrapalhando com horários e atividades, culminando numa total desorganização de suas respectivas agendas e compromissos;

**c) Sobrecarregados:** profissionais que estão com uma carga de trabalho muito além da sua capacidade individual, portanto são obrigados a priorizar as reuniões e/ou atividades.

Temos que levar também em consideração que as corporações exageram na quantidade de reuniões, sendo que 70% delas poderiam ser evitadas. Outro ponto: participantes que não necessariamente deveriam estar presentes, porém são convocados a esmo.

Hoje em dia os "agendadores de reuniões" convocam reuniões para definir as datas das reuniões que serão agendadas. Isso é o cúmulo da idiotice, mas acontece.

## 129. OS PROFISSIONAIS CORPORATIVOS TÊM SENSO DE URGÊNCIA?

Alguns sim e outros não. Podemos dizer que não ter senso de urgência é inerente a dois tipos de situações:

**a)** Solicitar algo humanamente impossível de ser realizado dentro do prazo necessário;

**b)** Solicitar urgência em algo que não tem a mínima necessidade de atender o prazo determinado.

Ambos os casos geram um estresse desnecessário para toda a cadeia. Causa indignação que os profissionais que gerenciam projetos, os quais possuem graduação pertinente e, em diversos casos, possuem a certificação PMC (Project Model Canvas), são capazes de agir dessa forma.

Concomitante a isso, essa "avalanche de urgência" prolifera uma sequência de eventos, tornando os profissionais corporativos verdadeiros cobradores de serviço.

Fica cada vez mais claro que esse senso de urgência é ignorado e, na maioria dos casos, desconhecido pelos profissionais das empresas. Parece até que cobram urgência pelo simples prazer de cobrar.

Será que não chegou o momento de as empresas doutrinarem seus funcionários para serem sinceros e autênticos nas cobranças? Por que será que as lideranças não dão a mínima importância para esse tipo de comportamento? Provavelmente eles deveriam ser os primeiros a serem doutrinados, concordam?

Lembrem-se: "quando tudo é urgente, nada é urgente".

## 130 PERCEBI QUE MINHA EMPRESA POSSUI MAIS CONTROLES DO QUE A AUDITORIA EXIGE. POR QUE ENTÃO TEMOS "NÃO CONFORMIDADES"?

Lembrem-se que normalmente as auditorias têm por objetivo encontrar algum ponto não conforme, pois se não encontrar nada é como se a auditoria não tivesse sido feita.

Trabalhei em cinco empresas de ponta em termos de controles internos e sistemas integrados da qualidade. Em todas elas, sem exceção, durante 35 anos, tiveram pontos de não conformidade, maiores ou menores.

Você já foi ao dentista e ele lhe informa que pode voltar para casa, pois não é necessário fazer nada que está perfeitamente tudo em ordem? Com certeza, não. Normalmente, no mínimo, irá fazer uma limpeza. Por mais perfeita que seja a sua profilaxia, os dentistas sempre acharão algo a se fazer.

Pois é. Os auditores são exatamente como os dentistas. Você pode ter os melhores controles dentro da sua empresa, com rígidos processos de auditoria interna e indicadores igualáveis aos da NASA, mas os auditores sempre encontrarão um "tártaro na sua boca".

Não se desespere! Simplesmente atenda à solicitação para cumprir as regras e se prepare, pois no próximo ano vão encontrar outro ponto não conforme. Só fique atento para não ser idêntico ao do ano anterior, pois aí a coisa se complica.

## 131 ESTOU HÁ TRÊS ANOS NA EMPRESA E AINDA NÃO FUI PROMOVIDO A LÍDER. EXISTE UM TEMPO MÍNIMO PARA ISSO?

Não existe tempo para isso, na verdade 75% das pessoas nunca serão promovidas a cargos de liderança.

Parece cruel dizer isso, mas é a realidade. Nem todas as pessoas têm a habilidade e capacidade de executar um cargo de liderança.

A autocrítica poderá ajudá-lo com essa dúvida, mas tenha cuidado para não cair na cilada do superego. Muitas vezes acreditamos que somos um ser supremo de sapiência incomensurável e é aí que não conseguimos fazer a autocrítica.

Procure olhar para os lados e entender quão capacitadas são as pessoas que o rodeiam e ser humilde suficiente para aceitar que muitas delas são melhores que você e, portanto, estariam na sua frente na fila da promoção.

Quem deveria entender se você está apto a ser promovido é sua liderança e não você, pois ela tem uma visão do todo. O que se deve fazer é sempre indagar ao líder como é a visão dele sobre você e quais pontos são necessários para que atinja um cargo de liderança.

Talvez possa ter um líder péssimo em gestão de pessoas, mas lembre-se que, você é visto em "360 graus" na corporação, portanto, por pior que seja seu chefe, alguém reconhecerá sua capacidade de liderança se ela realmente existir.

## 132 MUITAS VEZES É NECESSÁRIO CRIAR DIFICULDADE PARA VENDER OPORTUNIDADE?

Dentro das corporações isso é fato verídico. Dificilmente conseguimos aprovar algo sem que sejam demonstrados os entraves.

Tive uma passagem em uma das empresas que trabalhei na qual demonstrei que a centralização de atividades em determinada área fora do Brasil estava trazendo um prejuízo de um milhão de dólares.

Apesar de financeiramente provar que isso era verdade, encontrei diversos obstáculos pelo caminho, que eram puramente políticos e sem qualquer fundamento técnico plausível. Isso durou três anos, o que fez a empresa perder três milhões de dólares.

Enfrentei diversos diretores e, infelizmente, tive que criar as dificuldades para poder alcançar esse potencial de redução de custo.

Comecei a demonstrar a ineficiência do processo executado fora do Brasil por meio de não cumprimento das atividades no prazo, retrabalho excessivo por parte dos funcionários no Brasil, insatisfação do usuário final, entre outros pontos que não tinham nenhuma relação direta com o resultado financeiro.

Esse é um exemplo típico que demonstra claramente que a oportunidade de dar o resultado financeiro para empresa só seria possível se as dificuldades fossem criadas. Acho que isso não acontece na sua empresa, correto?

## 133 PODEMOS COMPARAR ALGUNS LÍDERES COM OS FARAÓS DO EGITO?

Voltando um pouco na história, algumas descobertas arqueológicas sugerem que faraós egípcios não morriam sozinhos, levavam com eles esposas e servos que os atendiam. Inclusive, deveriam ser mortos também os sacerdotes e até os arquitetos, para que estes não pudessem revelar onde estava a câmara funerária.

Por causa disso, o número de pessoas que eram mortas quando um faraó vinha a falecer era enorme, quando nos referimos à primeira dinastia. Porém, assim que chegou a segunda dinastia, eles pararam de enterrar o faraó com toda a sua corte.

Quando comparamos isso com o mundo corporativo, percebemos que os líderes *"baby boomers"* também levavam seus subordinados junto com eles quando se transferiam das empresas. E até mesmo quando eram demitidos, seus funcionários também eram.

Isso acontecia principalmente em função da forte departamentalização da época, quando um líder não aceitava funcionários do outro. Isso foi muito patente na década de 1980 até meados da década de 1990.

Tal fato deixou de acontecer com os líderes da geração "X", que não tinham esse "bairrismo", principalmente por liderarem a geração "Y".

É possível notar semelhança dessa transição no mundo corporativo com a passagem entre a primeira e segunda dinastia da cultura Egípcia?

## 134 O QUE É UM ANESTESISTA DE "COFFEE BREAK"?

Sabe aquele treinamento que você está fazendo ou aquele *workshop* do qual está participando? Sempre tem um *"coffee break"*, correto? Então!

Já percebeu que nesses momentos de descontração às vezes aparece um indivíduo que começa a indagar sobre a real eficácia daquele treinamento ou até a sobre efetividade daquele *workshop*?

Estes são os famosos anestesistas de *coffee break* que, apesar de não terem formação em medicina, são capazes de deixá-lo anestesiado o restante do evento, tirando totalmente sua capacidade criativa e motivação.

Normalmente, eles trazem à tona assuntos que envolvem perdas de benefícios, promoções de incompetentes, absurdos corporativos, entre outros.

Não se deixe influenciar por esses "anestesistas", que não somente atuam nos eventos, mas também no dia a dia, durante as conversas de corredor, no café, na hora do almoço etc. Esses indivíduos são extremamente nocivos às empresas, independentemente se o que dizem é verdadeiro ou não.

Lembrem-se de que somos remunerados por nossas empresas e devemos fazer o nosso melhor trabalho. A automotivação é algo inerente a cada um de nós e a influência maligna desses anestesistas não deve nos tirar da nossa jornada do bem. Procure combatê-los com o desprezo.

## 135 COMO FAÇO PARA IDENTIFICAR UM PROFISSIONAL "CARREIRISTA"?

Ainda existem muitos profissionais carreiristas no mercado. A principal característica deles é que trazem resultados em curto prazo, independentemente de deixar um "rastro de sangue". Normalmente atuam pensando na próxima etapa da carreira.

Esses profissionais são mais facilmente encontrados nas áreas de recursos humanos, vendas e compras, o que não significa que não existam em outras áreas.

Normalmente, ações imediatistas nessas três áreas repercutem rapidamente e com resultados mais expressivos. Vou citar exemplos:

**a) Compras:** reduzem de forma expressiva os custos de produtos comprados por meio de negociações ganha-perde. Após algum tempo, a cadeia de fornecedores fica totalmente destruída;

**b) Vendas:** aumentam a carteira de vendas consideravelmente em detrimento às demais áreas da empresa, fazendo com que elas atinjam o custo definido pelo vendedor na formação do preço de venda;

**c) RH:** eliminação de benefícios dos associados, em comparação com aquilo que o mercado está oferecendo, trazendo resultados imediatos, porém com um descontentamento geral dos empregados.

Esses três exemplos demonstram facilmente o tipo das ações de profissionais carreiristas, que sempre deixam um legado devastador nas empresas.

## 136 NÃO FALO INGLÊS. ISSO PODE ME TRAZER PROBLEMAS?

Com certeza, vai lhe trazer problemas. O mundo corporativo não tem mais espaço para pessoas que não falam inglês. Aliás, um terceiro idioma se faz necessário atualmente. O conhecimento de idiomas se tornou tão importante nas empresas que, em determinadas funções, tem mais peso do que uma graduação.

Hoje em dia as empresas são globalizadas e o trabalho requer um contato intenso com outros países. Mesmo que a empresa não tenha nacionalidade americana ou inglesa, certamente o idioma oficial será o inglês.

Não existem mais desculpas para não falar inglês, pois existem cursos de todos os tipos, preços e opções. Aliás, todas as interfaces de comunicação nas redes sociais e entretenimento via *web* estão relacionadas ao idioma inglês.

Para aqueles que possuem o nível básico, o ideal seria uma carga de no mínimo seis horas por semana de aula e pelo menos a mesma quantidade em exercícios para aplicação do idioma.

Muitas pessoas mergulham num intercâmbio e acreditam que falarão inglês em 30 dias, mas se não houver um nível avançado, certamente retornarão ao Brasil no mesmo nível. Enganam-se aqueles que acreditam que falarão inglês sem o mínimo de "transpiração"!

## 137 MEU CHEFE SABE BEM MENOS QUE EU. ISSO É NORMAL?

Muitas vezes nos deparamos com situações nas quais nosso chefe não possui todo o conhecimento necessário sobre determinado assunto e percebemos que somos mais capacitados em resolver problemas do que ele, mas não significa que ele sabe menos do que você.

Essas situações ocorrerão com uma frequência cada vez maior, à medida que nossa senioridade vai aumentando devido ao ganho de experiência e maturidade adquirida.

É bastante normal que num futuro próximo você saiba mais do que seu chefe, o que não desabona em nada a liderança dele. Faço uma analogia: o chefe é um maestro e os colaboradores são os músicos. Certamente, o maestro sabe tocar vários instrumentos, mas não tem a habilidade específica dos músicos.

Como a orquestra é formada por vários músicos e pelo maestro, o resultado da sinfonia será bom devido ao empenho de todos, cada um dentro da sua especialidade.

Assim são os departamentos, o conhecimento dividido entre os colaboradores é que trará o melhor resultado e se engana quem acha que o chefe deve saber tudo. O verdadeiro líder é aquele que tem a humildade em dizer aos seus pupilos que não sabe e consegue ainda aprender muito com eles.

## 138 É MELHOR UM FINAL HORRÍVEL OU UM HORROR SEM FIM?

Isso é comentado costumeiramente dentro do mundo corporativo quando algo não terá o resultado esperado ou quando comprometeremos algum processo ou projeto junto ao nosso cliente.

De qualquer maneira, nenhuma das duas situações é boa, porém existe uma diferença grande entre elas:

**a) Horror sem fim:** ocorre quando tentamos criar paliativos para solução do problema, porém estes não resolvem nada e vamos empurrando o problema cada vez mais para frente. Como exemplo podemos citar os retrabalhos que são feitos no produto, fora do processo produtivo, para garantir que o cliente o receba dentro da especificação solicitada, ou seja, será um horror sem fim;

**b) Final horrível:** ocorrerá quando, ao invés de criarmos os paliativos, informamos o cliente que não conseguimos atender às especificações do produto conforme definido em projeto, ou seja, será um final horrível.

Nos exemplos acima, "o horror sem fim" causa à empresa prejuízos financeiros devido aos retrabalhos para atender o cliente. Por outro lado, "o final horrível" causa um problema para o cliente, que deverá atuar de forma a solucionar o problema que hipoteticamente não era dele.

Pessoalmente falando, eu prefiro o final horrível.

## 139 POR QUE SOMOS FORÇADOS A ATINGIR OBJETIVOS INATINGÍVEIS?

Resumidamente, a resposta é que as pessoas que fazem os objetivos nunca atuaram efetivamente nas áreas que realizam operacionalmente o trabalho.

Normalmente as funções de "fazedores de objetivos" são ocupadas por profissionais que fazem suas análises baseadas em números, não em fatos. Os cálculos são feitos de trás para frente e, a partir daí, os objetivos são impostos às áreas.

Não sei se é de conhecimento de todos, mas antigamente definia-se o preço do produto da seguinte forma: PREÇO = CUSTO + LUCRO, sendo que o preço era repassado livremente no mercado e, portanto, custo e lucro eram variáveis.

A partir da década de 1990, o critério de cálculo foi modificado, passando para: LUCRO = PREÇO – CUSTO, sendo que o lucro é fixo e definido pelo acionista e o preço também é fixo, porém definido pelo cliente, ou seja, o mercado começou a definir qual é o preço máximo para se pagar em determinado produto. Portanto, o custo passou a ser a variante que deve ser reduzida para que a equação se equilibre.

É por isso que cada vez mais as reduções de custo se tornam patentes nas organizações. Porém, quando as reduções de custos são inatingíveis, consequentemente a redução de lucro das empresas, com o passar do tempo, é iminente.

## 140 POR QUE ALGUMAS PESSOAS INSEREM ASSUNTOS TOTALMENTE FORA DO CONTEXTO EM REUNIÕES?

Costumamos dizer popularmente que quando isso ocorre "a pessoa entrou na Sapucaí tocando violino no meio do desfile da escola de samba", ou seja, está totalmente fora do assunto e acaba, muitas vezes, destruindo linhas de raciocínio dos demais.

Existem algumas razões por que isso ocorre:

**a)** A pessoa está totalmente desconectada do assunto da reunião e certamente acredita que o assunto dela é mais importante que os demais e, portanto, pode inseri-lo a qualquer momento na reunião;

**b)** O indivíduo precisa "aparecer" de qualquer maneira para mostrar aos demais presentes que está executando algo que considera vital para a empresa;

**c)** Ou trata-se de falta de bom senso em não aguardar o momento certo para entrar numa conversa.

Este tipo de comportamento é bastante comum na nossa cultura, em que todos falam ao mesmo tempo, mas deveríamos ser mais conscientes e aprender que devemos ouvir primeiro e falar somente o assunto adequado no momento certo.

## 141 OS CANAIS ANÔNIMOS DE DENÚNCIA SÃO REALMENTE SEGUROS? FUNCIONAM?

São cada vez mais comuns os canais de denúncia dentro das empresas. Algumas utilizam um departamento específico (normalmente o jurídico) e outras por meio de empesas terceirizadas especializadas.

Esses canais são extremamente seguros quanto ao sigilo, uma vez que as denúncias são feitas por telefone ou *internet*, podendo ser anônimas ou nominais. Como não há risco na utilização desses canais, aconselha-se que elas sejam feitas de forma nominal, facilitando o contato com o interlocutor.

A partir do momento em que as denúncias são feitas, existe uma análise criteriosa para certificar que não se trata de algo falso, por isso, muitas vezes o processo é moroso.

Os profissionais envolvidos nessa análise são extremamente qualificados e de extrema confiança por parte dos acionistas.

Quanto à efetividade desses canais, podemos dizer que realmente funcionam, mas é muito importante que as informações apresentadas sejam detalhadas o máximo possível, para que possam trazer o desfecho correto.

É obrigação de cada um de nós relatar tudo o que está fora dos procedimentos da empresa. Só assim construiremos um ambiente ético!

## 142 É VERDADE QUE A DIREÇÃO DAS EMPRESAS REDUZ BENEFÍCIOS DE ALGUNS PARA MELHORAR DE OUTROS?

Por incrível que pareça, isso acontece nas empresas!

As empresas trabalham com orçamentos anuais e a distribuição desses valores é gerenciada pelo presidente e pelos diretores das áreas. Esses orçamentos vão desde gastos com lápis e borracha até salários, carros executivos e viagens de negócios.

Vou citar dois exemplos emblemáticos que causam asco, por considerar a situação moralmente repugnante:

a) **Salários *versus* viagens:** as empresas definem anualmente o percentual de salário sobre a folha de pagamento. Portanto, cada departamento poderá colocar em seu orçamento esse montante a ser distribuído aos empregados da forma que convier. Neste exemplo, o diretor da área decide usar esse valor para incrementar a quantidade de viagens de negócios;

b) **Carros executivos:** muitas empresas têm como benefício carros para diretores e certos níveis de gerência. Neste caso, a corporação define uma redução do valor de gastos para isso. Ao invés de reduzir o padrão dos veículos para todos, a decisão é cortar o benefício dos gerentes e utilizar o valor disponível para os diretores, que consequentemente terão padrão melhor de veículos.

Poderia citar outros exemplos, mas o intuito aqui é demonstrar fatos.

## 143 PARA QUE TEMOS CONTRATOS JURÍDICOS SE NUNCA EXECUTAMOS?

Relações comerciais entre empresas sempre devem estar regidas por um contrato jurídico. Os pontos entre as partes devem estar bem definidos, bem como os critérios de atendimento e de ruptura, quando for o caso.

A partir do contrato acordado e assinado entre contratante e contratado, tudo deveria ocorrer de forma normal até a finalização. Na maioria das vezes é o que acontece.

Por vezes questiona-se a real eficácia de um contrato jurídico. Posto que, quando ocorre alguma divergência, a orientação jurídica é de buscar a negociação antes de ingressar numa demanda jurídica, que implicaria em desgaste comercial, financeiro, entre outros.

Porém, vale registrar que apesar de todo suporte e aparato de outros departamentos e de outros profissionais, as áreas comerciais e técnicas são inteiramente responsáveis pelo desfecho do trabalho.

É importante lembrar que os contratos jurídicos acabam ajudando no momento em que existe uma dúvida sobre aquilo que foi negociado, servindo como um "oráculo" nesses casos.

Independentemente da necessidade de execução de um contrato, devemos ter em mente que ele é necessário. Podemos fazer uma analogia com seguro de automóvel: devemos ter, mas não gostaríamos de usar.

## 144 MELHOR UMA PESSOA NORMAL MOTIVADA DO QUE UM GÊNIO DESMOTIVADO?

Respeitando-se as devidas proporções, é realmente melhor trabalhar com pessoas motivadas.

Atualmente notamos uma tendência muito grande das pessoas se desmotivarem. As gerações "X" e "Y" tinham a capacidade de se automotivarem, independentemente das circunstâncias impostas, o que já não é notado na geração "Z".

Essa nova geração busca constantemente novos desafios, que nem sempre estão relacionados ao mundo corporativo, comprometendo absurdamente a motivação. Nota-se claramente um desprendimento muito grande dessa geração em relação ao mundo corporativo.

Infelizmente, devido à política populista do Brasil, estamos exportando nossos gênios para outros países, pois o país não tem se desenvolvido tecnologicamente como os demais.

Em consequência disso, estamos nos deparando com atividades demasiadamente operacionais nas empresas, trabalhos que não requerem genialidade. Ou seja, a pessoa motivada será capaz de atender aos requisitos sem maiores percalços, com uma excelente produtividade.

Sendo assim, é melhor termos pessoas motivadas do que gênios.

## 145 MATO UM "LEÃO" TODOS OS DIAS, COMO FAÇO PARA FUGIR DAS "ANTAS"?

Uma analogia bastante estranha, mas reflete a realidade diária do mundo corporativo.

Os dias no mundo corporativo são estressantes a ponto de se ter a sensação que todo dia temos que "matar um leão" para continuar sobrevivendo.

"Matar um leão" parecer ser uma ação bastante difícil de se realizar. Apesar disso, "fugir das antas" é mais difícil ainda.

Essas "antas", no sentido figurado, são os obstáculos que encontramos antes de chegarmos ao "leão" e, na maioria das vezes, são os fatores complicadores para finalização de uma atividade.

Podemos citar como obstáculos: os procedimentos ortodoxos que nem sempre fazem sentido, os superegos dos indivíduos relacionados ao processo (principalmente os aprovadores), as burocracias empresariais existentes etc.

Certamente tudo seria muito mais fácil se as empresas fossem desburocratizadas ao máximo possível, dando maior autonomia aos indivíduos e principalmente credibilidade aos profissionais que realmente executam as atividades.

Todos sabemos que existem padrões e rotinas dentro das empresas e que poderemos perder nosso emprego caso não as cumpramos. Então, por que existe um excesso absurdo de entraves que complicam as atividades? Algo a se pensar!

## 146 EXISTE NÍVEL HIERÁRQUICO ENTRE "ANTAS" E "LEÕES"?

Como mencionei no artigo anterior, apesar de "matar um leão" parecer uma ação bastante difícil de realizar, "fugir das antas" é mais difícil ainda.

Existe uma relação hierárquica entre esses dois elementos, pois as "antas" normalmente trabalham orientadas pelos "leões". Como os "leões" querem ter maior longevidade, eles criam atividades para que as "antas" compliquem o máximo possível a solução dos problemas.

Traduzindo em termos corporativos, nota-se que a valorização e burocratização de determinadas tarefas nada mais são do que *job protection* de alguns profissionais, que tentam desesperadamente se manter empoderados e, consequentemente, imprescindíveis nas organizações onde atuam.

Quantas vezes nos deparamos com rotas de aprovação que passam por aprovadores que não fazem o menor sentido estarem ali ou, até como outro exemplo, gráficos e relatórios que são gerados e que ninguém utiliza para nada, servindo somente para decorar o quadro.

Será que isso tem um fim? Ficaria muito mais fácil "matar os leões" se as "antas fossem comidas" por eles antecipadamente. Reflitam!

## 147 ALÉM DAS "ANTAS" E "LEÕES", EXISTEM OUTROS ANIMAIS NO MUNDO CORPORATIVO?

Existem também as "cobras", as "onças" e os "ursos"!

"Cobra" é o sujeito que cria intrigas e enrola os colegas em fofocas. Esse tipo procura presas fáceis. Por isso, quando alguém assim tentar envolvê-lo, faça como no Pantanal: não dê a mínima. Se as fofocas se agravarem, daí sim, parta para o ataque. Enfrente o problema para deixar a relação com os colegas em "pratos limpos".

"Onça" é o indivíduo que tem apetite voraz pelo trabalho. Costumeiramente, trata-se do perfil de algumas lideranças, que fazem pedidos realmente selvagens. Se é o caso do seu chefe, tente conquistar a confiança dele. Quando vier com mais trabalho e prazos apertados, negocie mais tempo em troca de qualidade. O melhor jeito de dizer não é mostrar o lado positivo dessa recusa.

"Urso" é uma característica exclusiva das lideranças, que hibernam e não criam oportunidades para você subir na carreira. Não siga o mesmo exemplo de hibernação, crie projetos e mostre sua capacidade de inovar. Se isso não der certo, o melhor é procurar outra floresta sem "ursos".

Com certeza ainda existem, no mundo corporativo, outras analogias com animais, que vão aparecendo no cotidiano. Muitas delas têm um caráter pejorativo que não vale comentar.

### 148 SINCERIDADE E TRANSPARÊNCIA SÃO COMPATÍVEIS COM O AMBIENTE DO MUNDO CORPORATIVO?

De forma alguma. Os sinceros e transparentes são taxados de "bocudos". Se tivesse que apontar defeitos no meu perfil profissional, considerando que são defeitos para as corporações, esses seriam meus dois pontos fracos.

As empresas prezam pela sinceridade e transparência, porém existem variantes desses dois substantivos, mediante a nacionalidade da empresa e cultura organizacional.

Algumas delas não gostam que você seja muito sincero e transparente, pois acaba afetando o superego de algumas pessoas, então "ficar quieto" muitas vezes é a melhor forma de não entrar em rota de colisão com certas lideranças.

Comentei uma situação no artigo 132, que era contrária à ideia mirabolante de um *super hiper mega blaster* executivo". Acabei prejudicando-me por isso.

Infelizmente, a hipocrisia e demagogia de alguns, concomitantemente ao medo de perder a função, culmina em não escalar o assunto ao idealizador do projeto, demonstrando que o projeto não aconteceu da forma prevista e que a empresa está perdendo dinheiro.

Esses "cagões" preferem se omitir, mesmo sabendo que a empresa está sangrando.

### 149 O QUE É MELHOR: POUCA EXPERIÊNCIA COM MUITA GRADUAÇÃO OU MUITA EXPERIÊNCIA COM POUCA GRADUAÇÃO?

Falando da minha experiência, volto para 1984. Concluí o curso técnico em mecânica e estagiei na General Motors.

Faltando 22 dias para finalizar o estágio, surgiu a oportunidade para trabalhar na linha de montagem de bancos para Opalas e Monzas.

Eu tinha duas alternativas: aceitar o trabalho como ajudante geral ou ingressar numa faculdade de Engenharia no ano seguinte.

O mercado de trabalho estava ruim, então não tive dúvida e acabei optando em trabalhar e fazer faculdade à noite, apesar de ter consciência que a qualidade do ensino era pior.

Foram seis anos de Engenharia. Nesse período, procurei por oportunidades internas de transferência e ao final desses anos já era um analista pleno de processos. Com a graduação, automaticamente fui promovido a engenheiro de manufatura.

Certamente, se tivesse optado por fazer Engenharia no período diurno, teria que refazer estágio e contar com a sorte para efetivação e provavelmente seria efetivado na função de engenheiro também, porém não teria seis anos de experiência.

Existe um tempo de maturação na equação experiência versus graduação. O equilíbrio entre essas duas variáveis é que determina seu sucesso profissional.

## 150 COMO RECONHECER "MARQUETEIROS" NO MUNDO CORPORATIVO?

Aqueles indivíduos que se autopromovem de maneira organizada e sistemática, ficaram conhecidos nas empresas como "marqueteiros". Eles usam algumas das estratégias da propaganda.

Conhecem Joseph Goebbels, o "marqueteiro" de Hitler? Estes foram os 11 princípios dele:

a) **Simplificação:** não diversifique, escolha um inimigo por vez. Ignore os outros e se concentre nesse;

b) **Contágio:** divulgue a capacidade de contágio desse inimigo. Mostre como ele contamina;

c) **Transposição:** transladar todos os males sociais a esse inimigo;

d) **Desfiguração:** exagerar as más notícias até desfigurá-las, criando um clima ruim;

**e) Vulgarização:** transforma as ações do inimigo em vulgares e ordinárias;

**f) Orquestração:** ressonar boatos até se transformarem em fatos;

**g) Renovação:** crie notícias sobre o inimigo, para que o receptor não tenha tempo de pensar;

**h) Verossímil:** discutir a informação com interpretações contra o inimigo. O objetivo é que o receptor não perceba que o assunto não é verdadeiro;

**i) Silêncio:** ocultar toda a informação que não seja conveniente;

**j) Transferência:** potencializar um fato presente com um fato passado;

**k) Unanimidade:** convirja assuntos de interesse geral e os coloque contra o inimigo.

Qualquer semelhança com as práticas no mundo corporativo é mera coincidência.

## 151 POR QUE EXISTEM TANTOS "MARQUETEIROS" NO MUNDO CORPORATIVO?

No artigo anterior, citei 11 princípios históricos e polêmicos, para detectar um "marqueteiro". Nem todos seguem esses princípios, mas a quantidade encontrada no mundo corporativo é alta.

A explicação mais lógica para isso é uma função matemática inversamente proporcional entre oportunidades *versus* quantidade. Como assim?

Vamos tomar como exemplo, para facilitar o raciocínio, uma empresa de 1000 funcionários. Considerando-se que temos no máximo, exagerando, 20 cargos executivos, a proporção para atingir uma posição dessas é de dois para 100. Como atingir um cargo desses se temos um funil tão estreito?

Aí que começa a seara desses profissionais que precisam de alguma forma impressionar o topo da "cadeia alimentar" com ações e comportamentos para superar os demais, lembrando que nesse espaço amostral existem também outros "marqueteiros" com o mesmo objetivo.

O único meio, então, é o *"marketing* pessoal" exagerado, tirando proveito de tudo e de todos para se autopromover, sem se importar em quem precisa "pisar" para chegar ao objetivo.

Infelizmente, muitos chegam ao topo dessa maneira e a tendência é continuar assim enquanto quem estiver no topo não souber reconhecer a diferença entre o que "é real", do que "é teatro".

## 152 — ESTOU TRABALHANDO HÁ MAIS DE DEZ ANOS NA MESMA FUNÇÃO. ISSO PREJUDICA MINHA CARREIRA?

De forma alguma, isso é um paradigma criado pelos "gurus gestores de carreiras".

O fato de estar trabalhando na mesma função não desabona em nada sua carreira. Muitas vezes, a sua função é tão especializada que fica difícil para a empresa fazer um *"job rotation"*.

Mesmo que sua função não seja tão específica assim e existam outros que também a executem, isso não é motivo de preocupação.

O importante é você entender até onde quer chegar na carreira. Se você pretende ter uma ascensão dentro do mesmo departamento, nada melhor do que ter essa especialidade.

Porém, fique sempre atento às questões salariais, pois as empresas fazem constantemente pesquisas de mercado para entender se os salários pagos para funções comuns de mercado estão compatíveis com o que elas pagam.

Se você estiver com salário acima da média de mercado, é importante uma transição na carreira para uma função mais adequada à sua remuneração.

Não se preocupe muito com os paradigmas de mercado quanto a estar na mesma função por muito tempo, pois certamente novas teorias virão e mudarão esse conceito em breve.

## 153 SEMPRE TRABALHEI COMO AUTÔNOMO. TENHO CHANCE NO MUNDO CORPORATIVO?

Pouco provável! Agora, pergunto a você: para que entrar nesse ambiente corporativo canibal se você já tem experiência como autônomo?

Muitas vezes achamos que o gramado do vizinho é mais bonito do que o nosso, porém esquecemos que para deixar aquele gramado bonito, nosso vizinho teve que aguar, cortar a grama, adubar, retirar as ervas daninhas, entre outros. Temos a falsa ideia que aquele gramado está bonito e não houve um mínimo esforço para que ele ficasse assim.

Não se iluda achando que os benefícios do mundo corporativo são os diferenciais para esta atratividade. Por trás de cada benefício, existe um ônus enorme e virou moda agora as corporações reduzirem os benefícios sem prévio aviso e sem contrapartidas adequadas.

Se você já é autônomo e levou a vida dessa forma por muitos anos, não vejo o menor sentido em se arriscar nesse mercado. Não estou dizendo que seu currículo seja inapropriado para esse ambiente, pois estaria sendo pretensioso, mas até que ponto está disposto a mudar sua qualidade de vida nesse sentido?

Não troque o certo pelo incerto, a não ser que trabalhar como autônomo seja um verdadeiro martírio para você. Reflita antes de se arriscar!

## 154 DEVO TRABALHAR ALÉM DO MEU HORÁRIO? EM QUE SITUAÇÕES?

Não deveria! Somente em casos extremamente excepcionais isso pode ser feito.

Passamos por diversas mudanças no mundo corporativo. Na década de 1990 e no início do século XXI tivemos o ápice em se tratando de trabalhar além do horário. Era normal trabalhar mais de oito horas por dia a ponto das pessoas que não faziam isso serem consideradas desengajadas. Veja o absurdo que era!

Presenciei profissionais que durante o dia resolviam seus problemas pessoais e permaneciam na empresa até altas horas da noite para demonstrar à liderança que eram engajadas.

A lavagem cerebral era tanta que, quando saíamos no horário, sentíamos um peso na consciência enorme. Parecia que havíamos roubado a empresa e estávamos "saindo de fininho".

Isso mudou sensivelmente nos últimos anos e ficar além do horário tornou-se a exceção das exceções. Agora só ficamos até mais tarde em situações de extrema necessidade.

De qualquer forma, isso está muito relacionado à postura das lideranças. Se o líder não disseminar essa atitude, os funcionários não se sentem confortáveis para sair no horário.

Trabalhe intensamente durante seu horário normal e estimule todos os associados nesse sentido. Proteja sua qualidade de vida.

## 155 POR QUE A ÁREA DE COMPRAS É TÃO VISADA DENTRO DAS ORGANIZAÇÕES?

Se alguém ficar grávida na empresa e ficarem em dúvida sobre o pai, pode ter certeza que alguém de compras será intimado a fazer o DNA!

Compras é uma das áreas da empresa que interage com todas as outras e os procedimentos exigidos são complexos e muitas vezes ortodoxos, deixando o processo moroso e burocrático. Todas as áreas necessitam de produtos ou serviços que acabam sendo contratados por meio de compras.

Os usuários, de forma geral, precisam de tudo para ontem e compras acaba sendo o gargalo do processo. É muito simples as áreas definirem o que precisam e na sequência abrirem uma requisição de compras. O único problema é que nem sempre o que o usuário necessita, de fato, existe.

Muitas vezes, a área de compras se depara com situações do tipo: "Achei no Mercado Livre este produto por R$ 100. Por que vocês pagaram R$ 120?".

Isso ocorre justamente por que as corporações exigem que os fornecedores sejam homologados, paguem os impostos corretamente, não tenham empregados sem registro etc. Além disso, as compras são feitas com prazo de pagamento de 90 dias, fora o mês, em muitos casos. Por esses motivos, não é possível ter o mesmo preço do Mercado Livre.

Vamos entender melhor os departamentos antes de julgar antecipadamente.

### 156 | ALGUMAS PESSOAS REALMENTE NÃO DÃO A DEVIDA IMPORTÂNCIA SE A EMPRESA PERDE DINHEIRO?

Não é possível que você percebeu isso dentro da sua empresa. Acreditava que somente nas empresas de relógio suíças acontecia isso!

Por incrível que possa parecer, os interesses pessoais e a politicagem nas corporações acabam acarretando esse tipo de problema. Mesmo sendo notório a todos, muitos indivíduos não têm coragem de se expor em situações como essa, acabam se omitindo e a empresa "sangrando".

Por outro lado, nota-se também um total descaso de alguns profissionais que, apesar de ter conhecimento do fato, ficam alheios a estes, não dando a mínima importância se a empresa está perdendo dinheiro.

Essa hipocrisia que existe nas corporações é uma das frustrações que tive. Não é admissível que fatos como esses possam ser ignorados, simplesmente por existir um fator político ou descaso por trás dele.

Lutei sempre pela busca de resultados para a empresa e situações como essa nos fazem refletir sobre o porquê algumas pessoas sérias e corretas adoecem nesses ambientes.

### 157 | EM QUE SITUAÇÕES DEVO CRIAR UM SUCESSOR?

Não existe uma situação específica para se criar um sucessor, muito pelo contrário. Isso já deveria estar intrínseco nas atividades diárias de todos. Antigamente, quem tinha conhecimento detinha o poder. Hoje em dia, isso é "página virada" que ficou num passado muito distante.

Sempre, sem exceções, você deve passar seu conhecimento para as pessoas que vêm contemporaneamente na cadeia de sucessão. Ninguém é eterno e por esse motivo o "elo" de conhecimento não deve jamais ser quebrado.

Pode ser que muitos não saibam, mas um idioma é perdido diariamente em nosso planeta porque a pessoa que detém o conhecimento dele não conseguiu passá-lo adiante.

Seja inteligente e crie um sucessor, pois sem ele você não poderá almejar por uma transferência, promoção ou até sua aposentadoria sem criar um problema. Claro que ninguém é insubstituível, mas é melhor ser lembrado por aquele que foi proativo e passou tudo o que sabia para os demais, do que aquele que guardou tudo para si e não disseminou o conhecimento. Pense nisso e não seja egoísta. Deixe seu legado para as próximas gerações!

## 158 POR QUE ALGUMAS PESSOAS TÊM MANIA DE COLOCAR PALAVRAS EM INGLÊS QUANDO FALAM OU ATÉ QUANDO ESCREVEM?

Para ser muito sincero, acredito que usam as palavras em inglês porque são idiotas! Concordo com o personagem Forrest Gump quando ele afirma que "idiota é o indivíduo que faz idiotice". E em alguns casos, para mim, é sem dúvida idiotice.

Quantas vezes nos deparamos com expressões do tipo: vamos "*startar*" esse equipamento no próximo mês; precisamos "*trackear*" este assunto de forma bastante detalhada; estarei "fupando" o analista da área para obter a resposta, entre outros verbos que aportuguesamos.

Não faz o menor sentido esse tipo de linguagem, pois além de ser errado pode ter outra conotação como, por exemplo, em português informal, "traquear" significa "peidar".

Não estou querendo radicalizar dizendo que nunca devemos utilizar palavras em inglês no meio das frases, mas o problema é criar verbos que não existem ou não fazem o menor sentido.

Algumas utilizações de palavras em inglês de forma sutil até são aceitáveis, como: amanhã estarei em *"home office"* ou faremos o *"coffee break"* às 10h00 etc.

Fique atento à utilização equivocada de palavras em inglês, pois as pessoas que ouvem poderão não entender ou até o ridicularizarem.

## 159 POR QUE O MUNDO CORPORATIVO É REPLETO DE RODAS DE FOFOCAS?

Não é só no mundo corporativo que as fofocas acontecem. Em todos os segmentos e até na vida social temos isso. O ser humano adora fofocar e não tem nada mais gostoso do que saber as coisas antecipadamente, não é verdade? Agora, até que ponto isso é benéfico para as empesas?

As fofocas acontecem em todos os níveis da corporação, desde os analistas até os diretores. Já presenciei fofocas até entre diretores e o mais engraçado de tudo isso é que se comportam como adolescentes quando descobrem algo novo.

Vou contar uma fofoca para vocês e pode ser que até não acreditem, mas muitas empresas criam as próprias fofocas para sentir antecipadamente a repercussão do fato. Sendo positiva, efetivam, caso contrário, voltam atrás na decisão a ser tomada.

Muitas vezes, as fofocas surgem na camada mais baixa da hierarquia e vão sendo escaladas entre os níveis até chegar ao topo. Em alguns casos, a fofoca é tão boa que os diretores acabam utilizando-a em benefício da empresa.

Tudo parece "teoria da conspiração" e se torna até muito cômico, mas faz parte do DNA de todas as empresas, sem exceções.

## 160 O QUE É UM "MEETING KILLER" E COMO EVITÁ-LO?

Já perceberam que existem pessoas que conseguem acabar com as reuniões, seja por comportamento pessoal ou por atitudes equivocadas. Cito algumas atitudes desses *"meeting killers"*:

**a)** Utilizar dispositivos móveis (celular, *notebooks* etc.) nas reuniões;

**b)** Trazer à mesa assuntos que não são pertinentes;

**c)** Conversar em paralelo com as pessoas;

**d)** Fazer piadinhas totalmente inapropriadas para o momento;

**e)** Ficar disperso ao assunto;

**f)** Demonstrar total desinteresse pelos assuntos abordados.

Como podemos evitar esses *"meeting killers"*:

**a)** Deixar claro a todos que só utilizem dispositivos eletrônicos se forem necessários para a reunião;

**b)** Não deixar que o assunto principal perca o foco;

**c)** Não permitir conversas paralelas, deixando claro que não são duas reuniões;

**d)** Cortar qualquer comentário inapropriado;

**e)** Pedir que todos permaneçam com o mesmo objetivo para que a reunião seja eficaz.

Essas são apenas algumas dicas para evitar a ação dos *"meeting killers"*. Com o passar do tempo, todos saberão quem são as pessoas que atrapalham uma boa condução nas reuniões e, consequentemente, eles serão segregados ou anulados em eventos posteriores.

Mas isso só acontecerá se formos firmes com os *"meeting killers"*, caso contrário, continuarão agindo.

## 161 O QUE POSSO ENTENDER SOBRE "SHADOW"?

Existem muitos métodos em recursos humanos focados em pessoas, como aconselhamento de carreira, *coaching*, *mentoring*, entre outros. Apesar de serem completamente diferentes uns dos outros, acredito que o *"Shadow"* é o mais eficaz entre eles.

Esse processo não é muito conhecido ou divulgado dentro das empresas e existem pouquíssimas que o utilizam efetivamente. Pode ser que até utilizem outro nome para isso, como, *"on the job training"*

O *"Shadow"* nada mais é que um profissional ser uma verdadeira sombra do outro, acompanhando-o em todas as atividades, reuniões, viagens etc.

Essa sombra é um aprendiz que deverá seguir os passos do mestre e aprender com ele como proceder e agir em todas atividades cotidianas.

O mais importante nesse processo é que o mestre seja uma referência profissional dentro da empresa, pois o aprendiz poderá adquirir as qualidades e defeitos dele e nesse processo os defeitos são indesejáveis.

O departamento de recursos humanos deverá acompanhar semanalmente o processo para verificar a efetividade e fazer as devidas correções de rota.

Pessoalmente acredito que esse seja o processo mais rápido e eficaz para as transições de cargos e deveria ser amplamente utilizado nas empresas.

## 162 DOU VÁRIAS OPINIÕES NAS REUNIÕES. ISSO ME PREJUDICA?

As reuniões são normalmente convocadas para alinhamento dos assuntos e, portanto, qualquer opinião deve ser levada em consideração. Alguns cuidados devem ser tomados para que você não se torne o "cara chato" da reunião.

**a)** Não interrompa ninguém para colocar seu ponto de vista;

**b)** Procure esperar que as pessoas concluam o pensamento para dar sua opinião;

**c)** Não coloque na discussão assuntos não pertinentes ao contexto geral da reunião. Como menciono neste livro, "não entre na Marquês de Sapucaí tocando violino, durante o desfile de uma escola de samba";

**d)** Procure não querer ser tão proativo a ponto de colocar a sua opinião a cada assunto em pauta;

**e)** Tente ao máximo possível ser humilde nas suas colocações, ou seja, comece a frase sempre com expressões do tipo: "se me permitem", "gostaria de...", "não tenho todo o conhecimento do assunto, mas acharia prudente..." ou "apesar de não ter todo o histórico do fato, gostaria de compartilhar minha ideia...", entre outras;

**f)** Não seja prolixo no seu discurso, pois isso deixa os ouvintes entediados.

Bom senso faz parte de tudo em nossas vidas, portanto, utilize-o e certamente sua opinião será levada em conta sem prejudicá-lo.

## 163 — POR QUE PROBLEMAS OPERACIONAIS ESCALADOS ÀS RESPECTIVAS CHEFIAS SÃO RESOLVIDOS NO "BOTECO"?

Vocês veem diretores discutirem calorosamente na frente de demais pessoas? Acredito que já viram, mas é raro, pois normalmente acabam levando o assunto para discutir no "boteco", para resolver usando a politicagem.

Esse nível hierárquico evita confrontos diretos para manter as aparências, apesar de muitos deles serem "inimigos". A falta de clareza dessas lideranças é responsável pela formação dos cleros, que nada mais são do que a departamentalização em empresas, nas próprias empresas.

Essas conversas de "boteco" são responsáveis por gerar as animosidades entre os departamentos, pois nada fica claro entre os líderes, que acabam olhando somente para seu "umbigo", sem dar a mínima atenção às necessidades dos outros departamentos.

Essa fragilidade entre departamentos, quando percebida externamente, é usada de forma oportunista por clientes e/ou fornecedores para benefício próprio. Já presenciei empresas que são fornecedores e clientes de uma mesma organização e que pressionavam a área de vendas para forçar compras a dar reajuste.

Os membros dos *staffs* deveriam ser mais pragmáticos e menos políticos, pois a politicagem desenfreada não traz nenhum benefício às organizações.

## 164 — TOMARAM A DECISÃO ERRADA. O QUE POSSO FAZER PARA REVERTER O ASSUNTO SEM ME PREJUDICAR?

Nas corporações não existem decisões erradas, pois o idealizador e o tomador da decisão jamais admitirão isso. O máximo que farão é dizer que sabem que algumas unidades da empresa pelo mundo serão prejudicadas, mas o benefício corporativo é que importa nesse momento.

Aí sempre haverá um desavisado sobre a "cagada" global que perguntará "qual foi então o resultado da decisão e quais foram os benefícios globais"?

Essa resposta nunca existirá e pode ter certeza que vão deixar cair no esquecimento e ainda é provável que os "gênios da lâmpada" sejam até promovidos.

Então, meu amigo, vou lhe dar uma sugestão, por experiência própria, deixe a "merda" do jeito que está, pois se tentar reverter o assunto é capaz até de ser demitido por isso.

Tente de alguma forma suprir os prejuízos dessa decisão errada com ideias inovadoras que no final do dia possam compensar essa perda financeira.

Infelizmente esses "*Jedis*" que veiculam as ideias são intocáveis e muitos deles possuem relações pessoais com o "*board*" corporativo, o que lhes garante imunidade.

Seja sempre cauteloso quando tentar mexer com esse tipo de problema.

## 165 AINDA PODEMOS FAZER ACORDOS DE "FIO DE BIGODE" EM AMBIENTES CORPORATIVOS?

Esqueça isso! Atualmente os ambientes corporativos são verdadeiros campos minados. Tudo tem que ser devidamente registrado para que não fique a mínima dúvida.

Acordos de "fio de bigode" já foram muito utilizados nesses ambientes até o final da década de 1980. Os líderes tomavam as decisões e, independentemente da repercussão, assumiam a responsabilidade até o último momento.

Hoje em dia, o que se fala não se escreve. Cada vez mais temos indivíduos que não assumem o que falam e se você não tiver registrado por escrito, esqueça, pois será perda de tempo tentar fazer com que eles assumam a responsabilidade sobre o fato.

Infelizmente a sociedade moderna atingiu um nível tão grande de individualismo e desrespeito às pessoas que indivíduos que assumem o que falam são raros e consequentemente são admirados por isso. Aquilo que foi mandatório no passado passou a ser um comportamento excepcional atualmente.

Dificilmente essa confiança retornará na próxima década e somente nossa mudança de atitude diária poderá contribuir para isso. Portanto, comece a mudança em você mesmo e pratique diariamente o ato de confiar nas pessoas. Deixe de confiar somente se lhe provarem contrário.

### 166 POR QUE "VIROU MODA" A LIDERANÇA PEDIR A CONTRAPARTIDA POR NÃO ATINGIR O RESULTADO ESPERADO EM DETERMINADO PROJETO?

Isso se tornou uma coisa irritante e repetitiva dentro das empresas.

Normalmente, as reduções de custo são baseadas em projetos possíveis de serem executados, nas quais calcula-se um valor previsto em cada um deles. As somatórias desses projetos totalizarão o "valor identificado" das reduções de custo.

Se este total não atingir a expectativa da empresa, haverá um valor adicional que chamam de "não identificado". Muitas vezes, os projetos identificados atingem o objetivo, mesmo assim é colocado um objetivo adicional que algumas empresas chamam de "*plug*", "*task*" etc. Algumas mais despojadas chamam de "fumaça".

Muitas vezes, os projetos identificados não atingem o resultado esperado, por prazo, validação etc. É aí que vem a famosa frase: "Arrume outro para cobrir esse '*gap*'". Se todos sabem que existem riscos nos projetos identificados e sobre eles ainda temos uma "*task*" a ser atingida, por que se pede um outro projeto para cobrir?

Simplesmente porque não conseguem entender o que tem por trás de cada projeto, tampouco ajudarão a resolver o problema e, principalmente, por que almejarem se isentar da culpa caso o objetivo não seja atingido.

### 167 A MERITOCRACIA É SEMPRE BENÉFICA À EMPRESA?

A meritocracia é um sistema de premiação baseado nos méritos pessoais do indivíduo. A recompensa meritocrática é utilizada pelas corporações, que premiam os profissionais que atingem suas metas, seja com aumentos de salário ou bônus. A meritocracia é uma forma de motivar os funcionários, que se dedicam a suas funções em busca dos resultados.

Temos que levar em consideração que os objetivos pessoais ou departamentais vinculados à meritocracia podem ser conflitantes entre pessoas e departamentos, pois critérios de apuração dos dados não se conversam entre si.

Por exemplo, um novo fornecedor é definido para determinado produto, gerando uma redução de custo quando comparado com o produto anterior. Porém, o consumo desse produto aumenta sobremaneira devido ao rendimento dele.

Ou seja, uma área será bonificada pelo novo custo de compra, em contrapartida a outra será penalizada pelo aumento de consumo. Nesse exemplo fica claro que os interesses individuais da meritocracia poderão conflitar com o resultado da empresa.

Portanto, os indicadores de meritocracia devem ser amplamente analisados antes de disseminados nas áreas, do contrário teremos prêmios meritocráticos individuais, porém com a empresa dando prejuízo.

## 168 É COMUM QUE AS FUNÇÕES NA EMPRESA NÃO SEJAM COMPATÍVEIS COM A FORMAÇÃO ACADÊMICA DA PESSOA?

Isso é muito comum nas empresas e os mais antigos, nascidos na década de 1960, lembrarão do "engenheiro que virou suco".

No começo década de 1980 ficou famoso em São Paulo o engenheiro que sem expectativas de atuar em sua área abriu uma lanchonete na avenida Paulista e para ela deu o sugestivo nome "O engenheiro que virou suco". Aquele contexto era a perfeita tradução da recessão econômica que atravessava o país naquele momento.

No mercado brasileiro passamos constantemente por crises econômicas e infelizmente somos forçosamente obrigados a aceitar aquilo que temos como opção no momento.

Isso é mais patente ainda quando falamos de ambientes corporativos. As funções nem sempre são ocupadas por profissionais que têm as respectivas formações acadêmicas.

Já presenciei funções que requeriam formação técnica eminente e eram ocupadas por profissionais que nunca, nem sequer, passaram perto da formação necessária.

O que vale, na verdade, são as experiências adquiridas dentro das corporações, que permitirão que os profissionais assumam determinadas funções, mesmo que não tenham a formação específica para aquilo.

## 169 MUDOU O DIRETOR DE RH! O QUE PODEMOS ESPERAR?

Isso dependerá de dois fatores: momento que vive a empresa e perfil profissional do diretor. A combinação disso gera quatro situações:

**a) Diretor "humanista" + empresa dando lucro:** esta é a melhor das situações. Esse diretor certamente fará uma gestão com foco nas pessoas, procurando novos benefícios, políticas de salário, gestão aberta, retenção de talentos etc. Mundo ideal para quem estiver na empresa no período;

**b) Diretor "humanista" + empresa dando prejuízo:** nessa situação, esse profissional passará por um conflito interno onde ética e moral não caminharão juntas, pois o perfil dele não é compatível com as determinações da empresa, onde cortes de pessoal acontecerão para a retomada dos lucros;

**c) Diretor "carreirista" + empresa dando lucro:** nesse caso, o diretor aproveitará o momento da empresa para se autopromover, ou seja, tentará trazer diferenciais para empresa para deixar sua marca no mercado e, consequentemente, alavancar a sua carreira;

**d) Diretor "carreirista" + empresa dando prejuízo:** não existe nada pior para os funcionários da empresa nesse momento, pois esse indivíduo atuará como o "exterminador do futuro", justificando as atitudes tomadas como ações definidas pela alta direção da empresa.

## 170 DEVO VIVER PARA TRABALHAR OU TRABALHAR PARA VIVER?

Após 35 anos trabalhando no mercado automotivo, estou convicto em dizer que temos que trabalhar para viver e jamais viver para trabalhar. Mas, qual é a dosagem certa para também não sermos rotulados como alienados ao trabalho?

A dosagem deve ser tal que você não comprometa sua atividade profissional, porém sem também complicar sua vida pessoal. Essa é uma equação bastante difícil e por mais brilhante que seja o profissional, jamais chegará a esse equilíbrio.

Tente estabelecer controles para que possa se aproximar do equilíbrio. Defina horário de entrada e horário máximo de saída da empresa, que é crucial não extrapolar, pois é aí que a maioria dos profissionais peca.

Se você tem um celular da empresa, procure utilizá-lo somente para fins profissionais e nunca caia em tentação de portá-lo aos finais de semana. Quando chegar em casa, desligue-o e só religue no dia seguinte. Fique tranquilo, se precisarem você, o encontrarão.

Não ligue seu computador aos finais de semana para ver *e-mails*, pois certamente na segunda-feira estarão na caixa do mesmo jeito.

Faça "divisores de água" efetivos para que o trabalho não se misture com sua vida privada e vice-versa. Se não fizer isso enquanto há tempo, certamente se arrependerá no futuro.

## 171 POR QUE O FOCO DAS AUDITORIAS DE "COMPLIANCE" PASSOU A SER A ENGENHARIA?

Na década de 1990, principalmente as montadoras passaram por diversos escândalos envolvendo as áreas de compras. Muitos profissionais foram demitidos por justa causa devido a atos de corrupção.

As empresas começaram a criar uma série de mecanismos para mitigar de forma bastante assertiva qualquer ato ilícito que poderia acontecer. Políticas e procedimentos de "*compliance*" foram disseminados para todos os níveis.

Naquele tempo, a área de compras ficou no "*spot*" das auditorias, o que intensificou sobremaneira a utilização de processos e controles cada vez mais robustos, evitando qualquer tentativa de atos ilícitos.

A partir do momento em que a área de compras ficou extremamente controlada, notaram-se algumas "brechas" nos processos de engenharia.

As áreas de auditoria concluíram que as aprovações técnicas de determinados processos eram totalmente subjetivas e esse grau de subjetividade poderia causar "conflitos de interesse".

Passou-se, então, a dar um maior foco nesses processos e uma série de questionamentos começou a eclodir, a ponto de os auditores passarem a aprimorar o conhecimento técnico para maior entendimento dos processos.

Isso veio de encontro à necessidade das empresas serem "politicamente corretas".

## 172 O QUE É "JOB PROTECTION"?

Basicamente está relacionada à atitude de se proteger, quando se teme perder o emprego. Por mais preparada que a pessoa seja, ninguém gosta de ser demitido, portanto, algumas ações denotam esse tipo de comportamento autoprotetivo, que podemos exemplificar:

**a) Rotas de aprovação:** nota-se que alguns aprovadores não têm a mínima necessidade de pertencer à rota, porém criam empecilhos para fazer parte dela, valorizando a necessidade;

**b) Terceirização:** muitos líderes são contrários a esse processo com medo de perder o poder e, consequentemente, diminuir o nível de responsabilidade;

**c) Atividades que não agregam valor:** a valorização de relatórios que ninguém usa e que não servem para nada ou atividades que, executadas ou não, não interferem de forma alguma na empresa;

**d) Criar dificuldade para vender oportunidade:** algumas pessoas colocam dificuldades em tudo e depois trazem uma "receita miraculosa" para resolver o problema.

Estes são alguns exemplos de *job protection* que as pessoas criam nas empresas para se sustentarem nos cargos, mas certamente existem inúmeros outros. Dificilmente encontraremos profissionais que trarão soluções para a empresa em detrimento à perda do seu cargo. Raros, mas existem!

## 173 POR QUE ALGUNS EXECUTIVOS FOGEM DO ASSUNTO DIZENDO QUE NÃO TINHAM CONHECIMENTO DO FATO?

No Brasil parece até que virou moda falar que não se tem conhecimento de certos fatos para se isentar da culpa.

Infelizmente ainda temos executivos que delegam os assuntos aos seus subordinados, principalmente para representá-lo em reuniões, e quando indagados, dizem que não tinham conhecimento do assunto.

Já presenciei, nesta minha jornada, inúmeros casos desse tipo e infelizmente projetos importantes da empresa acabam sendo cancelados pelo simples fato de a informação não ter sido analisada e confirmada no momento necessário.

Na maioria dos casos, o executivo em questão toma conhecimento do assunto por meio da ata de reunião ou da informação do subordinado e não se atenta a alguns detalhes pertinentes ao seu departamento.

Passadas algumas semanas, esse executivo percebe que existem alguns entraves, por exemplo trabalhista, fiscal, entre outros, que impossibilitam a execução daquele projeto.

Ao invés de imediatamente retomar o assunto com os envolvidos, informando o erro cometido, prefere jogar os subordinados na cova dos "leões", dizendo que não tinha conhecimento do assunto. Quem nunca viu um caso assim?

## 174 EU TENHO REALMENTE CONSCIÊNCIA QUE SOU TÃO SOMENTE UM NÚMERO PARA A EMPRESA?

Essa consciência chegará um dia para todos, sem exceção, porém em momentos diferentes. Esse discernimento sobre o mundo corporativo acontecerá em um dos quatro períodos que menciono abaixo e em cada um deles teremos uma reação diferente:

**a) Primeiro (ascendência na carreira):** ter a consciência que é um número nesse momento pode lhe causar um total desprendimento às empresas, tornando-as um número para você também. Nenhum problema, mas deve-se tomar muito cuidado para não caracterizar falta de profissionalismo;

**b) Segundo (plenitude na carreira):** momento ideal para reconhecer isso, pois entenderá que existe vida fora das corporações e dará mais atenção a sua vida pessoal;

**c) Terceiro (descendência na carreira):** um pouco tarde para reconhecer isso e, certamente, muitas lembranças lhe trarão arrependimento por priorizar a empresa em detrimento da vida pessoal;

**d) Quarto (pós-carreira):** se você perceber que foi um número na empresa somente quando saiu dela, meus pêsames, isso é muito triste! Oriente os mais jovens para que não passem por isso.

Esteja sempre certo de uma coisa, somos peças cambiáveis dentro das corporações, por mais "Jedi" que você seja!

## 175 — VOCÊ VÊ DIFERENÇA NA LIDERANÇA ENTRE QUEM ROMPEU COM A POBREZA E VENCEU E QUEM TEVE OUTRA ORIGEM?

Tive a oportunidade de conviver com líderes que saíram de uma condição de pobreza, vindos de famílias bastante humildes, bem como outros que já possuíam uma segurança financeira familiar desde a infância.

Não podemos criar rótulos para nenhum dos dois casos, pois histórias de vidas diferentes não determinam o caráter das pessoas. Presenciei casos de pessoas que romperam a pobreza e se tornaram líderes extremamente arrogantes. Por outro lado, conheci líderes vindos de famílias muito ricas com uma humildade invejável.

Existe uma tendência, que não pode ser usada como regra, que a valorização da conquista daqueles que vieram de famílias menos providas de recursos é muito maior do que daqueles que vieram de famílias abonadas.

A diferença que realmente vejo entre esses dois tipos de profissionais está relacionada à dificuldade de atingir o cargo de liderança. Acesso às melhores universidades, locomoção mais fácil, possibilidade de estudar idiomas e disponibilidade de recursos são os fatores que dão uma vantagem competitiva muito grande aos mais ricos.

Infelizmente, o esforço necessário para os mais pobres atingirem esse nível é muito mais intenso e sofrido.

## 176 POR QUE ALGUMAS PESSOAS VALORIZAM TANTO SUA ATIVIDADE A PONTO DE COLOCAR EMPECILHO EM TUDO?

Notamos duas principais razões para a valorização das atividades que acabam dificultando o processo, por comportamento pessoal:

**a) Empoderamento:** alguns associados têm atividades-chave que necessariamente dependem deles para continuidade da tarefa. Devido à importância da tarefa, eles se colocam na posição de "eu sou o cara" e acabam exagerando na dose;

**b) Proteção:** essa atitude é exatamente o que chamamos de "*job protection*", que é a preservação do emprego ou da função. Nesse caso, o medo de perder o emprego corrobora com esse tipo de comportamento.

Com relação a colocar empecilho em tudo, podemos notar que é um comportamento inerente àquela pessoa e não tem nenhuma relação à valorização de atividade que executa.

Esses indivíduos possuem características cartesianas e acabam dificultando as atividades pelo excesso de detalhes ou superego, que nem sempre são necessários em determinadas ocasiões.

A fusão da valorização com colocar empecilho prejudica sobremaneira as atividades, mas infelizmente é algo que não conseguiremos extinguir do mundo corporativo. Diria que é um "vírus sem cura".

## 177 NO MUNDO CORPORATIVO, DEVO FALAR EXATAMENTE O QUE OS OUTROS QUEREM OUVIR?

Por incrível que pareça, é exatamente assim que se deve proceder com algumas pessoas dentro desse ambiente. Muitos ainda não conseguem entender o real significado do "não concordar" e acabam interpretando o fato como sendo confronto, desrespeito ou até resistência.

Esse tipo de comportamento ainda é muito patente no mundo corporativo e certos indivíduos ainda preferem que digamos aquilo que eles querem ouvir, mesmo sabendo que estamos fazendo isso para não discordar deles.

Esse despreparo psíquico é inerente a determinadas pessoas que não conseguem ouvir nada diferente do que imaginam e consideram sua opinião como verdade absoluta. Parece até que os ouvidos não absorvem nada além do que suas mentes imaginam. Acabam sendo até desrespeitosos com as demais pessoas, pois aniquilam qualquer alternativa que não sejam as deles.

Não existe uma "receita de bolo" para essas situações. Nesses casos, podemos falar exatamente o que a pessoa quer ouvir e colocar todas as consequências negativas daquilo, enumerando-as.

Parece estranho afirmar algo e contradizer na sequência, mas é a única forma de deixar seu recado sem afetar o superego dessas pessoas insolentes.

## 178 NO MUNDO CORPORATIVO DIZEMOS QUE ESTAMOS NO "LIMO OU NO LIMBO"?

Vamos primeiramente entender que ambas as palavras possuem significados figurados no mundo corporativo. Limo significa figuradamente imundice, sordidez. Limbo significa, figuradamente, estado de indecisão, incerteza, indefinição.

Percebe-se um demasiado uso dessas duas palavras em ambientes corporativos e se nota que as pessoas não sabem exatamente o sentido delas e as usam entendendo que é uma única palavra sendo que a outra é errada.

Portanto, devemos tomar muito cuidado quando usamos uma destas duas palavras, pois podem ter diferentes conotações para quem conhece o significado das duas.

Vamos partir para o seguinte exemplo: "Com essa decisão da empresa, meu superior imediato me deixou no ...". Utilizando as palavras, temos:

**a) Limo:** neste caso, o entendimento é que seu chefe deixou você numa situação horrível, praticamente na "merda";

**b) Limbo:** já neste outro, significa que seu chefe o deixou em dúvida.

Pense bem antes de utilizar estas palavras para não correr o risco de ser mal interpretado.

## 179 SORTE É QUANDO A CAPACIDADE ENCONTRA A OPORTUNIDADE?

Certamente muitas pessoas que acompanham nossas carreiras nos dirão que somos pessoas de sorte. Algumas enfatizarão o cargo que ocupamos e outras nosso nível social, mas jamais reconhecerão o nosso mérito.

Talvez o sucesso incomode muitas pessoas, que é uma atitude inerente ao comportamento humano. Na verdade, não atingimos maturidade para esse discernimento.

De forma bastante pragmática, a sorte nada mais é do que o encontro da nossa capacidade pessoal com a oportunidade que aparece na nossa frente.

A capacidade pessoal depende única e exclusivamente de nós. Nós definimos em que devemos nos preparar, bem como o nível de esforço que dedicaremos a isso. Engana-se quem acha que a empresa é a responsável por essa formação.

Por outro lado, as oportunidades surgem para todos, seja dentro da empresa, bem como no mercado, porém muitos dizem "essa oportunidade não é para mim". Na verdade, a mensagem aqui é outra, ou seja, "não tenho preparo e quesitos suficientes para assumir essa posição".

Então fica bastante claro que a sorte é, sem dúvida, o encontro da sua capacidade pessoal com a oportunidade que em algum momento aparecerá. Se não for o escolhido para a posição, assegure-se que não foi por falta de capacidade!

## 180 POR QUE TODOS ACHAM QUE PODEM FAZER O TRABALHO DA ÁREA DE COMPRAS?

Na verdade, todas as pessoas são compradoras, desde uma pequena compra num supermercado de bairro até a aquisição de um bem maior, como carros, imóveis etc.

Todos os funcionários de uma empresa, quando deparados com alguma necessidade de aquisição para o departamento, buscam a solução para o problema o mais rápido possível e é aí que a situação pode se complicar.

As empresas possuem procedimentos e processos rígidos de *"compliance"* e, na maioria das vezes, quando os departamentos compram no lugar de compras existe um desalinhamento com as políticas.

Normalmente as áreas não têm noção dos requisitos mínimos de uma compra, como, por exemplo, cadastro do fornecedor, condição de pagamento, tipo de frete aplicado, entre outras. Apesar de tudo isso, existem áreas que se arriscam em fazer as atividades de compras, o que acaba ocasionando um retrabalho enorme no processo.

Procure atuar dentro da sua área sem querer fazer a atividade de outros, pois certamente não terá conhecimento técnico suficiente para concluir de forma correta o trabalho.

## 181 DE ONDE VEIO A EXPRESSÃO "CORTAR A PONTA DO SAPATO PARA CABER O PÉ"?

Essa expressão veio de um excelente líder de uma das empresas em que trabalhei. O considerava como "Mestre Ioda", pela senioridade que tinha. Aprendi muito com ele.

Normalmente ele usava essa expressão quando queríamos resolver um problema sem ter o recurso necessário para a solução. Ou seja, se seu pé é maior que o sapato, corte a ponta do sapato que o pé caberá.

Quantas vezes nos deparamos com situações desse tipo nas quais tentamos desesperadamente resolver o problema, mas não temos recurso suficiente para isso?

Particularmente acho que isso é uma característica do brasileiro, que usa alicate como chave de aperto, fita crepe para segurar retrovisor, entre outras atitudes de MacGyver que nos é peculiar.

Para quem não se lembra, MacGyver era o personagem de uma série televisiva que conseguia fazer um explosivo a partir de um maço de cigarros. Era realmente "o cara". Sempre encontrava solução para tudo.

Não é concebível em corporações que não tenhamos recursos para fazer nosso trabalho adequadamente, mas pode comparar: sua empresa no Brasil possui os mesmos recursos das matrizes na Europa ou nos EUA? Não precisa nem responder.

## 182 QUAL É O OLHAR MERCADOLÓGICO DO INDIVÍDUO QUE TRABALHA HÁ ANOS NA MESMA EMPRESA?

Nesse caso, me refiro às pessoas com mais de 20 anos na mesma empresa, sem ter passado por outras anteriormente.

Por incrível que pareça, ainda existem indivíduos que permanecem muitos anos no mesmo emprego e ficam desconhecidos no mercado de trabalho.

Quando uma empresa recebe um currículo de um profissional nessa condição, surgem várias indagações a respeito, que acabam culminando no descarte do currículo ou desinteresse em conhecê-lo.

As indagações têm caráter meramente especulativas, sem o mínimo fundamento, uma vez que não se pode concluir que um profissional é ruim, pouco articulado ou inexperiente somente por ter passado muitos anos numa única empresa.

Apesar de ser comum, esse olhar mercadológico é totalmente míope e preconceituoso, uma vez que já presenciei casos, apesar de raros, de profissionais que trabalharam 20 anos numa única empresa e se arriscaram em mudar após esse período. Tiveram um período de transição traumático, mas foram excepcionais nos resultados obtidos e já estão há quase 20 anos na segunda companhia.

Ou seja, não podemos nos deter somente a analisar currículos baseados em tempo de serviço nas empresas e, sim, na experiência eclética obtida nelas.

## 183 POR QUE TODAS AS CORPORAÇÕES TÊM OS "COBRADORES DE SERVIÇO" QUE NÃO AGREGAM NADA, MAS SEMPRE DIZEM QUE TEMOS MUITO A FAZER?

Porque as corporações possuem estruturas globalizadas, existem sempre as pessoas que monitoram as atividades das subsidiárias. Basicamente, a função delas é cobrar!

Essas cobranças são feitas comparando-se aquilo que foi planejado contra aquilo que foi realizado, ou seja, não precisa ser um gênio para fazer isso.

O mais irritante nessas pessoas é que ficam o tempo todo "cobrando" sem ter o mínimo comprometimento com a execução. Certamente, se fossem expostas, elas não seriam capazes de fazer nada.

Podemos citar, sem medo de errar, os jargões mais comentados por essas pessoas durante as revisões mensais:

**a)** Preciso que definam as ações para cobrir as reduções de custo não identificadas;

**b)** Como esses projetos não foram factíveis, preciso que definam outros para cobrir essa perda;

**c)** O time trabalhou muito bem até o momento, mas precisamos que continuem a buscar os resultados previstos para o ano;

**d)** Caso precisem da minha ajuda, estarei à disposição para ajudá-los.

Pergunta que não quer calar: por que precisamos dessas pessoas se só precisam saber as operações básicas da matemática e dissertar as quatro perguntas acima?

## 184 EXISTE REALMENTE "TEORIA DA CONSPIRAÇÃO" NO MUNDO CORPORATIVO?

Isso me faz lembrar do filme estrelado por Mel Gibson e Julia Roberts, *"Teoria da conspiração"*, no qual o personagem Jerry Fletcher é um motorista de táxi que critica o governo e fala sempre da existência de uma conspiração envolvendo altos escalões. Ele ama Alice Sutton, uma mulher que trabalha para o governo, mas em quem Jerry acredita. Quando faz alvoroço no Departamento de Justiça para falar com Alice, ninguém lhe dá atenção sobre suas teorias, que envolvem alienígenas e assassinatos. No entanto, ele escreve algo em seu jornal e alguém acredita, pois decidem matá-lo de qualquer jeito.

Apesar disso parecer ficção, alguns fatos que acontecem dentro das corporações nos dão a nítida impressão que uma "teoria da conspiração" atua "nos bastidores". Normalmente, são fatos relacionados às pessoas no que tange às sucessões, demissões etc.

Já presenciei mudanças estruturais que não faziam o menor sentido, pois os resultados eram patentes, porém devido a um "desafeto gratuito" de uma pessoa, a "teoria" foi criada para reestruturar a empresa. Até hoje não se sabe o motivo real, tampouco quem orquestrou o "extermínio".

Analise um pouco a história da sua empresa e verifique se isso aconteceu alguma vez. Acredito que sim!

## 185 PODEMOS DIZER QUE INCOMPETÊNCIA E AMADORISMO SÃO A MESMA COISA?

O tema amadorismo já foi comentado em um artigo anterior, porém nessa comparação podemos dizer que amadorismo é a forma como você executa suas tarefas perante as solicitações, enquanto incompetência é inerente à pessoa, ou seja, por melhor que tente desempenhar sua função, existe um limitador de capacidade.

Percebe-se que um dos resultados do amadorismo é a incompetência. Podemos concluir então que os amadores são sempre incompetentes, porém nem sempre os incompetentes são amadores.

Em muitas empresas temos os incompetentes de carreira que, mesmo ocupando cargos de liderança e com capacidade de galgar promoções, acabam deixando o seu rastro de "merda" por onde passam.

Você já se deu conta de quantas decisões foram tomadas dentro das corporações que não fazem o menor sentido e mesmo assim são tomadas? Pois é, esses são os incompetentes de carreira. E o mais engraçado disso tudo é que alguns ainda enaltecem essas atitudes. Chamamos essas pessoas de fã-clube dos incompetentes.

Quando encontrar um desses pelo caminho, procure evitá-lo, pois, certamente se tiver uma oportunidade, vai envolvê-lo na "cagada". Fique atento!

## 186 POR QUE ALGUMAS EMPRESAS CRIAM METODOLOGIAS COM ROUPAGEM PRÓPRIA, QUE NADA MAIS SÃO DO QUE AS TRADICIONAIS EXISTENTES?

A meu ver, podem existir três motivos para isso:

a) Compraram um "enlatado" de alguma empresa de

**consultoria:** essas empresas costumam dar nomes novos a algumas metodologias que nada mais são do que as antigas;

**b) Fusão de algumas metodologias:** algumas empresas dão seu próprio nome à fusão de metodologias, fazendo parecer algo inovador e criado pela própria empresa. Podemos citar como exemplo o "Sistema Toyota de Produção", também conhecido como Toyotismo. É um sistema de produção desenvolvido pela Toyota entre 1948 e 1975, que aumenta a produtividade e a eficiência, evitando o desperdício sem criar estoque, como tempo de espera, superprodução, gargalos de transporte, inventário desnecessário, entre outros. Esse sistema integrou o *Lean Manufacturing*, o *Just-in-time*, o Kanban e o Nivelamento de Produção;

**c) Para quebrar qualquer paradigma que possa ter se originado com a metodologia antiga:** ela é renomeada para afastar qualquer preconceito ou insucesso que existiu no passado. Percebemos que não existe mais nada original e inovador. Tudo se baseia em criações inventadas no passado e que voltam à tona por meio de novos "gurus" e/ou empresas de consultoria.

## 187 — POR QUE AS VEZES SINTO QUE É MAIS FÁCIL PROJETAR A "ENTERPRISE" DO QUE EXECUTAR DETERMINADA TAREFA?

Ponha uma coisa de vez na cabeça: não existe nada difícil de se fazer no mundo corporativo, excluindo-se as áreas de inovação que dependem muito da criatividade e intelecto das pessoas.

Tudo dentro do corporativo segue um procedimento, com rotinas pré-estabelecidas e, portanto, não requer formação em Cambridge para isso.

A dificuldade não está relacionada à tarefa e, sim, a nossa vontade de executá-la ou talvez devido às "antas", que mencionei em alguns artigos anteriores.

Não caia nesse marasmo de achar que é difícil executar determinada tarefa, pois será sua *"via crucis"*. Dou algumas dicas para que esse trabalho penoso não seja comparado ao projeto da nave *Enterprise*:

**a)** Encare a tarefa de frente, deixando claro que você a lidera e não que é liderado por ela;

**b)** Faça a fila andar. Não coloque esse tópico no final da sua lista de prioridades e, sim, no início;

**c)** Se tem um prazo definido para entregar o trabalho, não caia no erro de usar o prazo todo, finalize-o o mais rápido possível.

Procure tirar proveito desse trabalho aprendendo com ele, para que quando surgir algo parecido você o encare como algo fácil de se executar.

## 188 EXISTEM MUITOS INVENTORES E "CHUTADORES" NO MUNDO CORPORATIVO?

Depois dos jogadores de futebol, acredito que os profissionais mais "chutadores" estão no mundo corporativo. Diria que no mínimo uns 30% deles são chutadores.

Você nunca participou daquelas reuniões que, sem base nenhuma, um indivíduo solta aquela pérola dizendo que podemos entregar o projeto em "x" meses, sem ter analisado minimamente o conteúdo e recursos envolvidos? Podemos enumerar muitos outros exemplos desse tipo que acontecem nesse ambiente, mas teria que escrever um livro à parte.

Pois é! E é assim que o mundo corporativo vive seu dia a dia. Pessoas "chutando" de todos os lados, assumindo prazos infactíveis, custos impossíveis, entre outras atrocidades.

Além dos "chutadores", temos também os inventores, que apesar de não conhecerem o "Professor Pardal" ou o "MacGyver" são capazes de elaborar coisas absurdas jamais concebidas pela engenharia moderna.

Se não bastassem os "chutadores" e os inventores, ainda temos os "chutadores-inventores", que criam as invenções para justificar os chutes dados anteriormente.

Se você ainda não teve a oportunidade de conhecer um desses três tipos de personalidades por ser novo no mundo corporativo, em breve terá, é só aguardar.

## 189 — POR QUE ALGUMAS PESSOAS USAM NOMES DE OUTRAS PARA SOLUCIONAR PROBLEMAS?

Porque são ridículas e inseguras! Não existe nada mais irritante do que lhe pedirem algo e mencionarem que quem pediu foi determinado diretor ou que o assunto já foi alinhado com o presidente.

Não é mais fácil ir diretamente ao cerne da questão e fazer a solicitação de forma clara e objetiva, sendo honesto suficiente com o prazo necessário? Sem dúvida que sim, mas a inexperiência de algumas pessoas não permite isso.

A maneira mais fácil de calar esses indivíduos é deixar claro que você trabalha para e empresa e não para uma determinada pessoa, executando as suas funções da melhor maneira possível, independentemente se é o Papa ou o Presidente da República que está pedindo. Adicione que não há necessidade de pressioná-lo fazendo uso da hierarquia.

Não se deixe intimidar por esses tipos de solicitações, pois certamente se aceitar essa postura, sempre será abordado dessa forma.

Claro que essa maturidade vem aos poucos, ou seja, você não terá essa habilidade quando iniciar sua carreira profissional, mas de qualquer forma seja educado e bastante claro com todos. Se necessário, chame imediatamente seu superior e explique o que está acontecendo no momento em que a solicitação chega.

## 190 — AS CARTEIRADAS AINDA SÃO COMUNS NO MUNDO CORPORATIVO?

Não são tão comuns como antigamente, mas ainda temos momentos no mundo corporativo nos quais alguém tenta dar uma carteirada. Lembrando que elas sempre são dadas por profissionais de nível hierárquico superior, na tentativa de intimidar o outro, no caso o "carteirado".

Atualmente, temos dois tipos mais comuns de carteiradas que ainda são dadas:

**a)** Quando tentam forçá-lo a executar uma atividade, num prazo impraticável, por falta de recurso ou por outro qualquer motivo;

**b)** Quando tentam burlar um procedimento, para dar o "jeitinho brasileiro" na execução da atividade.

Em ambos os casos, não devemos nos intimidar com esse tipo de comportamento, independentemente do nível do "carteirante". Logicamente, não se deixar intimidar está intimamente ligado ao seu nível de maturidade dentro da empresa.

Todas as corporações, sem exceções, possuem os canais de denúncia. Portanto, se a carteirada que está recebendo está fora das políticas da empresa, seja por procedimento ou comportamento de assédio, não hesite em denunciar o opressor.

As empresas não têm mais espaço para este tipo de comportamento, tampouco para esse tipo de profissional.

## 191 POR QUE ALGUMAS LIDERANÇAS EXIGEM AGRESSIVIDADE NAS RELAÇÕES COM FORNECEDORES?

Passei por diversas situações na minha carreira, nas quais as lideranças das empresas exigiam uma agressividade demasiada na relação com fornecedores. Muitas até questionando para qual empresa eu trabalhava.

Devemos lembrar sempre que relações ganha-perde entre empresas nunca são benéficas para nenhuma delas. Mais cedo ou mais tarde, as duas acabam perdendo.

Acredito que relações comerciais são perenes desde que os dois lados ganhem. Em todas as negociações existem limites que devem ser respeitados, para que os lados sejam saudáveis financeiramente.

Lideranças que exigem agressividade nas relações com os fornecedores provavelmente não entendem os mecanismos e as particularidades que existem por trás de cada negócio.

Existem ferramentas adequadas para analisarmos se determinada relação de custos está realmente sendo razoável ou não. Agir de forma intempestiva com a cadeia de fornecedores não resolve em nada, pois certamente a relação que poderia ser um ganha-ganha, virará um perde-perde.

Devemos sempre ser respeitosos em quaisquer relações comerciais, pois mesmo que sejamos os clientes, em algum momento seremos também fornecedores. E não gostaríamos de ser tratados com agressividade, concordam?

## 192 EM QUE MOMENTO TEREI CERTEZA QUE NÃO SOU MAIS ÚTIL NA EMPRESA? O QUE DEVO FAZER?

Existem evidências que demonstram isso. Vou elencar algumas delas:

**a)** Transferem você para outro departamento, sem prévio aviso, informando que a atividade que está fazendo será absorvida por outra pessoa;

**b)** Propõem um novo tipo de atividade, que aparentemente não agrega nenhum valor à empresa;

**c)** Começam a lhe perguntar quanto tempo falta para se aposentar e se você está pensando em fazer outra atividade, quando aposentado;

**d)** Pedem para criar um substituto, alegando que a empresa está à procura de novos talentos e você é peça-chave no desenvolvimento de pessoas;

**e)** Colocam-no num projeto que não faz o menor sentido para a empresa, tentando mantê-lo ocupado;

**f)** Entre outras maneiras.

Não se iluda, por mais *"highlander"* que seja, sempre existirá um momento no qual você não será mais útil para a empresa. Tenha esse entendimento e procure encarar esse fato com maturidade, informando à empresa que conhece a situação e está à disposição dela até o momento que necessitarem.

Da mesma forma que você pode deixar a empresa a qualquer momento, sem ressalvas, a empresa também poderá deixá-lo. Tenha isso em mente!

## 193 "HIPOCRISIL" E "DEMAGOGIL" SÃO REMÉDIOS REALMENTE INDICADOS PARA SOBREVIVER AO MUNDO CORPORATIVO?

Em outros dois artigos comentei brevemente sobre o uso dessas medicações. É importante deixar claro que nenhum desses medicamentos são homologados na Agência Nacional de Saúde, tampouco na Organização Mundial de Saúde.

O uso desses medicamentos ainda é ilegal, porém não existe contraindicação, tampouco efeito colateral quando utilizados. Lembre-se, porém, que o consumo excessivo gera overdose e pode deixar o paciente excessivamente relapso e inerte a quaisquer problemas do dia a dia, podendo ter seu comportamento interpretado como falta de comprometimento.

Recomenda-se o uso de "Hipocrisil" em situações em que corremos o risco de ferir o superego dos nossos superiores e, consequentemente, não estamos totalmente alinhados com as diretrizes da empresa.

Por outro lado, o "Demagogil" é altamente recomendado para profissionais carreiristas que pretendem atingir seus objetivos profissionais no que tange à ascensão, sem comprometer relacionamentos com o alto escalão da empresa. Temos exemplos de executivos que, com o uso controlado desse medicamento, conseguiram atingir a posição de presidente em algumas empresas.

Caso você pretenda transpor barreiras sem muita transpiração, fica a dica de uso desses dois medicamentos. Tenha somente cuidado com os excessos!

## 194 POR QUE TENHO A SENSAÇÃO QUE A CADA DIA TUDO É MUITO MAIS SIMPLES DE SE EXECUTAR?

Existem dois grandes motivos para que comece a sentir essa sensação: maturidade e experiência profissional. Apesar de estarem intimamente ligadas uma a outra, essas duas coisas têm significados totalmente diversos. Literalmente temos:

**a) Maturidade:** estado, condição (de estrutura, forma, função ou organismo) num estágio adulto; condição de plenitude em arte, saber ou habilidade adquirida. Termo último de desenvolvimento.

**b) Experiência:** forma de conhecimento abrangente, não organizado, ou de sabedoria, adquirida de maneira espontânea durante a vida. Prática.

A partir do momento que atingimos a excelência nesses dois tópicos, passamos a encarar tudo de maneira mais fácil e simples, fazendo que as nossas atividades passem a ser quase que um hábito natural, como tomar banho, comer, dormir etc.

Essa simplicidade vem com o tempo e com ela nossos valores também vão mudando. Aquilo que era prioritário, deixa de ser e aquilo que não dávamos a mínima importância, começamos a dar.

Assim funciona a nossa vida. Se ainda encontra dificuldade no seu cotidiano, é porque ainda não atingiu os graus de experiência e maturidade necessárias. Mas não se preocupe, esse dia chegará.

## 195 POR QUE ALGUNS GESTORES MASCARAM OS KPIS DO DEPARTAMENTO?

Apesar de parecer absurdo, isso não é algo impossível de acontecer. Alguns gestores têm medo que sejam cobrados por ações e acabam burlando os KPIs.

Vou relatar três situações que presenciei pessoalmente e que tomaram proporções catastróficas depois de descobertas:

**a) Área de segurança:** acidentes enquadrados em nível de gravidade inferiores, a fim de atingir as metas de acidente previstas no ano, bem como de forma a evitar que o assunto subisse para a "estratosfera" em nível corporativo;

**b) Área de expedição:** como as embalagens eram usadas em diversas aplicações não previstas em processo, a quantidade era aumentada em nível de "BOM" (*"Bill of Material"*) para que não houvesse diferença de inventário durante a contagem física;

**c) Área de manutenção:** peças defeituosas estavam retornando para o estoque ao invés de serem sucateadas, para que o custo da manutenção não ultrapassasse o valor planejado no mês.

Parece pouco provável que isso tenha acontecido em corporações do porte que trabalhei, mas aconteceu. Portanto, nunca deixe de denunciar caso veja algo parecido.

## 196 — MINHA EMPRESA SE FUNDIU COM OUTRA. DEVO ME PREOCUPAR?

Deve sim. Principalmente se a sua área de atuação for profissionalmente inferior à mesma área da empresa que se fundiu.

Existem algumas formas de se perenizar nessa fusão e gostaria de elencá-las:

**a)** Procure não resistir de forma alguma ao processo de fusão;

**b)** Seja o mais transparente possível durante a transição, mesmo que perceba que o *"modus operandi"* do seu departamento está muito aquém comparado com o da outra empresa;

**c)** Demonstre interesse em ajudar e aprender os processos da outra empresa;

**d)** Deixe claro à nova liderança, se houver, que está à disposição das duas empresas, mesmo que decidam que sua função não seja mais necessária após finalizada a fusão.

Pode ter certeza de uma coisa, fusões são previamente discutidas entre ambas as empresas, com termos de confidencialidade e, certamente, as decisões já foram tomadas e já está claro o que será feito.

Porém, caso percebam durante o processo que algo pode ser mudado, certamente mudarão a rota e esse será o momento no qual você deve estar preparado, independentemente se já tinha sido escolhido para permanecer na fusão ou não.

Lembre-se, "sorte é quando a capacidade encontra a oportunidade".

## 197 COMO CONSTRUIR UMA CARREIRA INTERNACIONAL?

Muitas pessoas já saem das universidades com a ideia fixa de ter uma carreira internacional e, em vários casos, colocam isso como único objetivo da vida profissional.

Toda carreira deve ter um planejamento bem elaborado e uma carreira internacional, mais ainda. Além da formação universitária, é mandatório, no mínimo, o inglês fluente.

Também não adianta ter somente essas duas coisas, se as oportunidades não aparecem. Existem determinadas empresas que nunca terão esse tipo de oportunidade.

Portanto, se o seu objetivo é esse, comece pela escolha da empresa. Tente entender quantos brasileiros daquela empresa estão trabalhando nas subsidiárias da corporação.

É importante também conhecer as áreas nas quais isso mais acontece, pois determinadas áreas têm uma maior chance nesses processos de transferência de pessoas.

Deixe sempre claro isso para sua liderança e esteja constantemente preparado para quando a oportunidade chegar, pois não adianta ter o desejo, sem o preparo.

Outro ponto importante é o lado pessoal. Se a oportunidade chegar e você recusar por algum problema pessoal, pode ser que nunca mais ela apareça, portanto, prepare-se também para isso.

## 198 QUEM TEM MEDO DE DEFECAR NÃO DEVERIA SE ALIMENTAR?

Certamente! Essa frase é colocada de maneira mais pejorativa no cotidiano para aquelas pessoas que têm medo de tomar decisão ou até mesmo medo de executar um serviço e apresentar um trabalho.

Nós nos deparamos muito com esses tipos de profissionais e, por mais seguro que seja o ato a executar, continuam com essa sensação.

Pessoas possuem características diferentes e temos que respeitar, porém não é admissível que certos níveis de profissionais dentro das empresas tenham comportamentos assim.

Em um dos artigos, comentei sobre um VP que na hora de demitir um funcionário que reportava diretamente a ele recorria aos seus subordinados ou ao diretor de RH para fazê-lo. Absurdo, mas é fato.

As lideranças têm que criar mecanismos para que profissionais com esse perfil ganhem confiança e comecem a tomar decisões. A melhor forma de se fazer isso é a exposição. Comece gradualmente colocá-los em evidência em situações 100% controladas para que ganhem segurança.

Agora, se você é assim, seja transparente, leve esse problema ao seu líder e peça ajuda a ele. Um *coaching* nesse sentido poderá ajudá-lo sobremaneira.

## 199 POR QUE ALGUNS DEPARTAMENTOS TÊM MAIS PRIVILÉGIO QUE OUTROS?

Isso não deveria jamais existir, mas infelizmente existe. Alguns departamentos, em função do tipo de atividade, ou devido a um maior contato com a alta diretoria, possuem mais regalias.

Perceba que os presidentes das corporações sempre dão mais foco em áreas nas quais atuaram anteriormente ou sobre as quais possuem mais conhecimento.

Essa proximidade com as áreas e, consequentemente, com as pessoas delas é que dará abertura às regalias que uns departamentos têm.

Consegue perceber que se você trabalha numa área que seu diretor não tem essa proximidade com o presidente, seu departamento pode acabar ficando "à deriva"?

Isso começa a ficar mais notório quando sua área precisa aprovações para viagens, treinamentos, vagas, promoções, entre outras que dependem do presidente.

Isso é válido também nos momentos de corte de pessoal. Define-se um percentual geral de corte e, no "final do dia", a área privilegiada tem o percentual menor ou até não terá corte de pessoal. Você já passou por isso certamente!

Não se iluda acreditando que os presidentes das empresas tratam todas as áreas da mesma forma, pois isso é utopia.

## 200 SE PUDESSE VOLTAR NO TEMPO, MERGULHARIA NOVAMENTE NO MUNDO CORPORATIVO?

Acho que não, apesar de ter tido minhas melhores experiências de vida nesse ambiente.

O mundo corporativo me proporcionou vivências extraordinárias no que tange às experiências culturais, oportunidades em falar outros idiomas fluentemente, segurança financeira, viver em outros países, entre outras inúmeras benesses que poderiam render um livro à parte.

Se pudesse voltar no tempo, me dedicaria a uma carreira pública, pois certamente teria condições de passar num concurso público, baseado no meu histórico escolar que sempre esteve entre os três primeiros, em todas as minhas graduações. Posto isso, poderia ingressar no campo diplomático ou de pesquisa científica, quem sabe.

De qualquer forma, independentemente de não retornar a esse mundo se tivesse oportunidade, tive uma satisfação enorme em pertencer a ele e estou seguro em dizer que sempre dei o meu melhor e nunca desanimei. Mesmo que algumas situações me deixassem desmotivado, sempre lutei para me automotivar.

Não me arrependo por nenhum dia dos últimos 35 anos que passei nesse ambiente e me sinto orgulhoso por ter dado a contrapartida a cada centavo de salário com o qual as empresas em que trabalhei me remuneraram. Foi realmente um ganha-ganha.

## 201 O ESTRESSE COTIDIANO DA EMPRESA PODE ME DEIXAR DOENTE?

Literalmente, o estresse é uma reação fisiológica do corpo que prepara as pessoas para lidar com situações difíceis, porém, em níveis elevados ou por longo período, pode gerar problemas.

É o maior vilão da atualidade, interferindo na qualidade de vida e gerando doenças que levam ao afastamento.

A competição no mercado faz com que as empresas exijam mais dos seus funcionários, que ultrapassam seus limites.

Conviver com essa tensão diária gera reações fisiológicas e comportamentais como aumento da pressão sanguínea e batimentos cardíacos, problemas no sono, desmotivação, queda da produtividade etc. Depressão e ansiedade, muitas vezes, também estão intimamente ligadas a isso.

Em 1992, quando fiz a primeira mudança de área de atuação na minha carreira, comecei a notar um estrangulamento no esôfago quando me alimentava, causando um desconforto enorme a ponto de interromper muitas vezes minhas refeições. Tentei inúmeros tratamentos, sem resultados.

Após longos 27 anos, no início de 2019, notei que não tinha mais esse problema. Coincidência ou não, naquele momento dei entrada na minha aposentadoria e misteriosamente nunca mais senti esse desconforto.

O estresse pode lhe trazer problemas inimagináveis!

# PARTE 4: INTERAÇÃO COM PESSOAS

## 202 SOU NOVO NA EMPRESA E TENHO RECEBIDO VÁRIOS "INPUTS" DE PESSOAS MAIS ANTIGAS. DEVO LEVÁ-LOS EM CONSIDERAÇÃO?

É sempre bom iniciar seu novo emprego com o pé direito, portanto, procure ouvir atentamente aos conselhos dos mais velhos de empresa e reflita profundamente sobre aquilo que lhe foi passado.

Não saia imediatamente "dando tiro para todos os lados", antes de ter certeza absoluta que aquilo que lhe foi passado é realmente verdade ou se é apenas uma especulação. Nem sempre todos querem ajudar e alguns profissionais mais maldosos podem levá-lo para uma direção errada.

Seja metódico a ponto de tomar nota de tudo que lhe foi endereçado e procure fazer comparações entre os conselhos que lhe forem dados. Compare fatos, pessoas e conselhos e mantenha o "desconfiômetro" ligado para tudo e para todos, principalmente nos dois primeiros anos de empresa.

Pode ficar seguro que em seis meses já vai conseguir identificar "quem-é-quem" dentro da organização e quando consultar suas anotações feitas lá no início, perceberá o quanto lhe foram úteis.

Não seja soberbo a ponto de ignorar ou de não querer ouvir aos *inputs* das pessoas, pois poderá tornar-se um indivíduo não grato na empresa, correndo o risco de a organização expeli-lo com o passar dos meses.

## 203 MEU FUNCIONÁRIO PEDIU DEMISSÃO! E AGORA?

Cada vez mais estaremos sujeitos a isso. Na mudança das gerações "X" para "Y", esse fato se tornou comum nas empresas.

Dificilmente teremos profissionais perenes, que têm orgulho em se manter na empresa por muito anos. Isso era intrínseco na geração "X", porém deixou de ser na geração "Y", que tem em mente o paradigma, "máximo de cinco anos em cada empresa".

O que fazer quando um funcionário pede demissão? A resposta é "ficar feliz". Ficar feliz porque o funcionário pediu demissão? Isso faz sentido?

Se o funcionário é excelente, atende às expectativas da empresa, atinge os objetivos, se relaciona bem com os demais etc., você deve ficar feliz, pois deseja que esse funcionário seja próspero na nova atividade, uma vez que você tem um apreço especial por ele.

Se o funcionário é ruim, não atende às expectativas da empresa, não atinge os objetivos, se não se relaciona bem com os demais etc., você deve ficar feliz, pois está se livrando de um problema.

Ou seja, a demissão deve ser sempre um motivo de felicidade, pois de alguma forma ninguém é insubstituível e certamente em pouco tempo tudo voltará às condições normais, sem grandes mudanças.

Portanto, não carregue esse fardo, tampouco se preocupe se isso ocorrer, pois certamente acontecerá em algum momento.

## 204 MELHOR ERRAR COM O CHEFE DO QUE ACERTAR SOZINHO?

Quem nunca ouviu essa frase? Apesar do lado cômico, infelizmente ainda temos lideranças com esse tipo de comportamento.

Percebemos que as lideranças "não servidoras" ainda são presentes nas organizações e não é algo que acabará com o tempo.

Ideias revolucionárias de colaboradores nem sempre são utilizadas pelas lideranças. Pior ainda, quando usadas, não relatam a autoria da ideia.

O superego ainda é patente nessas pessoas, que não admitem que o aprendiz seja melhor do que o mestre.

Certamente temos líderes brilhantes, que realmente fazem a diferença nas organizações, mas até que ponto poderão liderar sem que haja um potencial substituto que possa dar continuidade?

Antigamente, quem tinha o conhecimento era poderoso. Hoje, todo o conhecimento é irrestrito e, ao contrário do que se imaginava, quem retém conhecimento não tem mais espaço nas organizações.

Os bons profissionais devem sempre deixar um legado e não existe nada mais gratificante do que passar todo o conhecimento adquirido para as novas gerações e perceber que aquilo que foi ensinado está sendo usado.

Ninguém é eterno e deterá o poder para sempre, portanto, temos que disseminar tudo aquilo que aprendemos e valorizar os nossos colaboradores quando aprendemos com eles.

## 205 COMO AS EMPRESAS LIDAM COM PROFISSIONAIS COM DEFICIÊNCIA FÍSICA?

Sendo bastante pragmático, as empresas de médio e grande porte têm processos de inclusão bastante claros, porém ainda existe uma dificuldade grande em colocar isso em prática.

As empresas no Brasil ainda não possuem a acessibilidade necessária para receber os profissionais com deficiência física, ou seja, faltam elevadores, banheiros adaptados, corredores acessíveis, entre outras necessidades básicas a esses profissionais.

As leis no Brasil são impostas por nossos governantes, sem o mínimo critério de planejamento e mecanismos de controle, fazendo com que as empresas se preocupem somente em ter a quantidade mínima de deficientes exigida por lei.

Relato duas situações que chegam a ser pândegas:

a) Uma das empresas na qual trabalhei possuía banheiros adaptados para cadeirantes em todos os andares, porém não havia elevador no prédio;

b) Na outra, o profissional de RH me procurou para perguntar se poderia enquadrar um dos meus funcionários como deficiente para atingir o número mínimo previsto em lei.

Enquanto nós não aceitarmos que temos um *déficit* enorme nas nossas empresas, no que tange à acessibilidade e trabalharmos focados em resolver definitivamente essa situação, não conseguiremos lidar com esse nicho social.

### 206 É POSSÍVEL QUE SEU ACOMPANHANTE ESTEJA BÊBADO COM O COPO AINDA CHEIO?

Esse termo era bastante utilizado no início da década de 1990, quando, devido ao machismo preponderante, utilizava-se a expressão: "mulher bêbada e copo cheio". Como sou totalmente contra a discriminação de gênero, preferi dar uma amplitude maior à pergunta.

Trata-se de uma analogia que demonstra que não é possível que duas coisas inter-relacionadas aconteçam ao mesmo tempo, por exemplo, o chefe quer uma atividade pronta até a meia-noite, mas não permite que você faça hora extra. Ou então temos que aumentar a produção em 20%, porém não podemos consumir mais matéria-prima.

Essas incoerências corporativas acontecem o tempo todo. É a nova retórica, que viralizou na boca dos executivos de se "fazer mais com menos", que já abordei em outro momento.

Comparo isso à Lei da Impenetrabilidade da metafísica, que é o nome dado à qualidade da matéria pela qual dois corpos não podem ocupar o mesmo espaço ao mesmo tempo.

Ou seja, quando nossos chefes pedem coisas desse tipo para nós, devemos delicadamente lembrá-los da Lei da Impenetrabilidade ou, se for o caso, para os mais atrevidos, da Lei do "copo cheio".

### 207 O QUE SIGNIFICA "DEIXAR UM RASTRO DE SANGUE" NO MUNDO CORPORATIVO?

Normalmente utiliza-se esse jargão quando as pessoas executam o que lhes foi requerido, porém, para a execução a pessoa literalmente destrói tudo por onde passa.

Essa característica é bastante inerente aos profissionais carreiristas, que passam como um *"tsunami"* pelas empresas, destruindo tudo. Quando a empresa se dá conta que o *"tsunami"* vem chegando, o profissional já está a caminho de outra empresa.

O lema deles é "resultado a qualquer custo", sem se importar com qualidade, segurança, manutenção, *"compliance"*, cadeia de fornecedores etc. Sendo assim, apresentam à diretoria e/ou aos acionistas resultados maravilhosos por sucessivos meses.

Passados dois ou três anos, a empresa se dá conta de que os equipamentos não foram mantidos, os fornecedores foram destruídos, a qualidade do produto prejudicada, entre outras atrocidades.

Infelizmente, nesse momento esse profissional já está quase contratado pela outra empresa, pois no currículo dele consta o resultado financeiro que conseguiu até então.

E, assim, ele segue mudando de uma empresa para outra, adicionando ao currículo os resultados alcançados, porém esquecendo de mencionar o quanto de sangue foi derramado nesse caminho. Será que você já presenciou isso, ou somente eu que vi esse "predador"?

## 208 POR QUE ALGUNS PROFISSIONAIS AINDA VIVEM NA IDADE DA PEDRA, OU SEJA, NÃO SAEM DA CAVERNA?

Muito comum ainda nas gerações "X" e *"Baby Boomers"*, que acreditam que do jeito que era feito no passado era melhor.

Costumo dizer que quem gosta de coisas velhas e ultrapassadas deve abrir um museu. Apesar de fazer parte da geração "X", sou favorável que utilizemos novos recursos e novas metodologias que facilitem o nosso dia a dia.

Não é esperado que os "dinossauros" dessas gerações se adaptem em 100% àquilo que chega de inovação nas empresas, mas espera-se que não sejam radicais em não aceitar e "lutem contra".

Manter-se na "caverna" só agrava sobremaneira o relacionamento com as novas gerações. Seja receptivo a tudo que for novo e utilize a característica "digital" das gerações "Y" e "Z" para facilitar as suas atividades cotidianas.

Pode ter certeza de uma coisa, os "Homens de Neandertal", ainda presentes nas corporações, detêm todo o conhecimento necessário para incorporar as facilidades de informáticas da atualidade nas suas atividades diárias.

Não é necessário saber fazer uma "tabela dinâmica" ou programação em *"Visual Basic"* para sair da caverna. Simplesmente saia!

### 209 POR QUE OS PEDIDOS DE DEMISSÃO OCORREM?

Apesar de um mercado altamente volátil como o nosso, ainda temos diversas solicitações de demissões.

Notamos que isso acontece principalmente em áreas cuja experiência pode ser utilizada em outras empresas sem que haja muita adaptação, o que já não é tão comum nas áreas especialistas.

Dificilmente teremos um profissional especialista em um segmento que possa trabalhar em uma outra empresa de outro segmento. Logicamente devemos considerar a senioridade do profissional. Nesses casos, quanto mais sênior, mais difícil a mudança.

Agora, por que realmente as demissões são solicitadas? As empresas são melhores umas das outras?

Não, as empresas são iguais, o que muda são as pessoas. A estatística mostra que 60% dos pedidos de demissão são devidos ao ambiente de trabalho, 30% à oportunidade de crescimento e somente 10% à remuneração.

Acreditem, mais da metade das saídas ocorrem por "forças repulsivas" da atual empresa e menos da metade por "forças atrativas" da nova empresa. Por melhor que seja a política de RH de uma empresa, a melhor maneira de manter as pessoas é criar um ambiente propício, que depende principalmente do gestor de cada área.

### 210 AS PESSOAS ENTRAM EM ZONA DE CONFORTO OU NO CONFORTO DA ZONA?

Apesar da analogia esdrúxula, zona de conforto e conforto da zona são praticamente a mesma coisa, pois referem-se à acomodação das pessoas dentro do seu ambiente de trabalho.

Engana-se totalmente quem acredita que fazer o trabalho corretamente é suficiente para se manter empregado. Hoje espera-se muito mais dos associados no que tange a sair da zona de conforto, por meio de inovação, iniciativa, entre outras.

Estar na zona de conforto representa risco eminente a quem quer que seja o profissional, independentemente de tempo de casa, cargo que ocupa e até conhecimento exclusivo na função.

As lideranças atuais são bastante atentas a esse tipo de situação, procurando rotacionar os empregados entre as áreas, trazendo sempre novos desafios.

Notamos em alguns profissionais, em determinados departamentos, que além de estarem na zona de conforto, também estão no conforto da zona, ou seja, a área é tão desorganizada que o gestor não faz ideia do que deve ser feito e quem faz cada atividade.

Não existe nada mais adequado, agradável e confortante para esses acomodados de plantão!

## 211 DEMITI MEU FUNCIONÁRIO POR JUSTA CAUSA. O QUE FAÇO AGORA PARA MANTER MEU TIME MOTIVADO?

Demissões por justa causa são sempre devastadoras. Muitas vezes você faz a demissão e não sabe o real motivo dela, pois foi solicitado a fazer. Áreas como jurídico e auditoria lhe pedem, com base em fatos que ainda não são ou nunca serão de seu conhecimento.

Independentemente disso você tem um compromisso muito forte com o seu time em mantê-los informados sobre o fato de maneira bastante transparente. A mensagem a ser dada é que o funcionário em questão foi demitido por justa causa, pois agiu de forma antiética não prevista nas políticas da empresa. A demissão por justa causa está coberta pela lei trabalhista vigente em nosso país.

Detalhes nesse momento são desnecessários e talvez não apropriados, mesmo que você saiba a verdadeira razão. Comentários podem vazar e trazer outros problemas de ordem jurídica para a empresa.

Portanto, mantenha o profissionalismo e o time motivado para continuar com as atividades. Jamais use o fato para intimidar os profissionais. Aliás, procure enfatizar que o comportamento daquele indivíduo não era condizente com os padrões éticos e morais do grupo e que a ação dele não representa o *"modus operandi"* das pessoas do departamento.

## 212 COMO CONVIVER COM AS DECEPÇÕES CAUSADAS POR PESSOAS EM QUEM CONFIAMOS?

Infelizmente passei por experiências desse tipo e posso dizer que foram extremamente desagradáveis. Não existe nada pior, profissionalmente, que acreditar em alguém e ser pego de surpresa por atitudes ilícitas que comprometem a imagem do departamento e sua imagem também.

Nem todas as decepções são causadas por atos ilícitos, temos também atitudes com âmbito em carreira, benefício próprio, vazamento de informações, entre outras.

A maioria das decepções culmina em quebra no relacionamento, transferências internas e, nos piores casos, em desligamentos sem justa causa e até por justa causa, dependendo da gravidade.

Sou partidário da política de confiança total nos funcionários, desde que provem contrário. Não concordo em duvidar de tudo e de todos sem evidências claras e consistentes.

Para lidar com as decepções, posteriormente ao fato consumado, o melhor a fazer é passar "uma borracha" e deixar que o fato caia no esquecimento. Não adianta ficar se martirizando pelo ocorrido, porém é importante criar mecanismos de resguardo para futuras experiências negativas desse gênero.

## 213 MEU MELHOR AMIGO VIROU MEU CHEFE, E AGORA?

Isso não é um fato isolado e pode ter certeza de que ocorre muitas vezes durante nossa vida profissional.

Situações como essa devem ter o empenho dos dois lados para que o relacionamento não se abale. Nem sempre bons amigos mantêm o relacionamento chefe-funcionário da forma que deveriam.

Tive a oportunidade de presenciar vários casos nos quais isso ocorreu e, na maioria deles, a relação de amizade foi rompida. Consequentemente, a relação profissional ficou totalmente abalada, culminando em pedido de demissão.

Nesses casos, comparo a relação como uma briga de casal, que sempre tem três versões: a da esposa, a do marido e a verdadeira.

Se ocorrer algum desentendimento, a melhor maneira de solucionar isso é o diálogo aberto entre as duas pessoas, estabelecendo pontos de controle para evitar conflitos futuros.

Se as duas pessoas realmente levarem a sério esses controles definidos e tiverem maturidade suficiente de entender que a vida profissional não deve interferir na vida pessoal, certamente continuarão amigos para sempre.

Nunca deixe que um relacionamento profissional, que não é perene, estrague uma boa amizade. Chefes mudam e empregos também, mas uma amizade verdadeira não tem preço!

## 214 "PUXA-SACOS" AINDA TÊM ESPAÇO NAS ORGANIZAÇÕES?

Felizmente não, apesar de existirem muitos ainda. Os atuais líderes não têm mais tempo de serem bajulados, tampouco dar atenção aos puxa-sacos.

Logicamente não é possível exterminar esse tipo de comportamento inerente a algumas pessoas, nem mesmo o superego presente em certas lideranças que incentivam esse tipo de atitude.

No passado existiam os puxa-sacos que eram bem conhecidos e aturados pelos colegas de trabalho. Todos sabiam que tinham privilégios com as chefias, porém as pessoas não se arriscavam em criticá-los com medo da retaliação do próprio líder.

Atualmente, os puxa-sacos são naturalmente banidos pelos grupos de trabalho a ponto de serem até criticados pelo comportamento, ou seja, passou a existir uma seleção natural desses indivíduos.

Por outro lado, nem todos os puxa-sacos são nocivos, pois nota-se que alguns deles são extremamente proativos e trazem resultados importantes. Nesses casos, trata-se de comportamento relativo àquele indivíduo que dificilmente conseguiremos mudar.

## 215 POR QUE AS EMPRESAS PATROCINAM AOS EXECUTIVOS CHECK-UPS MÉDICOS ANUAIS?

A primeira resposta é que existe uma preocupação muito grande da empresa com a saúde desses profissionais e, portanto, concedem esse tipo de benefício.

Agora, será que realmente é esse o principal motivo? Claro que não. Ninguém é tão preocupado a esse ponto. As empresas fazem isso para não correr o risco de investir tanto nos executivos e depois por um pequeno problema de saúde, que poderia ser evitado, podem chegar à mortalidade. Nenhuma empresa está disposta a ter esse custo adicional por não ter agido preventivamente.

Sendo um pouco mais maquiavélico, uma vez que os exames são enviados para os médicos das empresas, até que ponto as empresas podem decidir em manter esse executivo no quadro de funcionários, se existe um risco de problema de saúde? Muito provável que isso seja discutido pelo alto escalão da empresa.

Sejamos práticos e conscientes, as empresas são movidas única e exclusivamente pelo resultado financeiro, portanto, para quê manter um executivo com potencial risco de doença, que gerará um custo adicional para a empresa, bem como uma sinistralidade maior ano após ano no plano de saúde contratado?

Por mais humanitária que a empresa seja, nenhuma está disposta a "descascar esse abacaxi". Reflita!

## 216 QUAIS SÃO AS DISFUNÇÕES DE UMA EQUIPE?

Podemos entender como disfunção, nesse caso, aquilo que não pode acontecer, em hipótese alguma, dentro de uma equipe:

**a) Evitar responsabilidade:** a cobrança deve vir sobre o time como um todo, porém cada indivíduo deve ter seu quinhão de responsabilidade dentro do seu campo de atuação. Manter a responsabilidade focada em apenas alguns, culmina no fracasso. Se todos estão dentro do mesmo barco e ele furar o casco, é só uma questão de tempo para todos se molharem, independentemente do lado em que ocorra o furo;

**b) Falta de confiança:** a confiança mútua entre os membros da equipe deve ser mandatória. Por mínima que seja, não deve existir qualquer desconfiança;

**c) Falta de atenção aos resultados:** equipes que não têm claros os objetivos de resultados e não os acompanham, tampouco se preocupam com o resultado, estão fadadas ao insucesso;

**d) Falta de comprometimento:** não existe resultado sem que haja comprometimento de todos. Somente envolvimento não é suficiente para o sucesso da equipe;

**e) Medo do conflito:** numa equipe, os conflitos sempre surgirão. Portanto, o medo de entrar em "rotas de colisão" deve ser extirpado.

Fique sempre atento às cinco disfunções de uma equipe para que elas não ocorram.

## 217 MUDEI DE CHEFE, O QUE FAÇO AGORA?

As mudanças de chefe nos ambientes corporativos ocorrem em demasiada frequência. A política do "*job rotation*" é muito comum na maioria das empresas.

Como todos sabem, mudar de chefe é como mudar de emprego. Mesmo que tenha uma recomendação positiva do chefe anterior, o novo sempre vai querer entender como você trabalha.

Sendo assim, não existe nada que possa fazer sobre isso a não ser continuar trabalhando da mesma maneira, porém é importante traçar um "*modus operandi*" com o novo chefe, para que não surjam os conflitos. Cada líder traz uma característica específica de liderança e é por isso que os pontos devem ser alinhados.

Caso perceba que sua atuação com o chefe anterior não foi das melhores, aproveite o momento para corrigir os principais pontos fracos, que certamente foram evidenciados junto ao novo chefe.

Encare isso como uma oportunidade de adquirir novos conhecimentos e, independentemente se as informações sobre o novo chefe não forem as melhores, não se preocupe, pois todos têm um lado bom.

Não se desespere, pois seguramente em pouco tempo um novo chefe surgirá.

## 218 DEVO SEMPRE RESPEITAR OS NÍVEIS HIERÁRQUICOS, FORA DO MEU DEPARTAMENTO?

Vamos partir do princípio que o respeito às pessoas deveria ser algo intrínseco ao ser humano, porém é importante analisar até que ponto devemos aceitar ou não ordens ou reclamações de lideranças de outras áreas.

As lideranças, de um modo geral, têm um empoderamento demasiado, acreditando que podem ordenar atividades fora de sua alçada de responsabilidade, em função de pertencerem a um grupo "elitizado" dentro da empresa.

Como meros mortais dentro da estrutura organizacional, devemos respeitar os líderes independentemente da área de responsabilidade deles, porém jamais acatar uma ordem sem que haja o mínimo consentimento de sua liderança imediata.

Isso pode até caracterizar desrespeito ao líder que lhe solicita uma ação, porém pode ser ainda pior executar uma atividade não pertinente ao seu cotidiano sem que ela seja discutida internamente com sua chefia.

A melhor maneira de evitar essas duas situações é imediatamente entrar em contato com seu superior e lhe pedir orientação. Isso, inclusive, pode ser feito no momento da solicitação, com a presença do líder da outra área.

É importante salientar que fatos emergenciais que você pode solucionar devem ser excluídos dessa sugestão.

## 219 POR QUE ASSUMIMOS OS PROBLEMAS DOS OUTROS?

Retirei este texto do autor de codinome "Homem Feliz" e achei pertinente.

"Demorou muito tempo para perceber que cada um é responsável por sua vida. Minha angústia, insônia e estresse não resolveriam os problemas dos outros, mas, sim, aumentariam os meus.

Eu não sou responsável pelas ações dos outros. Eu sou responsável pelas reações de como eu me expresso perante elas. Portanto, cheguei à conclusão que o meu dever para comigo mesmo é manter a calma e deixar que cada um resolva aquilo da forma que lhe convier.

Tenho feito cursos de ioga, meditação, desenvolvimento humano, higiene mental etc. e, em todos eles, eu encontrei um denominador comum: todos nos levam ao mesmo ponto. Ou seja, eu só posso ter gerência sobre mim mesmo. As pessoas têm todos os recursos necessários para resolver suas próprias vidas. Eu só posso dar meu conselho se por acaso me pedirem. E cabe a elas decidirem segui-lo ou não.

Então, de hoje em diante, pare de ser o receptáculo das responsabilidades dos outros, o carregador das culpas, o advogado dos defeitos, o Muro das Lamentações, que resolve os problemas. De agora em diante, declare-os adultos, independentes e autossuficientes".

Se agíssemos assim, certamente todos assumiriam as responsabilidades que lhes cabem.

## 220 ME TORNEI LÍDER E PERCEBI QUE NÃO ESTOU APTO. O QUE FAZER AGORA?

Não se desespere, pois isso acontece com quase todos quando se tornam líderes.

A primeira sensação que temos, na maioria dos casos, é da satisfação "em mandar nas pessoas", mas quando começamos a executar essa tarefa, muitas vezes não sabemos nem por onde começar.

Primeiramente, tente conhecer todos os seus subordinados. Agende uma reunião de no mínimo uma hora com cada um deles e divida o assunto em quatro partes. Inicialmente, para quebrar o gelo, pergunte sobre a vida pessoal, *hobbies*, gostos etc. Aborde-os na sequência sobre a formação deles e histórico profissional e depois sobre as atividades que executam e, finalmente, de que forma gostariam de serem gerenciados por você.

Tente obter deles duas informações importantíssimas: na atividade deles, o que é mais complicado e deveria ser mudado e o que é feito com maestria e deveria ser mantido.

Procure ficar muito próximo deles nos primeiros dias e pergunte sempre: "O que você faria se estivesse no meu lugar?". Ouça com atenção, tenha discernimento e decida.

Não é fácil virar líder, mas a empatia com os funcionários é o que vai definir o sucesso ou insucesso.

## 221 — POR QUE NOS PLANOS DE DEMISSÃO VOLUNTÁRIA (PDV), SEMPRE PERDEMOS AS PESSOAS QUE NÃO QUEREMOS PERDER E FICAMOS COM AQUELAS QUE QUERÍAMOS PERDER?

Explicação muito simples essa! Normalmente todos os programas de demissão voluntária possuem atrativos interessantes para os funcionários, seja por meio de salários extras ou até planos de saúde estendidos por um período.

Esses atrativos acabam sendo uma alavanca para profissionais de alta *performance*, pois são capazes de encontrar um emprego melhor e ainda ter os benefícios adicionais do PDV.

Lembrem-se, PDVs são concedidos normalmente em períodos de instabilidade econômica e certamente somente os profissionais mais qualificados se arriscam a ir para o mercado nesse momento.

Por outro lado, aqueles profissionais que gostaríamos que aderissem ao PDV, acabam se "escondendo" e não se candidatam, seja por medo do mercado ou por já estarem na zona de conforto dentro das suas respectivas funções.

Portanto, não espere momentos de PDV para se livrar dos problemáticos, pois certamente eles não farão parte dele. Vou um pouco mais longe, não faça de nenhuma forma esse tipo de programa. A seleção dos profissionais deve ser feita utilizando o critério de capacidade e não por meio de PDV.

## 222 — POR QUE OS LÍDERES NÃO RECONHECEM QUANDO NOS ADVERTEM ERRONEAMENTE?

Você nunca ouviu aquela expressão que o chefe não erra, às vezes se engana! Pois é! Como fazer uma pessoa que não erra reconhecer que nos advertiu erroneamente? Esse é um dos piores defeitos da liderança, de não possuir humildade suficiente para reconhecer seu erro e pedir desculpas ao seu colaborador.

Normalmente somos advertidos por assuntos chegarem de forma "atravessada" para as nossas chefias. Aí, sem terem total conhecimento de causa, nos chamam na sala e descarregam imediatamente um "caminhão de melancias" sobre nós. Isso se você não tiver a infelicidade dele adverti-lo em público na frente dos demais.

Você não tem tempo de reação para entender o porquê de estar sendo advertido, mas é obrigado a ouvir até o último parágrafo para depois se pronunciar.

Fato posto, mesmo que você consiga se explicar e mostrar ao seu chefe que não teve nenhuma culpa no assunto, ele jamais será capaz de pedir desculpas pelo mal-entendido.

Raríssimos são os chefes que se desculpam aos subordinados nessas situações. Você que é chefe, procure ter evidências suficientes para esse tipo de situação e mesmo que as tenha, mude a abordagem no momento da ira.

## 223 — "SAÍ DO ARMÁRIO". MEUS COLEGAS DE TRABALHO VÃO ME DISCRIMINAR?

Não deveriam, mas pode, sim, haver algum tipo de discriminação!

É importante deixar claro que a identidade de gênero e a orientação sexual são assuntos de interesse único e exclusivo de cada indivíduo, não devendo ser questionados por ninguém.

O fato de você declarar a todos sua orientação sexual ou demonstrar uma identidade de gênero diferente da certidão de nascimento não afeta em nada a sua *performance* como profissional. Eu já tive funcionários de praticamente todos os gêneros e orientações sexuais e isso não interferiu na capacidade profissional.

Acredito que a diversidade seja salutar para os departamentos, seja na questão de gênero, de sexualidade, de raça e até de bagagem cultural. A miscigenação acaba trazendo para a empresa um enriquecimento muito grande.

Muitas pesquisas relatam que as equipes com maior diversidade, em vários aspectos, trazem os melhores resultados para as empresas.

Se algum dos seus companheiros de trabalho o discriminarem, simplesmente ignore-os. Não vale a pena perder tempo com pessoas homofóbicas de baixíssimo nível espiritual.

Caso ignorá-los não surta efeito, comunique sua insatisfação para a área de RH ou para as áreas específicas para esses casos dentro da empresa.

Estamos no século XXI e a sociedade é dinâmica. Devemos estar atentos às mudanças. Atualmente existem até soluções judiciais para algumas atitudes.

## 224 POR QUE A MAIORIA DOS PROFISSIONAIS DEIXA TUDO PARA A ÚLTIMA HORA?

A maioria de nós, brasileiros, tem esse péssimo defeito.

Nesses 35 anos de mundo corporativo, presenciei inúmeros casos nos quais as atividades de longo prazo definido eram somente executadas às vésperas da data fatídica.

Existem milhões de desculpas para essa postura, porém a meu ver, todas infundadas. Alguns dizem que não podem parar as atividades cotidianas em detrimento a essas. Outros alegam que não faz sentido executar uma tarefa bem antes do prazo, pois as coisas podem mudar no meio do percurso. E outros, mais ousados ainda, perguntam: para que fazer uma atividade antecipadamente se não estamos seguros que estaremos empregados naquela data?

Por mais "esfarrapadas" que possam parecer essas desculpas, todas elas têm a mesma finalidade, ou seja, "empurrar com a barriga".

Sejamos um pouco mais pragmáticos para entendermos o quão melhor é fazer a tarefa tão logo ela chegue. O assunto estará "fresco" em nossa mente e possibilitará uma melhor execução dele.

Se deixarmos para depois, certamente perderemos um tempo inimaginável para recapitular o assunto.

Priorize a atividade tão logo ela chegue, mesmo que tenha que dedicar uma pequena parte do seu tempo, pois, por menor que ele seja, manterá o assunto vivo na sua cabeça.

### 225 POR QUE SÓ NOS DAMOS CONTA DE QUE FOMOS INCONVENIENTES COM NOSSOS CHEFES QUANDO NOS TORNAMOS UM?

Quem nunca foi inconveniente com o chefe, deixando-o de "calça-curta"? Sem dúvida nenhuma, já fomos assim.

Quando nos deparamos com funcionários que são inconvenientes e têm atitudes que não condizem com o bom andamento das atividades, seja quanto à resistência em executar a tarefa, indagar decisões etc., isso nos faz lembrar de como agíamos com nossos superiores.

Nessa reflexão, sentimos um peso na consciência, pois lembramos que já agimos dessa forma no passado e achávamos que tínhamos razão.

Se você tem essa capacidade de discernir, a ponto de entender que a atitude tomada estava errada, meus parabéns, você realmente atingiu um grau de maturidade mandatória aos gestores.

O que fazer agora com essa conclusão horrível? Volte ao passado toda vez que tiver um subordinado que age dessa forma e se lembre que você já foi assim um dia. Tente encarar o fato de forma impessoal e o oriente para não agir dessa forma. Se for o caso, diga: "Um dia, quando virar gestor, vai entender que o que está fazendo não é bom e pode prejudicar a sua carreira".

Não haja agressivamente com seu funcionário. Lembre-se que ele está em fase de aprendizado, como você já esteve um dia.

### 226 COMO ALGUMAS PESSOAS TÊM O "CHEIRÔMETRO" APURADO?

Esse tipo de habilidade é patente em algumas pessoas e é fator de sucesso em muitas situações. Alguns até dizem que esses *"insights"* são sinais do além, mas vamos focar naquilo que é palpável.

O "cheirômetro" apurado está muito relacionado à experiência, à maturidade e ao conhecimento adquirido nas empresas nas quais trabalhou. Com os eventos sucedidos dentro do mundo corporativo, o passar do tempo nos trará a capacidade de saber se algo acontecerá ou não.

Nunca ouviram alguma pessoa com bastante tempo de casa dizer: "Não adianta levar esse projeto para frente pois não será aprovado"? Certamente esse indivíduo teve essa experiência no passado e conhece todos os meandros da empresa.

Devemos ter habilidade e humildade suficientes para sempre consultar esses profissionais com "cheirômetro" apurado antes de sairmos como loucos para implementar algo.

Faça alianças com essas pessoas, que são os verdadeiros "gurus" das organizações e pode estar certo que seu sucesso será eminente. A experiência deles lhe poupará tempo e evitará que você fique dando "cabeçadas" desnecessárias.

Lembre-se, "o importante não é conhecer tudo, mas sim conhecer as pessoas que conhecem".

## 227 PODEMOS ACREDITAR QUE NOSSA FUNÇÃO NUNCA VAI SE EXTINGUIR?

Gosto de relembrar a história da Kodak. Por quase um século, a Kodak praticamente dominou o mercado da fotografia, era uma empresa gigante e com presença mundial.

A empresa faliu em um momento em que seu mercado só crescia. Atualmente, tira-se mais fotos em dois minutos do que em todo o século passado inteiro.

Quando criaram a câmera digital, era evidente que essa inovação ameaçava sua principal fonte de receita, mas a Kodak sabia também que era um caminho sem volta e uma oportunidade de explorar esse novo produto.

Contudo, a péssima qualidade da foto e o alto custo para se fabricar uma câmera digital, fez com que a Kodak continuasse focada no mercado tradicional de fotos, pois naquele momento a empresa acreditava que a tecnologia digital de fotos demoraria décadas para se tornar acessível e com qualidade aceitável pelo mercado. Esse foi o erro da Kodak, de não entender a velocidade do avanço da tecnologia.

Assim acontecerá também com muitas das nossas funções atuais. Certamente em algum momento o que fazemos deixará de existir, sendo substituído por novos processos ou por máquinas. Não se iluda acreditando ser insubstituível.

## 228 COMO A EMPRESA SE RELACIONA COM FUNCIONÁRIO "EMPODERADO"?

Empoderamento é a ação social coletiva de participar de debates que visam potencializar a conscientização civil sobre os direitos sociais e civis. Essa consciência possibilita a aquisição da emancipação individual e da consciência coletiva necessária para a superação da dependência social e dominação política. Perfeito, mas qual é a relação disso com o mundo corporativo?

Quando nos depararmos com indivíduos com essa característica dentro do ambiente corporativo, notamos circunstâncias diferentes dependendo do DNA da empresa.

Existem empresas que valorizam esse comportamento e enaltecem o indivíduo como se fosse o "último biscoito do pacote", deixando-o cada vez mais empoderado. Parece até que têm medo de questioná-lo. Analogamente, podemos dizer que é o menino que todos temiam no jardim da infância.

Opostamente, outras empresas aniquilam os empoderados por meio de "arapucas" armadas com o intuito de cometerem erros inaceitáveis à cultura da corporação, culminando na demissão deles. Essas empresas agem assim para evitar o confronto direto com esses profissionais, que normalmente trazem problemas posteriores às empresas por assédio.

Infelizmente, os empoderados sempre existirão e temos que saber como lidar com eles.

## 229 SEU CHEFE ENCHE MUITO O SEU "SACO"?

Coloque uma coisa de vez por todas na sua cabeça, não existe nenhum chefe que não encha o saco. Uns menos e outros mais, mas sempre enchem.

Veja pelo lado bom da coisa, apesar do seu chefe lhe encher o saco, você é pago por isso. Existem duas situações bem piores que essa:

**a)** Pessoas que lhe enchem o saco e você não está recebendo por isso;

**b)** Outras pessoas que lhe enchem o saco e você até teve que pagar por isso.

Muitas pessoas acham que se não tivessem chefes não teriam ninguém para encher o saco. Muito pelo contrário, pois o seu chefe passa a ser o seu cliente e, pior ainda, pode ser que você tenha inúmeros clientes.

A melhor forma de não se estressar com o chefe é assimilar o que ele está lhe falando ou pedindo e sempre lembrar que no final do mês será remunerado por isso. Não existe nada mais gratificante, pode acreditar.

Lembre-se que você está na empresa para trabalhar e se continuar se amargurando pelo comportamento do seu chefe certamente ficará doente ou, mais especificamente, vai adquirir uma úlcera.

Chefes mudam constantemente e certamente esse não será o último chato da sua carreira, pois, acredite, ainda corre o risco de outros bem piores virem. Pense nisso!

## 230 COMO A EMPRESA REAGE QUANDO SABE QUE NÃO CORRE O RISCO DO SEU FUNCIONÁRIO PEDIR DEMISSÃO?

Existem muitas pessoas que jamais pedirão demissão da empresa e permanecerão nela até se aposentar.

Essa é uma situação extremamente cômoda para a empresa, que muitas vezes se aproveita disso para benefício próprio, deixando seu funcionário à mercê da própria sorte.

As empresas, por meio das suas lideranças, têm conhecimento pleno de quem são esses indivíduos. Existem até métodos gráficos de quantificar risco de evasão *versus* nível de conhecimento exclusivo do empregado.

Os profissionais que possuem esse conhecimento, com alto risco de sair da empresa, são sempre priorizados pelas políticas salariais de recursos humanos, muitas vezes até de forma excepcional.

Por outro lado, os profissionais que não possuem nenhum risco de sair da empresa e que não executam tarefas de conhecimento restrito, são tratados como "substituíveis" e, portanto, pouca ou nenhuma preocupação com esses é necessária.

Aliás, a única preocupação da empresa é que o salário deles esteja sempre abaixo da média de mercado, garantindo assim que não está pagando mais do que as demais empresas por esse tipo de funcionário.

Essa postura da empresa parece até desprezo ao indivíduo, mas acredite, é assim que funciona!

## 231 COMO CONQUISTAR E MUDAR PESSOAS APÁTICAS?

Apatia é o estado de alma não suscetível de comoção ou interesse; insensibilidade, indiferença. No mundo corporativo chamamos de apáticos todos os profissionais que não demonstram seu estado emocional mediante às situações cotidianas na empresa, sejam elas ruins ou boas.

Não existe nada pior do que lidar com pessoas apáticas. Você nunca tem noção se a pessoa está concordando ou discordando ou mesmo se está feliz ou infeliz.

Durante minha carreira, tive alguns apáticos nos meus times e sempre tentei reverter o comportamento deles trazendo-os para o ambiente de time, de forma lúdica, pois certamente seria a única maneira de tê-los engajados.

Tinha um que as pessoas o nomearam de forma velada como "binário", fazendo alusão a um computador que processa as informações por meio de zero ou um, então as conversas poderiam ser da seguinte forma:

**Interlocutor pergunta:** 111001 01 0011010 0011011 110 1001?

**Binário responde:** 10101 01.

De maneira cômica, e nunca pejorativa, essa era a forma mais efetiva de se comunicar com o binário.

Não exclua ou discrimine as pessoas apáticas do seu time. Tente sempre trazê-las para si e ganhe a confiança delas. Esta é a melhor forma de conquistá-las.

## 232 — COMO UM FUNCIONÁRIO CONSEGUE SOBREVIVER NA MESMA EMPRESA AO LONGO DE MUITOS ANOS, TANTOS CORTES, TANTAS DEMISSÕES E SEMPRE ESCAPANDO, MUDANDO ATÉ DE PAÍS?

Existem algumas pessoas que permanecem nas empresas por muitos anos devido à competência e à dedicação. Nesse caso, vamos comentar sobre aqueles que não são tão competentes assim, mas se mantêm.

Na minha caminhada, tive a oportunidade de conviver com inúmeras pessoas desse tipo. Apesar de incompetentes, foram extremamente espertas a ponto de permanecerem.

Uma das características dessas pessoas é a retórica apuradíssima. Eram capazes de vender geladeira para um esquimó. Sempre tinham resposta para tudo e articulação para escapar de qualquer questionamento. Sabiam exatamente quem atender e de que forma.

Outro ponto observado nessas pessoas era a capacidade de saber antecipadamente o que ia acontecer, parece até que tinham uma "bola de cristal" para premonições. Se moviam entre os departamentos para fugir do "facão" antes que acontecesse, muitas vezes até conseguindo uma transferência para outro país.

Mas, o que mais me deixava perplexo era que algumas lideranças os tinham como "potenciais", como se fossem a "oitava maravilha do mundo".

Apesar de improvável, ainda temos muitos "Rolando Lero" nas corporações.

## 233 — PROMOVERAM ALGUÉM NA FUNÇÃO QUE SUPOSTAMENTE ERA MINHA. O QUE FAZER?

Ponha uma coisa definitivamente na sua cabeça: se promoveram alguém na função que você acreditava ser sua, é porque realmente ela não era sua. Reflita!

Temos sempre a mania de achar que algo será nosso e ficamos indignados quando não se efetiva. Será que não fizemos uma análise equivocada do fato e exageramos na pretensão?

Isso é muito comum no mundo corporativo, principalmente para os mais jovens, que ainda não possuem maturidade suficiente de entender que nem tudo que desejamos vai se concretizar.

Muitas vezes nos preparamos muito para aquela promoção e adquirimos todos os requisitos necessários para assumi-la e é de entendimento de todos que o rodeiam que será sua na primeira oportunidade. Mas, infelizmente, o momento fatídico acontece e você é surpreendido pela ascensão inesperada de um outro profissional.

Antes de sair como um "louco" lastimando pelos quatro cantos da empresa, procure analisar a situação e, se for o caso, procure sua chefia de forma bastante profissional para entender os *"gaps"* que ainda você necessita preencher.

Jamais se coloque em posição soberba ou de vítima, pois isso não o ajudará em nada, pelo contrário, pode emergir uma característica sua que ainda não era conhecida pelo seu gestor.

## 234 COMO SABER SE SOU QUERIDO PELOS MEUS COLABORADORES?

Muito simples! Chefes não agradáveis são motivo de conversas de corredores.

Em muitos artigos menciono sobre chefes odiados, chefes que enchem o saco, entre outros assuntos relacionados à liderança.

Independentemente dos comentários negativos que todos os chefes recebem ocultamente dos subordinados, devemos nos preocupar com aqueles que comprometem sua liderança ou o bom andamento das atividades do departamento. Vamos dividir esses comentários em dois grupos:

> **a) Irrelevantes:** são os comentários que não comprometem sua liderança, ou o resultado do departamento. Podemos citar como exemplos: meu chefe é extremamente sistemático nas suas atividades, meu chefe é cheio de manias, entre outros.
>
> **b) Relevantes:** são aqueles que estão diretamente ligados aos resultados do departamento e da empresa e à gestão dos subordinados, por exemplo: meu chefe não dá importância aos gastos do departamento ou meu chefe distrata seus funcionários, entre outros.

Veja que os tipos de comentário possuem conotações totalmente diferentes e é importante entender em qual delas você é evidenciado pelos funcionários, pois seguramente os comentários relevantes e irrelevantes trafegam livremente e velozmente dentro da organização. Policie-se!

## 235 - CRIEI UM GRUPO DE WHATSAPP COM MEUS COLABORADORES. CORRO ALGUM RISCO?

Grupos de *WhatsApp* são sempre perigosos! Até os de familiares dão alguns "arranca-rabos", concordam?

Fique atento com algumas situações que podem lhe trazer problemas e, na medida do possível, externe sua preocupação aos mais maduros do grupo. Podemos citar como polêmicos, os seguintes assuntos:

**a) Gênero:** piadas, reportagens, pesquisas jamais devem ser compartilhadas nesse grupo, pois é algo bastante sensível e está intimamente ligado à privacidade das pessoas;

**b) Religião:** os mais fanáticos poderão se sentir ofendidos se assuntos dessa seara forem postados. Evite esse tipo de situação;

**c) Atividades de trabalho:** nunca, jamais, utilize esse grupo para o trabalho. Isso poderá acarretar um contencioso trabalhista futuro;

Para que, então, posso usar esse grupo de *WhatsApp*? Poderá ser utilizado para reportagens de interesse comum, notícias do cotidiano, alertas de segurança, condições de tráfego na região visando a ajudar os deslocamentos ao trabalho, avisos de ausência devido à saúde ou qualquer outra situação, entre outros.

Lembre-se, nem todos são obrigados a fazer parte do grupo, tampouco participar ativamente dele. Deixe isso bastante claro a todos e lhes dê liberdade de decisão no que tange a isso.

## 236 NA SUA JORNADA PROFISSIONAL, TEVE SOMENTE LÍDERES INSPIRADORES, OU TEVE ALGUNS DE QUEM NÃO VALE A PENA LEMBRAR?

Nos últimos 35 anos, passei por 31 líderes aos quais reportava diretamente. Nenhum deles, sem exceção, me causaram problemas. Muito pelo contrário, consegui aprender muito com todos. Três deles foram demasiadamente inspiradores e tinha muito orgulho de tê-los como chefes, mas dois deles eram inseguros ao extremo.

Não estou relatando isso para ser simpático ou agradar alguém, pois acredito que após 235 artigos é perceptível a minha naturalidade e autenticidade, pois abomino demagogia.

Os principais problemas que encontrei foram com os chefes dos chefes, principalmente devido à falta de maturidade deles. Cito duas passagens abaixo:

> **a)** O superior X do meu chefe me obrigava a sempre copiá-lo nos *e-mails*. Esse mesmo indivíduo me advertiu por eu ter agendado um *workshop* com meu time sem ter informado a ele, apesar do meu chefe direto ter total conhecimento;

> **b)** O superior Y do meu chefe exigiu que meu chefe fizesse um plano de melhoramento pessoal comigo por entender que eu era insubordinado, apesar de nunca ter acontecido isso.

Acredite, não existe gestor perfeito, mas quando atinge certo nível dentro da corporação, você nem precisaria mais ter chefes, uma vez que sabe o que deve ser feito.

## 237 VOCÊ SE SENTE VALORIZADO COMO LÍDER EM PROMOVER MUDANÇAS DENTRO DA EMPRESA?

Promover mudanças e efetivamente aplicá-las é como deixar um legado para as futuras gerações. Quem não ficaria feliz por ser lembrado por isso?

Apesar do reconhecimento em promover mudanças, nos últimos anos, sofri muita resistência das lideranças corporativas em implementá-las.

Empresas de nacionalidades diferentes possuem aspectos culturais distintos no que tange a fazer mudanças e pode ser por isso que tenha me frustrado.

O fator "acreditar nas pessoas", que é utilizado em muitas empresas como um dos valores, em outras é totalmente desprezado. Isso é fortemente notado na quantidade de burocracia existente.

Chega-se ao cúmulo de ter 20 aprovadores para um projeto. Às vezes, é mais fácil escalar o Everest do que chegar ao último aprovador do suposto "Monte Olimpo" nessas empresas.

Tenho notado que o *"job protection"* e o ego das pessoas são os fatores que mais inibem as mudanças. Muitas vezes você consegue provar numericamente que a novidade será benéfica para empresa, mas os empecilhos criados levam a companhia desistir da empreitada.

Resumidamente posso dizer que me sinto muito valorizado em promover mudanças, mas muito frustrado quando as mudanças não ocorrem por motivo meramente político ou de ego.

## 238 EU ME SINTO PREJUDICADO E QUERO PROCESSAR A EMPRESA, ALGUM IMPEDIMENTO?

Talvez realmente não exista nenhum problema, mas gostaria que fizesse algumas perguntas para si mesmo antes de tomar essa decisão:

**a)** Realmente estou sendo justo em processar a empresa?

**b)** No meu tempo dentro da empresa, nunca fiz nada de errado para ela? Cópias particulares, saídas não justificadas, ligações telefônicas privadas usando o telefone da empresa, utilização de *internet* no horário de trabalho etc.

**c)** Sempre falei a verdade em todos os momentos que estive dentro da empresa?

**d)** Nunca fiquei mais tempo no cafezinho do que normalmente deveria?

**e)** Em viagens, sempre utilizei o carro alugado para me deslocar exclusivamente por razões profissionais?

Se mesmo após fazer todas essas perguntas você acredita ainda que isso não compensaria por aquilo que você foi lesado pela empresa, então você pode processar.

Logicamente existem muitas razões para processar uma empresa, mas muita atenção, pois, por exemplo, você tem um problema de saúde que foi adquirido na empresa devido a sua atividade profissional e aos finais de semana esse problema milagrosamente desaparece. Isso é justo? Seja justo sempre, pois não existe ação sem reação.

Nem sempre o que é legal é moral!

## 239 MEU CHEFE É UMA MULHER, COMO DEVO AGIR?

Independentemente do gênero, o profissionalismo deve sempre imperar nas relações. As mulheres têm demonstrado cada vez mais a maestria na gestão de pessoas e, principalmente, uma capacidade de discernimento muito apurada.

Percebemos que a maioria das pessoas aceita com facilidade chefes mulheres e as atividades decorrem de maneira bastante positiva, desde que na relação de trabalho a posição de ambas fique bastante clara. Ou seja, a partir de estratégias e metas bem definidas pela liderança, os resultados serão alcançados da mesma forma, qualquer que seja o gênero dos líderes e dos colaboradores.

Por outro lado, o problema pode começar, independentemente do gênero, quando existe competição entre chefe e subordinado, principalmente se ambas as pessoas possuem características patriarcais ou matriarcais. Nesse caso, sempre haverá um ponto de conflito, no qual as opiniões pessoais estarão acima das profissionais.

Aí o problema pode ficar sem solução. Nessas situações, o melhor mesmo é uma discussão ampla, aberta e verdadeira entre os envolvidos ou, em última instância, uma transferência para outra área ou um novo emprego.

## 240 — POR QUE PROFISSIONAIS VINDOS DE OUTRAS EMPRESAS SÃO NORMALMENTE EXPELIDOS?

Em um dos artigos anteriores descrevo como evitar ser expelido pela empresa, porém o ponto aqui refere-se ao motivo de ser expelido.

Normalmente, os recém-chegados têm por costume comparar processos, pessoas, recursos etc. entre as empresas e isso cai como uma "bomba atômica" se não for colocado no lugar certo e no momento oportuno.

Não existe nada pior para um profissional ouvir que em outra empresa alguém é capaz de fazer algo melhor do que ele está fazendo, portanto, tome bastante cuidado em não ferir o ego das pessoas nessas comparações.

Outro ponto que pode acabar com sua carreira é comparar produtos, dizendo que o produto da empresa que trabalhou é melhor do que o produto da empresa que você está agora. Isso literalmente é assinar seu "atestado de óbito".

Postura pessoal é outro vício que pode expelir um recém-chegado da nova empresa. Por isso, logo que chegar analise os padrões de comportamento e os siga rigorosamente.

Seja humilde e procure ganhar espaço gradualmente dentro da nova empresa. Utilize as boas práticas das empresas anteriores sem ter que mencionar de onde surgiu aquela ideia e haja como a empresa atual no que tange aos comportamentos, desde que não sejam ilícitos. Em Roma, viva como um Romano.

## 241 — EXAGEREI NA DOSE NO HAPPY HOUR. VOU ME PREJUDICAR?

Normalmente eventos desse tipo são benéficos para os departamentos, principalmente para aumentar a interação do grupo.

O que temos que nos preocupar nesses momentos é com aquilo que falamos, pois momentos de descontração, acompanhados de uma boa bebida, trazem à tona os mais sinceros comentários daquilo que pensamos da empresa e principalmente dos chefes.

Portanto, é muito importante nos mantermos serenos e principalmente evitar uma dosagem exagerada de álcool, pois certamente somos mais sinceros quando estamos descontraídos.

Agora, se você exagerou na dose e falou coisas impensadas, o melhor mesmo é se desculpar com o chefe e colegas no dia seguinte ao evento.

Logicamente não existem desculpas para o mal comportamento, mas sempre que nos colocamos na posição de humildade poderemos ter o "perdão" das pessoas e consequentemente reverter parte do ocorrido.

A melhor desculpa seria convencer as pessoas que este não é seu padrão normal de consumo de álcool, mas como o evento estava muito animado, não se deu conta da quantidade ingerida e por isso acabou passando do limite.

Conselho: em eventos como este, evite o álcool e procure ouvir mais do que falar e quando falar, traga à mesa assuntos não ligados à empresa.

## 242 SOU ENGENHEIRO, MAS ESTOU REGISTRADO COMO ANALISTA, ISSO ME PREJUDICARÁ?

De forma alguma! O que está escrito na sua carteira de trabalho não tem nenhum valor no seu currículo. O que importa realmente é ter atuado na função.

Muitas empresas utilizam diversas descrições de cargo para se adequar às políticas internas ou até devido às faixas salariais das funções. Não necessariamente querem descaracterizá-lo.

Quando somos novos de carreira, temos a ilusão de que nos registrem na carteira de trabalho com o título da nossa formação e muitas vezes até confeccionamos nosso cartão de visitas com o nosso título, por exemplo, Engº Fulano de Tal.

Com o passar do tempo, vamos adquirindo maturidade e acabamos percebendo que é pura futilidade esse tipo de autoafirmação.

Agora, se você já é um veterano da empresa e ainda tem essa necessidade de superego, melhor mesmo é começar a mudar seu conceito, pois em determinado momento vencerá seu "tempo de validade".

Para quem assistia a "Família Dinossauro", quando o dinossauro atingia certa idade era jogado no "poço de piche". Isso acontecerá certamente com você. Fique seguro disso!

## 243 — POR QUE ALGUNS INDIVÍDUOS SÓ CAMINHAM COM MULETAS?

Logicamente essa é uma metáfora que não tem nenhuma conotação de discriminação à deficiência física das pessoas. No mundo corporativo relacionamos a expressão "caminhar com muletas" às pessoas que não conseguem fazer nada sozinhas.

Algumas pessoas têm por característica pessoal serem inseguras e dependentes de outras em tudo que executam, não somente dentro das corporações, mas no cotidiano.

Não podemos exigir que todas as pessoas sejam iguais, pois com certeza ter um time só de "estrelas" causaria uma acirrada competição interna com prejuízo enorme para o time, mas temos que fazer com que as pessoas que nunca serão estrelas pelo menos cresçam profissionalmente

Ainda sou partidário que a culpa dessas pessoas serem inseguras, mesmo tendo muito tempo de empresa, está relacionada intimamente às chefias, que não souberam como direcioná-las e incentivá-las para que deixassem as muletas e caminhassem com as próprias pernas.

Quando for fazer qualquer julgamento sobre tais pessoas, analise primeiro os líderes que elas tiveram e certamente verá que grande parte do problema está relacionado ao direcionamento errôneo dado por eles. Mas, uma dica: nada de julgamentos, apenas faça suas observações e as guarde.

## 244 — AS EMPRESAS ESTÃO REALMENTE PREOCUPADAS EM RETER TALENTOS?

Existe uma política muito clara em todas as empresas para retenção de talentos, porém, em detrimento de resultados, muitas vezes isso é deixado de lado.

Os processos de recursos humanos são cada vez mais sofisticados e eficazes no que tange ao tratamento das pessoas, mas infelizmente o RH é mais uma área dentro da empresa que deve apresentar resultados financeiros aos acionistas.

Os famosos gráficos de Habilidade *versus* Potencial de Crescimento, bem como Risco de Retenção *versus* Potencial, são empregados comumente no sentido de criar a matriz de talentos. Essa matriz é atualizada anualmente e existe um plano para retenção dos profissionais de alto potencial. A partir daí que o problema começa!

Os meses vão passando, as matrizes caem no esquecimento, os resultados das reduções de custo planejadas não acontecem e desgraçadamente a retenção de talentos vai para um segundo plano.

Quando menos a empresa espera, um alto potencial pede demissão. Aí começa a correria para segurar, mas infelizmente é tarde, pois as "forças de repulsão" já atuaram no indivíduo e não existe mais nada a fazer.

Vamos ficar atentos para não passar por essa situação!

## 245 MINHA VIDA PESSOAL NAS REDES SOCIAIS AFETA MINHA VIDA PROFISSIONAL?

Atualmente as pessoas não conseguem ficar inertes às redes sociais. Mesmo que não participe de nenhuma, em algum momento será envolvido por outros indivíduos do seu meio social ou profissional.

É importante lembrar que quando nos expomos nas redes sociais com comentários, declarações, textos, fotos, vídeos etc. estamos relatando de maneira ampla e aberta nossos comportamentos pessoais.

Por mais liberal que seja a empresa na qual você trabalha, sempre haverá comentários daquilo que você deixou registrado nas redes sociais e, portanto, alguma comparação positiva ou negativa será feita pelas pessoas que tiveram acesso a essas redes.

A maior preocupação deve ser sempre com informações relacionadas a sua empresa, pois comentários inoportunos prejudicarão sobremaneira sua carreira.

Seria radicalismo deixar de participar de redes sociais. Portanto, é importante que haja um discernimento daquilo que será "postado" nesses ambientes. Lembre-se de que a primeira impressão é sempre a que fica. Sendo assim, fique atento a sua imagem como pessoa.

Dica: imagine o que você está querendo dizer em um *outdoor* em um local de grande circulação, e com a sua avó vendo. Ainda assim você quer postar?

## 246 — POR QUE MUITOS LÍDERES FICAM "RODEANDO" PARA PASSAR UMA MENSAGEM NEGATIVA AO FUNCIONÁRIO?

Esse comportamento é comum entre os latinos, que têm uma atitude emocional muito forte.

Tive a oportunidade de trabalhar em empresas americana, italiana e alemã e o tipo de comportamento é totalmente diferente quando lidamos com profissionais dessas nacionalidades.

Dificilmente chefes europeus ficam rodeando você para passar uma mensagem negativa. Eles vão direto ao ponto, sem fazer a mínima cerimônia. Deixam o recado e pedem que melhore no ponto observado.

Já os chefes americanos ficam com indiretas e são incapazes de chegar ao cerne da questão. Normalmente usam outras pessoas para lhe passar o recado, que muitas vezes chega totalmente distorcido e sem o mínimo entendimento.

Para os líderes latinos, a situação é muito similar, porém acabam enaltecendo os pontos fortes para depois apontar os negativos, mas nem sempre utilizando a intensidade necessária no discurso.

O que me deixa mais indignado são aquelas situações nas quais você nunca é criticado e, no momento da sua demissão, as críticas vêm à tona. Isso, além de ser injusto com o demitido, demonstra falta de habilidade do líder.

Nunca haja dessa forma. Se tiver que apontar defeitos no seu funcionário, faça isso antes da demissão.

## 247 — EVENTOS EXTERNOS COM NOSSA CHEFIA E ACIMA CONTRIBUEM PARA NOSSO CRESCIMENTO NA FUNÇÃO?

A questão aqui é outra: se você não participar desses eventos, certamente não terá um crescimento profissional. Por incrível que pareça, essa "politicagem sadia" automaticamente alavancará sua ascensão de carreira.

"Poxa vida, às vezes te acho muito cético nas afirmações. Será que não pode haver uma simpatia entre as partes separando o profissional do lado social?", você pode dizer. Absolutamente não! Não é possível fazer essa separação.

Infelizmente a vida é uma constante troca, damos amor e queremos receber amor. Amor incondicional é de mãe para filho somente.

Não se iluda achando que é possível crescer na função simplesmente por meio de resultados expressivos, pois, por mais competente que seja, se seu chefe não tiver afinidade com você, não terá chances.

A "politicagem sadia" faz parte do mundo corporativo e é algo impossível de se extinguir. Não acredito que a modernização social ou até a chegada das novas gerações mudará esse perfil corporativo.

Da mesma forma que você tem que ser querido socialmente para ser convidado a fazer parte da sociedade, na empresa é a mesma coisa, ou seja, você tem que ser admirado pelos superiores para que eles te ajudem no seu crescimento.

## 248 POR QUE A FALA DEVE ESTAR SEMPRE ALINHADA COM A ATITUDE?

A partir do momento que a fala não está alinhada com a atitude, você passa a ser alvo de críticas. Quem nunca ouviu aquela velha frase: "Faça o que eu digo, mas não faça o que eu faço"?

Pois é, isso era bastante típico na época não muito distante do coronelismo e de alguns políticos da atualidade.

Tive a infelicidade de conviver com inúmeros profissionais que possuíam uma fala altamente rebuscada, às vezes até hipócrita e demagoga, que estavam totalmente desalinhadas com a atitude deles.

Existem várias situações nas quais isso ocorre, não somente com as lideranças, mas também com os demais associados das empresas.

Certamente isso é mais notório em chefes que discursam o que deve ser feito, porém não aplicam as regras a si mesmos. Com relação aos associados, notamos isso quando concordam com tudo que suas chefias lhes pedem, enaltecendo-os, porém, agem opostamente àquilo que foi definido.

Nesses casos, além de desalinharem a fala com a atitude, são os disseminadores do caos dentro dos departamentos.

Se você não é capaz de manter sua fala alinhada com sua atitude, pense dez vezes antes de falar. Não existe nada mais constrangedor do que ser indagado por essa postura.

## 249 — MEU SALÁRIO NÃO É COMPATÍVEL COM A FUNÇÃO. DEVO PEDIR AUMENTO A MEU CHEFE?

As lideranças devem ter o discernimento necessário para chegar a essa conclusão por si mesmas, porém alguns deixam no esquecimento para melhorar o resultado do departamento.

Os verdadeiros líderes estão sempre antenados ao nível de salários dos funcionários em comparação à média do mercado, sendo assim, jamais deveríamos nos preocupar em pedir aumento.

Se você não tem um chefe com essas características, deve, sim, abordá-lo quanto ao salário, mas alguns cuidados devem ser tomados:

**a)** Nunca justifique que precisa aumento de salário para pagar um financiamento ou algo parecido. A empresa não tem nenhuma responsabilidade sobre suas dívidas;

**b)** Não compare seu salário com o de outra pessoa, pois não deveria saber o salário dela, além de ser irritante para o chefe essa abordagem;

**c)** Não diga jamais que faz muito tempo que não recebe um aumento, pois estará mencionando indiretamente que ele esqueceu de você.

Portanto, quando for abordá-lo no quesito salário, sempre enalteça o que você tem feito e os resultados que trouxe para a empresa.

Não peça o aumento e sim que ele verifique a possibilidade disso dentro das previsões de orçamento do departamento e se ele entende que seu desempenho justifica esse aumento.

## 250 — QUAL O RISCO DE ENTRAR EM "ROTA DE COLISÃO" COM SUPERIORES?

Isso depende muito do seu superior, mas na maioria das vezes o risco é enorme. Tem grande chance de dar errado!

Existem situações nas quais as rotas de colisão são iminentes, porém, desnecessárias, então é importante enunciá-las:

**a) Pontos de vista diferentes:** quando nos deparamos com situações nas quais não se tem certeza absoluta para a solução de um problema, não devemos nunca discordar do nosso superior, pois independentemente de quem estiver certo, é mera suposição de ambos os lados;

**b) Decisões via "decreto-lei":** quando a decisão já foi tomada pela empresa e seu superior está somente comunicando-a, não faz o menor sentido questionar, pois nem você, nem ele, poderão mudar o que já foi decidido;

**c) Instruções equivocadas:** muitas vezes as lideranças nos passam instruções que não fazem o menor sentido. Nesses casos, deve-se mencionar os pontos que você entende como prejudiciais. Faça de forma sutil, mas se não gerar efeito não continue a discussão, para evitar a "rota de colisão". É sempre melhor "ser feliz do que ter razão".

Lembre-se sempre de que as "rotas de colisão" causam sempre efeitos colaterais desagradáveis e a "corda sempre romperá do lado mais fraco". Reflita!

## 251 TEM ALGUM PROBLEMA EM NÃO QUERER SER CHEFE?

Nenhum problema nisso. Costumo dizer que quando promovemos um excelente técnico a chefe, corremos o risco de ter um péssimo chefe e de perder um grande técnico.

Muitas pessoas querem ser chefes e outras não têm a mínima ambição de ser. Por isso, temos que ter o discernimento necessário para entender os anseios de cada profissional.

Os líderes têm a obrigação de conhecer seus colaboradores a fundo, entendendo quais são as necessidades de cada um.

Costumo dizer que existem três fatores que colaboram para manter um funcionário dentro da empresa, são eles respectivamente em ordem de importância: ambiente de trabalho, oportunidade de crescimento e salário.

No caso de não querer ser chefe, está relacionado à oportunidade de crescimento, que apesar de parecer contraditório, não é. O funcionário quer continuar crescendo, porém não quer ser chefe, somente isso.

Infelizmente, no Brasil, a carreira em Y é inexistente e entendo que a restrição está ligada ao fato que os chefes devem ganhar no mínimo 30% a mais que seus subordinados.

Então fica difícil para aqueles que não querem cargos de liderança conseguirem remunerações maiores sem serem promovidos ao cargo de chefia. Algo que certamente deveria ser mudado.

## 252 NÃO QUERO TER O MESMO PERFIL DOS CHEFES ATUAIS QUANDO ME TORNAR UM. O QUE FAÇO?

Todos os chefes possuem perfis diferentes no que tange às qualidades, bem como os defeitos. Portanto, se você busca não ter os mesmos defeitos deles, é importante que essa análise seja feita com muita parcimônia.

Bom senso e discernimento são as chaves do sucesso. Portanto, comece a se colocar na posição deles em todas as situações e procure notar de que forma eles conduzem os assuntos.

Crie uma lista com os pontos evidenciados e coloque ao lado sua opinião sobre a forma como eles conduziram os assuntos, criticando ou elogiando as atitudes deles.

Utilize as pessoas do departamento como "termômetro", a fim de que possa equalizar seu entendimento. Muitas vezes o que pareceu óbvio para você, não é unânime para seus colegas.

Procure enfatizar os pontos negativos do seu chefe na sua mente, para que nunca repita o que ele fez. É muito mais simples memorizarmos os pontos negativos do que os positivos.

Com o passar do tempo, o seu olhar se ressignificará e, portanto, perceberá que aquilo que acreditava ser positivo, não é mais e o oposto também ocorre. Por isso, é importante revisar essa lista de tempos em tempos, para que cada vez mais possa entregar o seu melhor aos subordinados que um dia terá. Seja um líder inspirador!

## 253 GOSTAR DO QUE FAÇO REALMENTE ESTÁ DIRETAMENTE LIGADO À MINHA REMUNERAÇÃO?

Logo que iniciamos nossa carreira, acreditamos que seremos felizes se desempenharmos aquilo que gostamos de fazer.

Isso é uma ilusão momentânea para os iniciantes e vai desaparecendo com o tempo. Partindo do pressuposto que nossa vida profissional é o meio e não o fim, nossa felicidade está muito ligada à nossa remuneração e aos benefícios que a empresa nos oferece.

Normalmente um bom salário nos proporciona uma condição de vida confortável e, com isso, nossa vida pessoal se torna cada vez mais agradável. É importante mencionar que dinheiro não nos traz felicidade, mas não ter dinheiro nos traz agonia.

O que vai definir o fato de "gostar do que faz" está diretamente ligado às oportunidades de crescimento que aparecem durante a carreira. Faça a seguinte análise: nos últimos anos, você fez realmente o que gostava, ou se sentia confortável, pois estava sendo remunerado adequadamente e possuía um bom pacote de benefícios?

Não estou dizendo que as pessoas não gostam do que fazem, mas dentro do mundo corporativo estar numa área ou em outra não fará a mínima diferença no contexto. Gostar do que faz é mais inerente aos profissionais liberais, que têm, na maioria dos casos, a oportunidade de escolha.

## 254 QUAL É O "ESPAÇO" QUE A EMPRESA OCUPA NA SUA VIDA?

Questão quase que filosófica. Ser ou não ser, eis a questão!

Algumas indagações simples poderão lhe dar clareza de quanto sua vida pessoal é ocupada pela vida profissional:

**a)** Você possui um celular da empresa? Primeiro indício de ocupação;

**b)** Respeitando-se as funções emergenciais da empresa, você mantém este celular ligado 24 horas? Se você não tem uma função emergencial, então não deveria.

**c)** Você está em algum grupo de *WhatsApp* da empresa que trata de assuntos de serviço por meio dessa ferramenta? Durante as oito horas de trabalho, sem problemas, mas fora disso, começa a ser exagero;

**d)** Você fica curioso em ver seus *e-mails* aos finais de semana? Típico sintoma de ansiedade;

**e)** Você utiliza metodologias corporativas na sua residência? 5S, PDCA etc.? Forte tendência de insanidade!

Você já tomou consciência que é somente um número na empresa e se morrer amanhã a única coisa que farão por você e sua família, adicionalmente o que é mandatório legalmente, será o envio de uma coroa de flores? Mesmo assim você acredita que deve usar parte da sua preciosa vida além do tempo contratual que tem com a empresa? Mude, pois se não mudar vai se lamentar amargamente quando sua hora de parar de trabalhar chegar. Reflita bastante enquanto há tempo.

## 255 RETIRARAM BENEFÍCIOS DOS MEUS FUNCIONÁRIOS. O QUE POSSO FAZER POR ELES?

Muita cautela ao se manifestar quanto à supressão de algum benefício, pois pode se tornar o bode expiatório, lembrando que nem todos gostam de nós.

A retirada de benefícios é ilegal. Vejamos o que diz o artigo 468, caput da CLT: "nos contratos individuais de trabalho só é lícita a alteração das respectivas condições por mútuo consentimento e ainda assim desde que não resultem, direta ou indiretamente, prejuízos ao empregado, sob pena de nulidade da cláusula infringente desta garantia".

Apesar de estarem contrariando a lei vigente no país, muitas empresas retiram benefícios visando redução de custo e, por incrível que pareça, na maioria dos casos, além de cometerem arbitrariedades trabalhistas, acabam infringindo leis tributárias.

Como líder, esclareça que tentou todos os mecanismos internos para reverter a situação e não conseguiu, porém existem outros mecanismos externos que num futuro podem recorrer. Após feito isso, demonstre que tentará compensá-los de outra maneira, posto que não compartilha dessa decisão. Mas que cada um deve ponderar, dentro da sua realidade, os prós e contras.

Logicamente, o descontentamento das pessoas ocasionará um "êxodo" de funcionários nos meses subsequentes.

### 256 DEMÊNCIA DIGITAL É INERENTE À GERAÇÃO "Z"?

Não totalmente! O termo para essa nova doença vem da Coreia do Sul, que foi diagnosticada desde o final dos anos 1990 e atinge cada vez mais os jovens. As gerações que já cresceram em meio ao mundo virtual (mais patente na geração "Z") têm apresentado uma crescente dependência de dispositivos e aparelhos eletrônicos, a ponto de alguns não conseguirem lembrar coisas básicas como o próprio número do telefone ou endereço da residência.

A denominada demência digital nada mais é do que uma deterioração das habilidades cognitivas. Segundo alguns estudiosos, o uso desenfreado de *smartphones* e dispositivos digitais prejudica o desenvolvimento equilibrado desses indivíduos, potencializando o lado esquerdo do cérebro e deixando o lado direito inexplorado, que é o mais ligado à concentração e memória.

Como já mencionei neste livro por inúmeras vezes, os profissionais do mundo corporativo no Brasil não requerem genialidade nas ações, tampouco formação na NASA, mas sim bom senso. Quanto mais memória dos fatos, discernimento e concentração, certamente o sucesso será eminente.

Isso foi notado enfaticamente nas gerações "X" e "Y" nessas últimas décadas, o que deixa uma lacuna na geração "Z", em função dos fatores descritos acima.

### 257 POR QUE AS PESSOAS FALAM QUE A NOSSA AGENDA E NOSSO EXTRATO BANCÁRIO DEMONSTRAM O NOSSO PERFIL?

Muito simples! Quando não temos um controle do nosso extrato bancário, certamente denotará desorganização e consequentemente o desequilíbrio financeiro. A nossa agenda pode ser comparável a isso, pois o desequilíbrio ocorrerá no nosso gerenciamento do tempo.

Não estou afirmando que quem não tem controle da agenda também não terá controle do extrato. Isso é apenas uma analogia para demonstrar o perfil de cada indivíduo. Agora, o que podemos fazer para melhorar nossa agenda?

Algumas regras básicas poderão ajudar sobremaneira:

**a)** Seja criterioso em aceitar as reuniões, mesmo que sua agenda esteja vazia;

**b)** Procure delegar aos subordinados, se for o caso, assuntos que podem ser solucionados por eles;

**c)** Quando uma reunião importante é agendada num horário no qual você já tem um compromisso, sugira um novo dia ou horário. Caso não seja possível, tente reagendar a outra reunião concomitante;

**d)** Tenha discernimento nas convocações de reunião. Não agende reuniões para "cumprir tabela";

**e)** Procure travar sua agenda para que possa "trabalhar" um pouco.

A administração do tempo passou a ser fator primordial para um bom desempenho da função, portanto, aprenda a priorizar para não ser escravo da sua própria agenda.

## 258 DEVERÍAMOS TER O HÁBITO DA AUTOCRÍTICA?

Sim, mas dificilmente encontramos pessoas que se autocriticam. Define-se autocrítica como a capacidade interna do indivíduo em realizar uma crítica de si mesmo. Implica na análise de seus atos, maneira de agir, erros e das possibilidades de realizar autocorreção.

Esse processo de autoconhecimento identifica seus pontos fortes e fracos, suas potencialidades e, a partir daí, a pessoa corrige os rumos de sua jornada existencial. Isso se aplica também a um grupo social ou a uma instituição.

Essa sucessão de movimentos psíquicos, que compõe o encontro do indivíduo consigo mesmo e que passa necessariamente pela autocrítica, é mais complexa do que parece.

Normalmente, as pessoas estão mergulhadas na rotina e preocupadas em ver no outro os defeitos que lhe são inerentes, se esquecem de voltar-se para si mesmas e realizar um exame minucioso de suas atitudes. O ser humano geralmente só encontra erros nos outros e dificilmente consegue apontar o dedo para si.

As pessoas que se arriscam a se autocriticar se deparam com suscetibilidades, bloqueios e outras inúmeras dificuldades que culminam em situações desconfortáveis.

Plagiando uma frase célebre: "Criticar os outros é humano, se autocriticar é divino".

## 259 AUTOCONFIANÇA, PERSISTÊNCIA E FLEXIBILIDADE COGNITIVA SÃO CARACTERÍSTICAS DA INTELIGÊNCIA EMOCIONAL?

Como as palavras autoconfiança e persistência são quase que autoexplicativas, é importante aprofundar um pouco mais na questão da flexibilidade cognitiva, que é a capacidade para deslocar nossos pensamentos e adaptar nosso comportamento ao ambiente em mudança. Ou seja, é sua capacidade para desacoplar de uma tarefa precedente e para responder de forma eficaz a uma nova.

Sem dúvida nenhuma, os adjetivos autoconfiante, persistente e flexível referem-se a características da inteligência emocional, mas não são as principais. Destaco a resiliência como a característica mais importante.

Vamos nos atentar em que momento temos que ter nossa inteligência emocional ativada e apurada. Normalmente quando estamos sob forte pressão e temos que tomar decisões rápidas, e muitas vezes impopulares, sem deixar um "rastro de sangue" para trás.

Ser resiliente é justamente a qualidade necessária para manter essas situações sob controle. Mesmo que você seja autoconfiante, persistente e tenha uma flexibilidade cognitiva apurada, se não for capaz de trabalhar sob pressão sem "espanar", nada lhe servirá.

Lembre-se, inteligência emocional é requisito mandatório para fazer parte do mundo corporativo.

## 260 POR QUE ALGUMAS PESSOAS DO MUNDO CORPORATIVO SÃO TÃO CHATAS NA VIDA SOCIAL?

Normalmente essas pessoas vivem intensamente o mundo corporativo e são incapazes de discutir algum outro assunto que não seja relacionado ao trabalho. Costuma-se utilizar a expressão *"workaholic"* para pessoas assim.

Pode-se perceber alguns fatores interessantes: o primeiro deles é que esse tipo de pessoa geralmente não consegue se desligar do trabalho, mesmo fora dele, e acaba por deixar de lado seu parceiro, filhos, pais e amigos. Os seus melhores amigos passam a ser aqueles que de alguma forma têm ligação com seu trabalho.

A chatice percebida pelas outras pessoas que convivem com essa está justamente na forma como esse indivíduo leva a vida e, principalmente, quando esses assuntos são discutidos num ambiente social.

Não significa que os chatos são necessariamente *"workaholics"*, pois existem aqueles indivíduos que são realmente chatos por natureza e ficam mais chatos ainda quando discutem assuntos inerentes a sua atividade profissional. Piora mais ainda quando acham que aquilo que fazem profissionalmente é o "suprassumo da sapiência humana". Aí que não dá para aguentar mesmo.

Reflitam: ser corporativo pode ser quase um sinônimo de ser chato. Se policie!

## 261 SERÁ QUE ASSUNTOS CORPORATIVOS SÃO ADEQUADOS NOS AMBIENTES SOCIAIS?

Você nunca participou de um evento social onde determinadas pessoas só falam da vida profissional, tornando-se alvo de repulsa no ambiente? Isso é realmente muito chato!

Por mais absurdo que pareça, a vida social das pessoas tem uma ligação quase que simbiótica com a vida profissional. Mas até que ponto isso é tolerável dentro dos ambientes sociais?

Logicamente, assuntos de diversos tipos eclodem numa reunião social, seja num aniversário ou num evento qualquer na casa de um amigo. Temos que ter o famoso "semancol" e perceber que aquilo que falamos está tornando o ambiente entediante para todos. Por isso, é muito importante saber quando parar de falar ou até quando interromper o outro, se isso acontecer a você como ouvinte.

Não existe nada pior do que você ser recebido como: "Pessoal, aí vem aquele cara chato da empresa XYZ de novo! Será que hoje ele vai falar sobre a produção de componentes da empresa dele, que era localizada na antiga União Soviética e explicar o impacto disso sobre os países da África meridional?".

Então! Se policie para não virar referência de chatice nos encontros entre amigos, pois quando você se aposentar, não terá mais estes assuntos para conversar.

## 262 TENHO POUCOS ANOS DE CARREIRA E SÓ TIVE CHEFES RUINS. ISSO É NORMAL?

Isso não é normal e certamente uma análise pessoal deve ser feita nesses casos.

Estatisticamente, isso fez, faz ou fará parte da carreira de todos os profissionais, porém sucessivamente ter chefes ruins pode conotar que o problema não está nos chefes e sim em você.

Normalmente os chefes têm por característica (uns mais, outros menos), seriedade, austeridade, disciplina, exigência, entre outros adjetivos pertinentes. Porém, isso é inerente à própria função que sofre constantemente pressão de superiores para alcançar os objetivos.

Não se pode confundir esse comportamento dos chefes como inabilidade em gerir pessoas. Os chefes ruins certamente são reconhecidos por todos, seja pelos subordinados, bem como pelos pares.

Procure entender se esse é o caso. Se não for, a mudança deve ocorrer em você mesmo. Aconselhamento profissional pode ajudá-lo nesse sentido e o mais importante de tudo é não fazer julgamentos baseados somente na ira, pois certamente não o ajudarão em nada para discernir o ruim do bom.

Viva em paz consigo mesmo!

## 263 POR QUE ALGUMAS PESSOAS NÃO DEIXAM AS OUTRAS FALAREM?

Esta é uma situação extremamente desagradável que todos nós já passamos e por mais que tentássemos interromper o interlocutor isso era impossível.

Existem algumas teorias que explicam essa característica individual e abaixo relato três situações que entendo como as explicações mais plausíveis para esse tipo de comportamento:

**a) Falta de educação:** algumas pessoas não deixam os outros falarem por pura falta de educação. Querem expor seus pontos de vista, mas não têm a capacidade de parar de falar para ouvir os demais;

**b) Estratégia:** percebemos que isso é fortemente utilizado em negociações, quando os ânimos ficam cada vez mais acirrados, a partir daí utilizam essa estratégia para evitar que os demais tentem retrucar ou fazer com que os pontos abordados caiam à tona;

**c) Prolixidade:** alguns indivíduos são demasiadamente longos e demorados para explicar algo e, consequentemente, acabam não deixando os outros falarem.

Independentemente das características comportamentais para não deixar os outros falarem, isso é extremamente abominado dentro do mundo corporativo.

Outras culturas entendem que esse é um defeito grave em nós brasileiros, portanto, fica aí uma dica para melhorarmos nossa atitude.

## 264 MEU CHEFE NÃO ME SUPORTA. COMO DEVO PROCEDER?

Alguns pontos devem ser analisados e observados antes de concluir precipitadamente isso:

**a)** Baseado em que você tirou essa conclusão? Seus colegas de trabalho também entendem que existe uma antipatia gratuita por você da parte dele?

**b)** Você já parou para analisar se suas atitudes são erradas e, portanto, são repudiadas ao extremo por ele?

**c)** A forma com que ele o trata é exclusiva, ou seus colegas de trabalho também são tratados dessa forma?

**d)** Alguém dentro da empresa já passou por isso alguma vez com ele, ou isso acontece somente com você?

Muitas vezes encaramos como verdade absoluta nossas conclusões antecipadas, sem dar muita importância ao contexto envolvido. Isso nos remete a uma negatividade exagerada que nem sempre tem esse grau.

A melhor forma de saber se isso é verídico é tendo uma conversa sincera e aberta com ele, colocando todos os assuntos em "pratos limpos". Na atualidade não se espera que um líder tome atitudes que prejudiquem os subordinados após esse tipo de conversa.

Se ficar evidente que existe um imbróglio entre vocês, o melhor a fazer é tentar uma transferência interna ou até procurar um novo emprego. Lembre-se de que demissões são sempre pessoais e é importante que você tome uma atitude antes que ela venha à tona.

## 265 PEDIR AJUDA A UM FUNCIONÁRIO EM FINAIS DE SEMANA OU FERIADO É PREJUDICIAL?

Sim e não. Tudo dependerá da forma que isso é solicitado e da frequência com que isso acontece.

Existem situações de real necessidade em contatar um funcionário no momento de descanso dele, mas o discernimento é primordial para evitar que isso não se torne uma rotina.

Contatar um funcionário fora do expediente somente deve ocorrer em situações de extrema urgência, isto é, quando todas as demais alternativas foram esgotadas. A regra dos cinco porquês (técnica para encontrar a causa raiz de um defeito ou problema) ajuda muito nessa hora.

A abordagem deve sempre ser branda, de forma a entender quão disponível o funcionário está e sempre deixando claro que é uma situação excepcional, indagando se ele está disponível naquele momento.

Determinados líderes têm uma mania estúpida de ficar contatando seus colaboradores em quaisquer situações, às vezes até para perguntar se alguém da empresa ligou.

Sou partidário que todas as pessoas do departamento saibam como localizar cada um, tendo disponível numa lista com número de celular, telefone residencial e, se for o caso, até o endereço. Isso é de valia não somente para situações profissionais, mas também para situações emergenciais particulares, as quais todos estão sujeitos, mas vamos ser moderados.

## 266 PROBLEMAS PESSOAIS DEVEM SER COMPARTILHADOS DENTRO DAS EMPRESAS?

Não revele seus problemas pessoais ou mesmo profissionais para qualquer pessoa. De dez pessoas que você contar suas angústias, sete não ouvirão ou fingirão que ouviram, pois não estão interessadas em seus problemas, duas gostarão de saber que você está na pior e uma realmente o ouvirá.

Os números talvez não sejam exatamente esses, mas uma proporção como essa serve para exemplificar. O que tomamos como lição é que poucas pessoas são realmente dignas de nossa confiança e não vão tirar proveito do nosso problema.

Existem pessoas muito extrovertidas e a vida delas é um livro aberto. Não critico esse tipo de comportamento, pois também tenho essa característica pessoal. Mas, alguns cuidados devem ser tomados quando contamos algum problema a alguém.

Principalmente no mundo corporativo, onde a concorrência é desleal, quaisquer evidências de problema pessoal ou profissional podem ser usadas contra você como "instabilidade emocional", que pode culminar em dúvidas das lideranças em relação a você quando surgirem as oportunidades.

Portanto, tome muito cuidado quando precisar de um "ombro amigo" para se consolar, pois nas empresas temos colegas, não amigos, como já relatei em diversos artigos anteriores.

## 267 POR QUE ALGUNS LÍDERES TENTAM SE LIVRAR DAS PESSOAS POR MEIO DE TRANSFERÊNCIAS INTERNAS?

Percebe-se que isso é uma atitude bastante comum nas organizações e que comumente chamamos de "tráfico de droga". Lembrando que isso é outra metáfora e não tem qualquer relação com um ato ilícito. Isso significa que um profissional problemático e/ou de baixa *performance* é transferido de um departamento ao outro para tentar solucionar o problema.

Percebe-se que isso normalmente ocorre por dois principais fatores: o primeiro deles relacionado ao tipo de líder que, por alguma razão, deixa de ter o peso na consciência de não demitir o funcionário, preservando-o por meio de uma transferência para outra área.

O segundo fator relacionado às recomendações da alta gerência, ou do próprio RH, que entendem que o profissional não se adaptou à atual área e pode ser aproveitado em um outro departamento, considerando o perfil profissional dele. Isso é válido quando as mudanças de áreas deixam de ser constantes para ele.

Caso uma ou, no máximo, duas mudanças não resolvam o problema, o melhor mesmo é demitir o funcionário. As empresas não podem ficar fazendo esse "tráfico" eternamente, pois certamente o problema se agravará com o tempo.

Existe alguma empresa que nunca se deparou com uma situação como essa?

## 268 É IMPORTANTE TER UM TÍTULO PROFISSIONAL EM CARTEIRA?

Pura ilusão! Isso se perderá conforme sua imagem se consolida.

Quando me formei engenheiro, queria de qualquer forma que em minha carteira de trabalho, bem como em meu cartão de visitas, constasse o título "Engenheiro Rogerio Bergh".

Com o passar do tempo, percebi que isso não faz o menor sentido e, muito pelo contrário, alguns cargos viraram alvo de sequestro e outros crimes, só pelo título colocado nos cartões de visita, redes sociais etc.

Chegará um momento da sua carreira que você será conhecido no mercado por meio do seu comportamento, pelo seu bom ou seu mal desempenho.

Acredita-se que isso ficou mais evidente com a chegada das redes sociais e meios de comunicação mais rápidos, porém para quem trabalhou nas empresas automobilísticas entre as décadas de 1980 e 1990 sabe que as informações sobre promoções, demissões e outras corriam numa velocidade absurda, apesar de não possuirmos redes sociais naquela época. O telefone e as visitas de fornecedores a clientes eram os meios de comunicação.

Então, deixe que o mercado o conheça pelo seu feito e não pelo seu cartão de visita!

## 269 O MODO DE ME VESTIR PARA O TRABALHO, PODE AFETAR MINHA VIDA PROFISSIONAL?

Não deveria afetar, mas infelizmente afeta!

A diversidade na sociedade se tornou algo patente e aceitável em quase todos os ambientes, mas infelizmente o mundo corporativo, principalmente no Brasil, não atingiu um nível suficiente para isso.

Algumas empresas criaram até procedimentos ou instruções operacionais de como se trajar, inclusive com treinamentos às lideranças de como abordar uma pessoa que está fora do padrão de vestimenta.

Chega-se ao absurdo de demissões ocorrerem por esse motivo, apesar de serem orquestradas de forma extremamente velada.

Como menciono em diversos artigos, o bom senso deve sempre imperar em todas as ocasiões. Não é previsto que uma pessoa vá de trajes de praia num evento religioso, tampouco utilize paletó e gravata num churrasco.

Então, por que acreditamos que as empresas devem aceitar qualquer traje para trabalhar? Tenha bom senso e se policie observando a forma como a maioria se comporta e se veste, e certamente não terá problemas no quesito vestuário.

Seja esperto para não cair na vala comum dos "causadores"!

## 270 — ESTOU TRABALHANDO FORA DO PAÍS. SE SURGIR UMA PROMOÇÃO NO MEU PAÍS DE ORIGEM SEREI CONSIDERADO?

Pouco provável! A partir do momento que está fora do país, poucas pessoas lembrarão que você existe. Somente será lembrado por aqueles que têm contato profissional constante e por seus familiares mais próximos.

Profissionalmente, ter uma carreira internacional alavanca oportunidades de maneira inacreditável, porém o dia a dia das operações fazem com que seja esquecido.

Se um dia você tem intenção de retornar ao seu país, algumas dicas são importantes para não ficar esquecido:

a) **Manter contato:** procure sempre entrar em contato com as lideranças locais, nem que seja para perguntar como andam as coisas ou até para desejar parabéns pelo aniversário;

b) **Amigo confidente:** tenha sempre uma pessoa de contato para lhe manter informado sobre as movimentações, bem como as possíveis mudanças que estão por vir;

c) **Hospitalidade:** procure sempre ser receptivo e hospitaleiro quando alguém do seu país viajar para onde você está trabalhando. Procure dar todo o suporte necessário, pois certamente isso ficará na lembrança da pessoa.

Apesar de parecer "interesseiro", as sugestões acima poderão ajudá-lo no momento de um retorno ao seu país de origem. Pense nisso, se quiser voltar, é claro!

## 271 AS AVALIAÇÕES ANUAIS SÃO USADAS NA POLÍTICA DE CARREIRA?

As avaliações anuais, tão comuns nas empresas, não são usadas para a política de carreira. Na verdade, muito pelo contrário, são usadas para antecipar uma demissão.

Podem perceber que a maioria das empresas analisa as avaliações anuais no momento de demitir alguém. Ali verificam como o indivíduo "performou" para que não haja nenhuma dúvida no momento da demissão. Inclusive, quando se pretende demitir alguém no ano seguinte, procura-se evidenciar ao máximo os pontos negativos da pessoa, em dissonância aos positivos, fazendo com que fiquem mais evidentes ainda.

Que coisa triste, mas por que nunca me falaram isso? Porque esse tipo de assunto é tratado veladamente dentro das organizações. Presenciei instruções de profissionais da área de recursos humanos nesse sentido, justificando que seria mais fácil explicar a razão à corporação, se indagados.

Para a política de carreira existem outras ferramentas mais eficazes, como o plano de sucessão, que dá maior clareza para a tomada das decisões, mas não significa que é aplicado rigorosamente.

A gestão de pessoas nas corporações ainda é algo que tem muito a evoluir. Não sei se a humanidade tem tempo hábil para isto antes do dia do "juízo final".

## 272 POR QUE AS PESSOAS VALORIZAM TANTO O TÍTULO?

Pura vaidade! Algumas pessoas valorizam o título devido à luta pela conquista daquela posição, outros, por empoderamento e alguns não sabem nem o porquê de fazerem isso.

É lógico que ter um título é gratificante, mas até que ponto valerá alguma coisa conforme nossa maturidade for chegando?

Temos que lembrar que o aprendizado e a experiência são muito mais importantes do que qualquer título e são esses que o impulsionaram a obter o título.

Se as pessoas, ao invés de valorizarem tanto os títulos, dessem mais importância em mencionar o aprendizado adquirido e, consequentemente, disseminar esse conhecimento para os demais, seria muito mais importante.

Quanto mais compreensão adquirida, mais percebemos que os títulos não agregam nada, uma vez que seu nome passa a ser a referência para as pessoas e não o título que você possui.

Se você é mencionado pelo seu título pelos demais empregados da empresa, como, por exemplo, diretor ou gerente de tal área, ao invés de ser mencionado pelo seu nome, pode ter certeza que você é só um "título". O reconhecimento só acontece quando existe um nome vinculado ao cargo, do contrário, é mais um indivíduo dentro da empresa.

O que deve ser valorizado num título é justamente a humildade com que você o trata.

## 273 "MARKETING PESSOAL" É PREJUDICIAL?

Quando é utilizado de forma controlada e adequada não é prejudicial! Costumo dizer aos meus colaboradores: "Não adianta simplesmente botar o ovo... precisa cacarejar também".

A única forma de ser valorizado é demonstrando aquilo que você fez, mas o discernimento é primordial para se certificar que aquilo que você fez é realmente importante para a organização.

Existem dois tipos de "marqueteiros":

**a) "Marqueteiros" propriamente ditos:** aqueles que se comportam constantemente no sentido de se vender. O *marketing* já faz parte do dia a dia deles e fazem questão de mencionar sempre que eles fizeram parte daquilo que executam. São os famosos "pavões" do mundo corporativo;

**b) "Marqueteiros" plantonistas:** aqueles que se aproveitam do momento para se enaltecer. Normalmente alavancam o *marketing* em cima do projeto dos outros. Costumamos dizer que gostam de sorrir com a dentadura dos outros.

A valorização das nossas atividades deve ser sempre evidenciada e não há mal nenhum nisso. Nada adianta ser excelente naquilo que faz, se ninguém tiver acesso aos seus bons trabalhos. Não será rotulado como "Marqueteiro" por causa disso.

Conselho: sempre mostre o que está fazendo aos seus superiores de forma humilde e colaborativa!

## 274 PROBLEMAS PESSOAIS AFETAM A VIDA PROFISSIONAL?

Atualmente as empresas são bastante preocupadas com a vida pessoal dos seus associados e procuram suportá-los nessas ocasiões. Muitas delas possuem programas de recuperação de dependentes químicos, auxílio à família, consultoria financeira, entre outros.

Os problemas pessoais começam a afetar a vida profissional quando o funcionário fica disperso às atividades cotidianas, quando não está entregando as tarefas solicitadas e quando se ausenta em demasia.

Não é uma coisa muito fácil administrar problemas pessoais graves em detrimento às atribuições requeridas pela empresa, portanto, a melhor forma de se evitar isso é sempre comunicando à chefia os fatos e, principalmente, contar com a ajuda dos colegas de trabalho para suportar suas atividades.

O ideal seria conciliar suas férias para solucionar esses problemas pessoais. Atualmente, com a nova lei trabalhista, existe a possibilidade de quebrar as férias em três períodos, sendo assim, poderá ser conveniente utilizar essa alternativa.

Lembre-se, todos, sem exceção, têm problemas pessoais, portanto você não é um caso isolado!

## 275 O ERRO PODE REALMENTE SERVIR COMO APRENDIZADO?

Por pior que seja o erro, ele sempre pode ser utilizado como aprendizado. Isso é válido para a vida profissional, cultural, social, emocional etc.

O ser humano infelizmente aprende mais pela dor do que pelo amor. Por mais que sejamos preventivos e cautelosos, os erros acontecerão.

Tenho uma mensagem que passo a todos os iniciantes no departamento, sejam eles estagiários ou profissionais mais experientes. "Só erra quem trabalha... Quem não trabalha nunca conseguirá errar. E por pior que seja o erro, desde que não causem danos físicos às pessoas, sempre seremos capazes de consertá-los".

Essa frase impactante cria um clima de motivação e confiança, pois as pessoas depois de vários anos me lembram sobre essa menção inicial.

Normalmente, cada erro cometido nos dá conhecimento para jamais cometer o mesmo deslize novamente e, certamente, cria mecanismos de controle que são capazes de evitá-lo.

É importante lembrar que errar sem ter conhecimento de estar errando, é totalmente diferente de errar intencionalmente, o que caracteriza falta de caráter, não aprendizado.

Para os erros intencionais, ações disciplinares devem ser imediatamente aplicadas aos errantes. Passar a mão na cabeça só estimula a repetição.

## 276 COMO ABORDAR MEU CHEFE PARA DIZER QUE ESTÁ GERENCIANDO MAL O DEPARTAMENTO?

Situação extremamente difícil de se lidar, apesar de ser um fato bastante comum!

Como disse anteriormente, quando promovemos um excelente técnico ao cargo de chefia, corremos o risco de perder um ótimo técnico e ganhar um péssimo líder.

Partindo do pressuposto que a decisão de o promover não foi sua, a melhor maneira de resolver o problema é tentar orientá-lo de forma bastante sucinta, por meio de sugestões cotidianas que contribuam na forma de gerenciamento.

Nunca aborde esse assunto com outras pessoas que não têm o mesmo espírito de entendimento, pois poderá criar um motim, ao invés de solucionar o problema. Líderes também precisam ser orientados quando não exercem de maneira eficiente suas atividades, porém, devido ao ego de alguns, isso certamente é uma barreira.

De forma alguma se indisponha com seu chefe caso ele não seja receptivo as suas recomendações, pois, ao invés de melhorar, pode piorar a situação, criando um clima de rivalidade.

Use sempre o seu "estoque" de bom senso nesses assuntos e tente fazer o melhor para sua empresa e colegas de trabalho.

## 277 POR QUE OS CHEFES SÃO TÃO ODIADOS ULTIMAMENTE?

Na verdade, sempre reclamamos dos chefes, por melhor que eles sejam. Falar mal dos chefes parece até uma necessidade fisiológica.

Apesar desse fato, os colaboradores ultimamente têm uma exigência muito maior do que tinham no passado. Reclamam de pressão na execução das tarefas, cobrança por objetivos impossíveis, relacionamento pessoal, entre outros pontos.

Isso é devido à própria mudança que ocorreu no mercado nos últimos anos, seja com a entrada da globalização, o aumento da competitividade mundial, a mudança dos *"Baby Boomers"* para geração "X" e posteriormente para as gerações "Y" e "Z". As necessidades, expectativas e ambições são outras e acabam afunilando na questão "chefe", que pode ser um complicador ou facilitador na ascensão profissional dos indivíduos.

O que se deve levar em consideração é que, na maioria das vezes, os chefes são gerenciados e devem apresentar resultados para outros chefes e assim sucessivamente. Não podemos encarar os fatos como pessoais e sim como algo relacionado a um contexto muito maior, que não está ao alcance deles mudar.

Procure entender melhor as chefias antes de criticá-las, mas não se culpe quando criticar, pois não será o único.

## 278 COMO FAÇO PARA ACREDITAR NA MENSAGEM SE NÃO ACREDITO NO MENSAGEIRO?

A credibilidade da mensagem está justamente em quem a divulga. Em artigos anteriores, fiz menção à Dona Cida e aos anestesistas de "*coffee break*", que fazem parte do grupo de mensageiros que temos dentro das empresas.

Quanto mais fidedignas forem as mensagens trazidas pelos mensageiros, mais credibilidade eles adquirem. Essa credibilidade crescerá a cada dia, mediante a veracidade das informações.

Quantas vezes ouvimos mensagens trazidas por líderes que são vazias e sem o mínimo compromisso com a verdade, principalmente no que tange aos colaboradores, como promoções, transferências, recursos, entre outras.

Isso é válido também quando nos comprometemos com prazos, objetivos, custos etc. e por algum motivo não os cumprimos. A cada promessa não cumprida, a reputação do mensageiro cairá no descrédito.

Portanto, seja fiel as suas mensagens e nunca prometa o que não pode cumprir, mesmo que seja forçado a prometer. Mensageiros sem crédito, com o passar do tempo, acabam deixando as suas mensagens sem credibilidade. Minha avó dizia: "Havia um menino que sempre gritava por socorro e nunca era verdade, caçoando dos amiguinhos. Um dia que realmente estava em apuros, ninguém o socorreu". Reflita!

## 279 SOU EXTREMAMENTE POLÊMICO. ISSO PREJUDICA MINHA ASCENSÃO PROFISSIONAL?

Tudo vai depender do tipo de líder que você tem. Lembrando que ser polêmico denota negativismo no meio profissional.

Existem líderes que não gostam que os assuntos sejam polemizados, principalmente para que não surjam pontos de conflito e, consequentemente, não tenham que ser gerenciados. Podemos dizer que isso é inerente a 90% das lideranças.

Esses líderes realmente entendem que pessoas polêmicas trarão desarmonia ao ambiente e perda de controle da liderança. Normalmente, as pessoas polêmicas são formadoras de opinião e criarão um grupo de seguidores.

Os outros 10% de líderes desfrutam do comportamento dos polêmicos para alavancar oportunidades para o time. Difícil de acreditar, não é?

Esses líderes criam inimagináveis situações por meio dos conflitos gerados pelos polêmicos e usam isso em benefício do departamento.

Para esses líderes, o mais importante é que as pessoas sejam transparentes, mesmo que criem polêmica.

Com o passar do tempo, os polêmicos criam um relacionamento extraordinário com essas chefias e a polêmica deixa de ser negativa e passa a ser uma ferramenta de trabalho que ajudará no bom resultado da equipe.

Para não ter problemas, sempre procure saber qual é o perfil do seu líder! Mas problematizar também contribui!

## 280 POR QUE OS LÍDERES NÃO INFORMAM ANTECIPADAMENTE QUE SEREMOS DEMITIDOS?

Todas as empresas têm políticas claras sobre processo de demissão e normalmente isso é feito de maneira sigilosa entre o departamento de recursos humanos e a área envolvida.

Nesse momento são levantados todos os pontos negativos do futuro demitido, bem como quais foram as ações tomadas pelo gestor para mitigar os problemas.

O departamento de recursos humanos tem o dever e a responsabilidade de questionar se todas as medidas de correção de "rota" foram tomadas pelo gestor para que não haja injustiça.

Independentemente dos procedimentos, os líderes despojados antecipam que a demissão acontecerá e deixam claro aos colaboradores os pontos que culminaram a demissão. Isso é totalmente contra as políticas da empresa, mas cria uma cumplicidade entre chefe e colaborador que certamente irá ajudá-lo profissionalmente.

Como esses líderes têm muita experiência, tais ações são cuidadosamente aplicadas de forma a não "romper" o processo antecipadamente.

Como mencionei em outro artigo, conheci um executivo que quando precisava demitir alguém, solicitava a um dos diretores do seu *staff* para que o fizesse, demonstrando um total despreparo para a liderança.

Fica a pergunta: você gostaria de saber que vai ser demitido? Eu certamente gostaria.

## 281 COMO CONSIGO PERCEBER QUE MEU SUBORDINADO ESTÁ MENTINDO?

Apesar de existirem funcionários atores, ainda assim é possível identificar quando determinado assunto não é totalmente verídico. Existem seis maneiras simples de identificar quando o indivíduo está mentindo:

a) Estabeleça a *baseline*: qual é a origem e como chegou a tal informação;

b) Faça a mesma pergunta de formas diferentes: procure com isso obter respostas diferentes sobre o mesmo tema;

c) Faça perguntas abertas: pergunte de forma a possibilitar que seu interlocutor elucubre sobre o tema;

d) Observe alterações de humor: seja sinestésico a ponto de perceber qualquer atitude diferente durante a acareação;

e) Observe sinais da linguagem corporal: note se existe alguma reação corporal diante das suas indagações e procure insistir na pergunta, caso isso ocorra;

f) Decodifique microexpressões faciais: a face, na maioria das vezes, é a maior delatora da mentira, portanto, foque na conversa olho-no-olho.

Apesar dessas dicas para saber se o funcionário está mentindo, existem alguns indivíduos que são capazes de elaborar situações inusitadas para criar álibis para a mentira, mas é importante que se diga aos mentirosos que não existe crime perfeito. Um dia a verdade vem à tona.

## 282 EXISTEM PROFISSIONAIS RUINS?

Pode existir, apesar que o ambiente corporativo elimina a maioria por "darwinismo". O que vemos constantemente são profissionais alocados em funções erradas, muitas vezes impostas pelo próprio superior imediato.

Já presenciei em minha jornada um gerente que atuava de maneira magistral em sua função e foi quase que forçado a assumir uma nova função em outro departamento, completamente diferente.

Durante dois anos nessa nova área, fez seu trabalho e nunca foi criticado pela maneira como estava atuando. Aliás, foi elogiado por várias pessoas. Porém, o diretor da área e o VP disseram a ele que a atuação dele foi ruim nesse período e o retornariam para a função anterior. Depois de dez meses o demitiram, informando que tomaram a decisão errada dois anos antes.

Esse exemplo mostra claramente que o profissional não era ruim, mas sua liderança era péssima em gestão de pessoas. Ficam as perguntas:

**a)** Por que esperaram dois anos para indagar o profissional?

**b)** Por que não deixaram claros os objetivos esperados?

**c)** Se queriam demiti-lo, por que já não fizeram anteriormente?

Conselho aos líderes: estejam seguros quando às transferências e, se errarem, corrijam o erro sem penalizar os inocentes.

## 283 É IMPORTANTE HUMANIZAR AS RELAÇÕES?

Sem dúvida que sim. Porém, o que percebemos é que a humanização das relações é cada vez mais esquecida, seja nos ambientes de trabalho, bem como na vida social. As pessoas estão cada vez mais preocupadas com seu próprio "umbigo" e não dão a mínima importância para aquilo que acontece ao seu redor.

Era muito comum nas empresas momentos de confraternização, relacionamentos fora da jornada, convívio com familiares dos colegas de trabalho e outras interações. Hoje, não se vê mais isso.

Atualmente, se prega fortemente uma postura humanística dentro das corporações, mas na verdade isso se perdeu com o tempo e cada vez mais diminuirá.

A sociedade moderna focada no "eu" reduziu sensivelmente essa humanização. Cada vez mais vemos profissionais em frente ao seu "*notebook*" e ali permanecem durante todo o expediente, sem sequer levantar a cabeça para entender o que está acontecendo ao seu lado e até quem é a pessoa que está no cubículo vizinho.

Existirá um dia, num futuro bem mais próximo do que imaginamos, uma realidade na qual os profissionais trabalharão em suas residências sem o menor contato com os demais, vivendo numa bolha. Será que realmente é isso que queremos para nossa vida? Reflita e humanize isso!

## 284 TODO PROFISSIONAL É COMO UM SAPO NA ÁGUA QUENTE?

Nem todos! Para quem não conhece a experiência do sapo na água quente, trata-se de um estudo biológico no qual um sapo colocado num recipiente com a mesma água de sua lagoa fica estático durante todo o tempo em que aquecemos a água, mesmo que ela ferva. O sapo não reage ao gradual aumento de temperatura e morre quando a água ferve.

No entanto, outro sapo que seja jogado nesse recipiente com a água já fervendo saltará imediatamente para fora, meio chamuscado, mas vivo.

Às vezes somos sapos fervidos, que não percebemos as mudanças. Achamos que está tudo bem e que o período ruim passará, que é só questão de tempo. Estamos prestes a morrer, mas ficamos boiando, estáveis e apáticos, na água que se aquece. Acabamos morrendo felizes, sem termos percebido as mudanças a nossa volta.

"Profissionais fervidos" não percebem que além de serem eficientes, eles têm que fazer as coisas. E, para que isso aconteça, há necessidade de um contínuo crescimento. O desafio ainda maior está na humildade em atuar respeitando o pensamento do próximo.

Há "profissionais fervidos" que acreditam que o fundamental é a obediência e não a competência: manda quem pode e obedece quem tem juízo.

É melhor sair meio "chamuscado" de uma situação, mas vivo e pronto para agir.

## 285 COMO FAÇO PARA MANTER MEU TIME MOTIVADO?

O primeiro ponto é se motivar. Os colaboradores são a imagem do gestor, ou seja, chefes motivados terão funcionários motivados. Porém, o que fazer para me manter motivado?

**a)** Concentrar-se somente nos pensamentos positivos;

**b)** Condicione seu corpo, mantendo sua alimentação de forma saudável e exercícios físicos em dia;

**c)** Afaste-se de pessoas negativas que sugam sua energia e desperdiçam o seu tempo;

**d)** Mantenha os motivados próximos a você, pois a energia positiva deles lhe será transferida;

**e)** Tenha objetivos, mas seja flexível para que nenhum plano seja mais importante do que alcançar a meta;

**f)** Atue com um propósito maior e não desperdice seu tempo com ações que não adicionam valor;

**g)** Assuma seus erros e, consequentemente, seus acertos;

**h)** Estenda seus limites diariamente. Desafie-se a cada nova manhã;

**i)** Não queira ser perfeccionista. Simplesmente faça;

**j)** Enalteça suas falhas e tire um tempo para entender onde falhou;

**k)** O sucesso não deve ser levado a sério para que não se acomode nunca;

**l)** Crie metas desafiadoras;

**m)** Aja, para que possa aprender com a experiência;

**n)** Pense antes de falar para não se expressar erroneamente.

A partir do momento em que estiver motivado e externar isso, seu time seguirá seus passos.

## 286. QUAIS SÃO AS DICAS PARA O LÍDER SERVIDOR?

Em um dos treinamentos que fiz, elenquei algumas sugestões que considero muito importantes:

**a) Lidere sendo exemplar:** os subordinados sempre observarão suas atitudes e as seguirão.

**b) Conquiste a confiança da equipe:** procure conquistar primeiramente os formadores de opinião do grupo. Eles o ajudarão automaticamente com os demais.

**c) Mantenha a cabeça aberta:** toda sugestão deve ser analisada antes de ignorada. Sempre a utilize para alavancar oportunidades.

**d) Priorize a comunicação:** a comunicação deve ser ampla, aberta e irrestrita. Nunca deixe que seus funcionários saibam dos assuntos por meio de outras pessoas.

**e) Procure ser assertivo:** por pior que seja a verdade, ela deve imperar.

**f) Escute e seja prestativo:** dê atenção aos colaboradores. Um problema de solução aparentemente simples pode estar perturbando seu time.

**g) Sempre respeite os colaboradores:** independentemente de gênero, religião, preferência política etc. trate seus colaboradores de maneia igualitária.

**h) Trabalhe e demonstre autoconfiança:** delegar é importante, porém mais importante é trabalhar com o time e para o time.

**i) Procure utilizar "nós" ao invés de "eu":** passe ao time um comportamento humilde, sempre enfatizando o todo.

**j) Mantenha o foco nas pessoas:** procure sempre conhecer profundamente os funcionários. Envolva-se nos problemas deles.

## 287 QUAIS SÃO AS QUATRO LEIS DO LÍDER?

A partir do momento que se torna um líder, alguns "privilégios" são perdidos, portando o líder:

**a) Não tem o direito de falar mal da empresa:** o líder é o representante da empresa. Portanto, se falar mal dela estará falando mal de si mesmo, pois os líderes são os responsáveis em criar as estratégias e fazer que seus colaboradores as executem;

**b) Não tem o direito de falar mal de outras áreas:** da mesma forma, falar mal de outras áreas também acaba maculando sua imagem como líder. Se tiver que falar mal de outra área, fale diretamente ao líder dela que tenha o mesmo nível hierárquico que você;

**c) Perde o direito de ser vítima:** o líder jamais pode externar aos seus colaboradores que foi prejudicado ou que a decisão da empresa foi contrária aos valores dele. Após a decisão tomada, ele deve defender os interesses da empresa;

**d) Perde o direito de não confiar:** o líder deve sempre confiar naquilo que seus pares (líderes de outras áreas) lhe passam, bem como naquilo que seus subordinados lhe informam. Não cabe ao líder desconfiar, a não ser que lhe provem o contrário.

Apesar de parecer cruel, esta é a realidade dos líderes. Quando assumem a função, perdem sua própria identidade, em alguns casos.

Em um dos artigos menciono que ética e moral nem sempre andam juntas. Muitas vezes o líder é ético, mas deixa de ser moral.

## 288 O QUE FAZER COM SUBORDINADOS NEGATIVISTAS?

No primeiro momento, temos que separar os preguiçosos dos negativistas.

Preguiçosos são aqueles que utilizam o negativismo para não ter que executar a atividade. Isso ocorre com frequência principalmente na elaboração de atividades trabalhosas como VSMs, "*road maps*", elaboração de "*budgets*" etc.

Já os negativistas são aqueles que, por experiências anteriores malsucedidas, acreditam que não faz sentido fazer aquilo novamente, pois se já não deu certo da primeira vez... O que fazer então para quebrar esse paradigma? Deve-se escutar atentamente os pontos de vista dessas pessoas sobre a atividade em questão e entender quais são os impeditivos que causam esse bloqueio.

Entendido isso, deve-se voltar no tempo e apresentar alternativas que, caso tivessem sido utilizadas, o processo teria sido um sucesso. O intuito não é corrigir o passado e sim demonstrar aos indivíduos que os erros anteriormente cometidos não serão mais repetidos, pois as alternativas já foram criadas. Só dessa forma poderemos ganhar a confiança deles.

Para aqueles outros negativistas que já têm isso no seu DNA, o melhor é pregar no departamento a política da positividade, demonstrando sempre que no final tudo dará certo e, se não der certo, é porque o final não chegou ainda.

## 289 VOCÊ ACREDITA QUE A FORMA QUE VOCÊ LIDERA DETERMINA COMO O SEU TIME TRABALHA?

Sim, os subordinados são o espelho da sua liderança e existem dez dicas que podem ajudar na forma de trabalho do time:

**a)** Seja empático, ou seja, tenha a capacidade de projetar a personalidade das pessoas nos processos, de forma que estes pareçam parte delas;

**b)** Trabalhe sempre orientado por resultados, porém seja fiel aos processos e principalmente às políticas da empresa;

**c)** Demonstre maestria no processo e faça com que todos saibam que conhece tudo dentro da sua área de atuação;

**d)** Imponha firmeza quanto aos resultados e exija que seus subordinados também o façam;

**e)** Demonstre flexibilidade quanto às táticas e mude a rota quando necessário;

**f)** Mantenha sua energia sempre em alta em tudo que executa;

**g)** Escute ativamente a tudo e a todos, por mais insignificante que pareça;

**h)** Seja bom no modo não verbal, ou seja, atitude é sempre melhor que retórica;

**i)** Envolva sempre a todos nas decisões e se atente aos mínimos comentários;

**j)** Pare, reflita e sempre demonstre compaixão.

Certamente existem outras atitudes que poderia destacar aqui, mas o mais importante é entender que atitudes positivas e negativas dos líderes refletem respectivamente positivamente e negativamente nos funcionários.

## 290 MEU MARIDO TRABALHA NA MESMA EMPRESA QUE EU. POR QUE FAZEM O JULGAMENTO DE NÓS DOIS DA MESMA FORMA?

Não deveria ser dessa forma, mas infelizmente uma coisa fica vinculada à outra quase que automaticamente.

Há mais de 20 anos presenciei a demissão de um casal pelo fato de um deles estar agindo de má fé com a empresa e, após consumado o fato, a empresa demitiu os dois ao mesmo tempo.

Apesar das atitudes do marido não terem tido nenhuma relação com a esposa, os dois acabaram sendo demitidos simultaneamente.

Infelizmente as empresas não conseguem separar as coisas e acabam utilizando o mesmo julgamento a ambos. Isso também acontece para outros tipos de parentesco, como pais e filhos.

Por melhor que seja a empresa em que o casal trabalha, é sempre recomendado que um deles migre para outra e, se possível, em um ramo de atividade diferente.

Mesmo que sejam consideradas pessoas independentes uma da outra na empresa, as crises econômicas surgem e podem afetar a companhia ou até o ramo de atividade dessa. Se os dois profissionais estiverem na mesma empresa e/ou ramo, o risco de os dois perderem o emprego ao mesmo tempo é grande.

Para evitar quaisquer situações desse tipo, o melhor mesmo é a diversificação das atividades.

### 291 COMO É LIDAR COM A DIVERSIDADE NO SEU AMBIENTE DE TRABALHO? VOCÊ IGNORA? PROCURA SE ADAPTAR? COMO AGE E REAGE?

Nesses meus 35 anos, presenciei uma mudança muito forte no que tange à diversidade dentro do mundo corporativo.

Quando comecei a trabalhar nesse ambiente, ele era composto basicamente por homens, e as mulheres que trabalhavam nessas empresas ocupavam principalmente cargos de secretárias ou assistentes.

A mudança na forma de ver a questão de gênero começou a se acelerar no início da década de 1990, com a chegada das mulheres nesse ambiente, ocupando posições que antigamente eram ocupadas por homens somente.

Em paralelo a isso, começaram aceitar a diversidade em outras questões, como religião, raça, cultura etc., que foram deixando o ambiente cada vez mais diferente do padrão que existia na década de 1980.

Não é mais possível ignorar essa mudança, que já faz parte do nosso cotidiano, e a melhor coisa a se fazer é adaptar-se a ela, pois isso continuará. Novas gerações vêm surgindo com comportamentos totalmente diferentes daquilo que presenciamos até então.

Reagir a isso é totalmente inútil e certamente os mais antigos, que ainda permanecerão nesse ambiente por mais dez anos, deverão ter uma grande maleabilidade, pois caso contrário serão engolidos ou excluídos desse novo sistema. Lembre-se, a sociedade é dinâmica. Acompanhe-a.

### 292 POR QUE ALGUNS CHEFES INSISTEM EM NOS ADVERTIR, MESMO QUE OS CONVENCEMOS DE QUE ESTÃO ERRADOS?

Infelizmente, a maioria dos líderes não é capaz de dar um passo atrás no momento em que está nos advertindo por algum motivo.

O mais interessante, em alguns casos, é que quando você é bronqueado na frente dos demais, e consegue demonstrar que eles estavam errados, alguns chefes se desculpam também na presença de outros.

Por outro lado, esses mesmos chefes que têm a humildade de se desculpar na frente dos demais, são incapazes de chamá-lo na sala e dizer que estavam errados, mesmo que a bronca tenha ocorrido de forma individual com você.

Já se atentou a isso? Por que será que isso ocorre? Aparentemente, relações de perdão entre chefe e funcionário são mais penosas quando tratadas individualmente, pois uma conversa na sequência provavelmente pode surgir.

Nenhum chefe quer dar continuidade a um assunto que nitidamente mostra um erro dele e, quando discursado em público, esse assunto se encerra naquele momento de maneira simples e eficaz.

Em toda minha carreira, nunca passei por essa situação de conversa individual para que me pedissem desculpa e tenho certeza de que se isso ocorresse eu certamente iria estender a conversa para entender o cerne da questão.

## 293 O QUE SÃO BENEFÍCIOS INFORMAIS?

No meu entendimento, benefícios informais são aqueles que não fazem parte do pacote de benefícios da empresa, mas existem e colaboram sobremaneira para fidelizar o empregado.

Vou citar algumas passagens que tive e entendo que informalmente fui beneficiado pelas empresas, apesar de não terem nenhuma obrigatoriedade em fazer isso:

**a)** Ficar um tempo maior que 15 dias de dispensa médica, sem redução de salário e/ou entrar no INSS;

**b)** Emprestar uma picape da empresa para fazer uma mudança particular;

**c)** Ser agraciado com um jantar com a esposa por fazer um bom trabalho;

**d)** Utilizar o carro da empresa enquanto seu carro particular estava consertando;

**e)** Poder acompanhar a esposa durante todo um problema médico, sem ter que compensar as horas;

**f)** Utilizar canais da empresa, como por exemplo, área jurídica, área médica etc., para solução de problemas privados.

Cabe salientar que todos esses benefícios, apesar de não oficiais, foram autorizados pelas lideranças, sem nenhuma intenção adicional e com riscos assumidos por essas.

Quando paramos para analisar esses benefícios informais, constatamos que são eles que marcam positivamente nossas estadas nas corporações.

## 294 DEVEMOS PERDER TEMPO COM PROFISSIONAIS BABACAS?

Infelizmente, as corporações têm muitos profissionais "babacas". Na Língua Portuguesa, babaca é um termo muito utilizado para designar de forma insultuosa uma pessoa tola, ingênua, boba, idiota ou de baixo intelecto, porém dentro das empresas, o "babaca" é aquele indivíduo que é insuportável, asqueroso e de relacionamento difícil. Não vamos confundir os babacas com as "antas", sobre as quais escrevi nos artigos 145 e 146.

Diariamente nos deparamos com inúmeros "babacas", independentemente do nível hierárquico da pessoa. Esses profissionais têm por característica deixar sua marca, de forma negativa, em tudo que executam. Nota-se uma característica de empoderamento demasiada nessas pessoas, que aparece principalmente nas relações cliente-fornecedor, sejam esses internos ou externos.

Quem nunca participou de uma reunião com um cliente que se excedia, passando a responsabilidade ao fornecedor por não conseguir cumprir prazos, e, de maneira até desrespeitosa, agredia a eles com adjetivos inapropriados?

Temos que lembrar que as pessoas sempre merecem ser respeitadas e que o mundo corporativo é cheio de idas e vindas. Um dia sou cliente e no dia seguinte sou fornecedor. Portanto, pense nisso antes de agir como um "babaca"!

## 295 — O QUE FAZER COM PROFISSIONAIS EXTREMAMENTE PROLIXOS?

Prolixo é um adjetivo que significa muito longo, extenso ou demorado. É empregado quando alguém fala ou escreve demoradamente, com o uso excessivo de palavras.

Essa definição também se enquadra perfeitamente no mundo corporativo. Quantas vezes nos deparamos com discursos ou *e-mails* extremamente longos, que poderiam ser reduzidos em um único parágrafo?

A característica pessoal de prolixidade é inerente a algumas pessoas específicas, que normalmente não têm a mínima noção desse defeito, ou até mesmo que isso incomode os demais.

O melhor a se fazer nesse caso é orientar esses profissionais, de forma sutil, para que não se sintam ofendidos, pois é muito difícil você conseguir mudar uma pessoa no que tange à forma de falar e escrever.

Muitas pessoas são prolixas, pois acham que é bonito utilizar muitas palavras num discurso ou num texto escrito, para rebuscar o conteúdo dos assuntos, mas acabam se excedendo desnecessariamente.

*Coaching* pode ser uma alternativa para melhorar esses profissionais. Mas não se iluda, um prolixo será sempre um prolixo. Mesmo que diminua a intensidade com o tempo, dificilmente perderá a essência da prolixidade.

## 296 — SERÁ QUE REALMENTE FAÇO O QUE GOSTO?

Antes de abordar esse assunto, gostaria de comentar de forma cômica três mentiras que todos conhecem:

**a)** O trabalho enobrece o homem;

**b)** O dinheiro não traz felicidade;

**c)** Só vou colocar a cabecinha.

Com base nessas mentiras, será que poderíamos incluir a quarta mentira dizendo que "trabalhamos por *hobby*"? Arrisco afirmar que trabalhamos porque precisamos e não porque gostamos. Seríamos muito mais felizes se não dependêssemos do salário para viver, mas infelizmente isso não é verdade para mais de 99,9% da população.

Quando você indaga a si mesmo se realmente faz o que gosta, sou seguro em dizer que o que faz o agrada e poderá conviver com isso sem maiores problemas.

Partindo do pressuposto de que não temos muita escolha em fazer o que realmente gostamos, o melhor é tentar tirar proveito do que fazemos, enaltecendo somente as coisas boas, pois, caso contrário, viverá num martírio eterno.

A dissonância entre o que fazemos com aquilo que gostaríamos de fazer é o que causa esse transtorno para nós. Não estou dizendo que devemos nos conformar com o que fazemos e nunca mudar, mas que, mesmo no trabalho/emprego no qual fazemos o que a gente gosta, sempre haverá alguma tarefa, em particular, da qual não gostamos.

## 297 QUAL É A RELAÇÃO QUE DEVO ESTABELECER COM OS "TERCEIRIZADOS"?

Com a mudança da lei trabalhista no final de 2017, cada vez mais teremos pessoas terceirizadas trabalhando conosco.

Apesar da abertura que a nova lei trouxe, ainda temos que respeitar a relação de hierarquia nas terceirizações. Não podemos jamais exercer "chefia direta" com os terceirizados e essa é a relação de fornecedor que deve ser estabelecida.

Constata-se que o custo de um terceirizado é sempre maior que um funcionário da empresa, então por que temos terceirizados ao invés de criarmos determinadas funções dentro das empresas?

Posso estar totalmente equivocado na minha afirmação, mas acredito que as corporações ainda se prendem ao famoso *"headcount"* e passam a falsa impressão aos acionistas que fazem mais produtos com uma quantidade menor de pessoas.

Uma vez que o custo dos terceirizados é alocado nas despesas, ninguém se dá conta que aqueles terceirizados direta ou indiretamente deveriam fazer parte do *"headcount".*

O que mais me deixa intrigado é que mesmo provando financeiramente que um terceirizado é mais oneroso para a empresa, ninguém aprova uma vaga interna. Será que isso só acontece nas empresas escandinavas? Ou na sua empresa também acontece?

## 298 COMO LIDAR COM O INDIVÍDUO QUE SEMPRE SEMEIA A DISCÓRDIA?

Algumas pessoas têm uma personalidade intrínseca de semear a discórdia, principalmente sem atentar para as consequências. Esse tipo de comportamento não é tolerado dentro do mundo corporativo e normalmente é banido.

Se você possui algum colaborador que tem essa característica, utilize a regra das "três conversas":

> **a) Primeira:** chame-o reservadamente em uma sala e explique detalhadamente os pontos que denotaram essa característica. Exponha as possíveis consequências dessas atitudes e peça que ele melhore nesse sentido;
>
> **b) Segunda:** novamente o chame de maneira privada, informando-o que o que foi conversado anteriormente com ele não surtiu efeito e que ele cometeu novamente os mesmos erros. Advirta-o oficialmente com os meios cabíveis da empresa. Deixe claro que nem você, muito menos a empresa, tolera esse comportamento e, se isso se repetir, infelizmente alguma ação mais severa será tomada;
>
> **c) Terceira:** prepare a carta de demissão junto à área de recursos humanos e proceda com ela.

Lembre-se de que a demissão não é o momento de dar explicações ou justificativas do fato, simplesmente faça, pois tudo foi devidamente esclarecido anteriormente.

Infelizmente, a única solução para esse tipo de pessoa é a demissão!

## 299 QUAIS FATORES PERENIZAM OS FUNCIONÁRIOS NAS EMPRESAS?

Dez fatores principais contribuem:

**a) Tempo de serviço:** estar no mesmo trabalho por longo tempo faz conhecer mais seu cotidiano e a chance de ser reconhecido é maior;

**b) Oportunidade de liderança:** aumenta a chance de liderar os recém-chegados, por ter grande conhecimento da empresa;

**c) Estabilidade:** dará mais estabilidade em sua carreira e deixará sua mente livre para pensar na sua vida pessoal;

**d) Aposentadoria e férias:** mudar de emprego frequentemente torna muito mais difícil fazer as contas para a aposentadoria, sem contar que acaba perdendo férias;

**e) Mais benefícios:** há benefícios informais que apenas com o tempo você percebe, como ter tempo mais flexível, poder chegar mais tarde, entre outros;

**f) Autoajuda:** implica em saber lidar com diferentes pessoas e possíveis crises e mudanças pelas quais a empresa venha a passar;

**g) Confiança:** tanto seus superiores como seus subordinados terão mais confiança no seu trabalho e a tendência é conquistar mais espaço;

**h) Flexibilidade:** acumular funções e conhecimento não apenas de sua área;

**i) Perseverança:** doar-se de forma saudável e procurar soluções para problemas mostrará o quanto você é leal à empresa;

**j) Legado:** empresas darão valor ao seu profissional se ele der valor as suas funções e realizá-las com vontade.

## 300 PODEMOS ENTENDER QUE O MOMENTO DA PROMOÇÃO É A PASSAGEM DO ÚLTIMO GRAU DE COMPETÊNCIA PARA O PRIMEIRO GRAU DE INCOMPETÊNCIA?

Essa é uma teoria que defendo, apesar de muitas pessoas não concordarem com minha afirmação. Poderíamos passar horas discutindo sobre esse tema e certamente teríamos opiniões diversas.

A defesa da minha tese baseia-se na fase de mudança da promoção, ou seja, entre seu cargo atual e seu cargo futuro. Vamos partir para o exemplo:

**a) Cargo atual:** gerente. Você é extremamente competente na função que ocupa e, por isso, será promovido para diretor;

**b) Cargo futuro:** diretor. Você foi extremamente competente na função que ocupava e, por isso, será promovido para diretor, porém como trata-se de um cargo futuro, ainda não foi capaz de mostrar competência nessa função, portanto é incompetente na função até que seja promovido.

Como podemos afirmar que a pessoa será competente na nova função, se ela ainda não provou nada?

Seguindo minha tese, quando estagnamos na função e não somos promovidos para o cargo superior, significa que não atingimos o grau de competência necessário na função atual, o que nos limitou, concordam? Ou seja, somos todos incompetentes na função que ocupamos.

Conclusivo, porém filosófico. Mas não tenho a pretensão que concordem e sim questionem.

## 301 MANDA QUEM CONHECE E OBEDECE QUEM RESPEITA?

Já me deparei com diversos profissionais que detêm um conhecimento extremo sobre aquilo que executam, bem como são bons na interface com as áreas. Esses indivíduos são verdadeiros "oráculos humanos", capazes de resolver qualquer assunto pertinente.

Esse conhecimento adquirido passa a ser respeitado pelos demais a partir do momento em que começa a interagir com eles, criando-se até uma dependência quando há necessidade de tomadas de decisões.

Encontramos nesses "oráculos" diversos tipos de personalidades, com características como antipático ou simpático, introvertido ou extrovertido, humilde ou arrogante, tolerante ou intolerante, entre outros inúmeros adjetivos.

Independentemente da personalidade desses profissionais, o fator conhecimento é o que determina a necessidade de tê-los por perto.

Apesar das corporações serem cada vez mais rígidas no que tange aos comportamentos dos indivíduos, nesses casos especificamente, mesmo que eles tenham personalidades "polêmicas", as empresas acabam fazendo "vista grossa" para que eles sejam mantidos no quadro de funcionários.

Podem perceber, as empresas são mais tolerantes com essas pessoas com mais conhecimento, mesmo que alguns valores particulares não sejam apreciados ou alinhados com os da empresa.

## 302 POR QUE ERROS SÃO ENTENDIDOS E INCOERÊNCIA, NÃO?

Na Língua Portuguesa, erro pode ser entendido como juízo ou julgamento em desacordo com a realidade observada ou como engano. Incoerência é a ausência de congruência, de harmonia de algo com o fim a que se destina, desarmonia, impropriedade.

No mundo corporativo, erros são inerentes a todos e, como disse anteriormente, "só erra quem trabalha...". Aplico essa frase principalmente aos iniciantes, que normalmente costumam ficar inseguros e, em algumas vezes, com medo de executar as atividades. Complemento ainda que, "no mundo corporativo, não existe nada que não possa ser corrigido... somente para a morte não temos solução".

Por outro lado, incoerência é algo inaceitável nesse ambiente, apesar de ser comum em algumas lideranças. As incoerências vão desde privilégios diferenciados para alguns, até mudanças de decisão dependendo do público a quem se destina.

Os indivíduos desse ambiente, e principalmente os líderes, não podem ser incoerentes mesmo que tenham que "pagar um alto preço por isso". O comportamento coerente é o que faz a diferença nos grandes líderes e é um dos maiores fatores de admiração das pessoas. Seja coerente o tempo todo e encare isso como condição *"sine qua non"*!

## 303 APELIDOS REALMENTE PODEM TRAZER COMPLICAÇÕES DE ASSÉDIO?

Atualmente, sim. O nível de tolerância das pessoas diminuiu sobremaneira nos últimos anos, em conformidade com as tendências da nossa sociedade.

Passamos recentemente por diversos movimentos contra o "*bullying*" praticado com os indivíduos, desde a idade pré-escolar e ao longo da vida profissional.

A insistência em utilizar apelidos para certas pessoas, além de caracterizar "*bullying*", pode ainda ser entendida como assédio, o que pode culminar em processos jurídicos por danos morais.

Nas décadas de 1980 e 1990 era muito comum chamarmos as pessoas de "tampinha" ou "pintor de rodapé" quando nos referíamos à estatura de alguém mais baixo ou até de "negão" ou "bola 7" quando nos referíamos a uma pessoa da raça negra. Isso atualmente é totalmente banido e não há mais espaço dentro do mundo corporativo.

Temos que tomar bastante cuidado e entender se os indivíduos relacionados aos apelidos aceitam ou não esse tipo de abordagem.

Por outro lado, temos os oportunistas, que aceitam espontaneamente os apelidos, porém, quando demitidos, processam a empresa por assédio, relatando que o chefe os tratava com essas denominações.

Para evitar qualquer situação ruim, nunca chame ninguém pelo apelido. Use sempre o nome ou sobrenome, de acordo com a preferência da pessoa.

## 304 CONTRATAÇÕES EXTERNAS SÃO BENÉFICAS PARA A EMPRESA?

Na maioria das vezes, não, em função da não adaptação dos profissionais externos.

Tive a oportunidade de fazer diversas contratações na minha carreira e muitas delas considerando contratações externas. O insucesso nessas contratações é muito alto, sendo que a cada dez pessoas contratadas, somente duas acabavam ficando na empresa, ou seja, 80% de falha.

Não estou afirmando que o processo de seleção não foi bem feito. Realmente isso pode ser um fator, porém num espaço amostral bastante grande nas cinco empresas diferentes nas quais trabalhei, teoricamente isso não seria o indicador principal.

A dificuldade de adaptação à empresa não acontece com contratações internas e, consequentemente, a cada dez contratações internas, apenas três não deram certo, chegando ao índice de insucesso de apenas 30%.

Sou extremamente favorável à utilização de potenciais internos para o preenchimento das vagas. Como digo frequentemente, não é necessário um cientista da NASA para trabalhar nas corporações, portanto, qualquer um que tenha um pouco de vontade será capaz de assumir outra função.

Acredito que profissionais externos podem ser benéficos para tirar os demais das "zonas de conforto", algo comum nas corporações.

## 305 É SALUTAR PROMOVER EVENTOS COM MEUS COLABORADORES NA MINHA CASA?

Isso é importantíssimo! A convivência externa à empresa possibilita em muito o conhecimento real sobre a personalidade das pessoas. Até alguns potenciais problemas de *compliance* poderão ser evitados com essa proximidade com os colaboradores.

Logicamente, alguns funcionários poderão ficar inibidos com a situação e até desconfortáveis em frequentar a sua casa, porém, com o tempo, a relação ficará mais amistosa e a timidez não existirá.

Algumas regras são importantes para o sucesso desses eventos:

**a)** Não exerça a função de chefe nos eventos;

**b)** Procure tratá-los como amigos, não como subordinados;

**c)** Seja o mais humilde possível e nunca se vanglorie materialmente pela casa ou pertences;

**d)** Procure recebê-los como se fossem velhos conhecidos da sua casa;

**e)** Não exagere na formalidade do evento, com comidas exóticas, talheres de prata, cristal da Dinamarca etc.;

**f)** Seja cauteloso com bebidas alcoólicas, pois poderá ter surpresas desagradáveis;

**g)** Evite eventos com o uso de piscina ou trajes ousados, para evitar situações desconfortáveis.

Tomados certos cuidados, os eventos serão certamente salutares para melhorar a integração do time, bem como para demonstrar aos seus funcionários que você também é uma pessoa comum.

## 306 É POSSÍVEL TERMOS AMIGOS NO TRABALHO?

Empresas especializadas em recursos humanos apresentaram recentemente pesquisas com os seguintes resultados comparativos:

**a)** 18% acreditam que ser amigo dos colegas os tornam mais produtivos;

**b)** 50% da geração "Y" acredita que amizade no trabalho é motivadora;

**c)** 35% da geração "Y" acredita que a produtividade aumenta quando existe amizade entre colaboradores.

Até que ponto podemos acreditar que isso é realmente verdade? Aparentemente, os números são relativamente baixos.

Na transição entre as gerações "X" e "Y" notei uma acentuada perda de amizade entre os profissionais nas empresas. Se pudesse fazer uma comparação, das cinco empresas nas quais trabalhei, mantenho mais relacionamento com as pessoas que trabalharam comigo no primeiro local, por onde passei há mais de 20 anos.

Antigamente era mais comum termos *"happy hours"*, confraternizações de final de ano com as famílias, entre outros eventos. Hoje, a própria sociedade não está mais flexível para os eventos e acabamos nos enclausurando cada vez mais nas nossas casas, assistindo à Netflix.

Parece que a cada dia fica mais difícil ter amigos nas empresas. Dificilmente nós estamos nos permitindo isso!

## 307 SÓ HÁ APRENDIZADO QUANDO HÁ MUDANÇA DE COMPORTAMENTO?

Albert Einstein, em sua sapiência suprema, disse: "Insanidade é continuar fazendo sempre a mesma coisa e esperar resultados diferentes".

Essa frase me remete à pergunta acima, ou seja, a única maneira de se aprender é com a mudança de comportamento. Não existe nenhuma maneira mágica de aprender sem isso.

Comportamento é o termo que caracteriza toda e qualquer reação do indivíduo perante o meio em que está inserido. Trata da forma como as pessoas procedem perante os estímulos, em relação ao entorno. O aprendizado só surtirá efeito se os estímulos promoverem uma mudança de comportamento e é exatamente isso que as empresas esperam dos seus associados.

Quando a pessoa possui padrão de comportamento estável, chamamos isso de conduta. Não é esperado dentro do ambiente corporativo que a conduta do indivíduo seja imutável, muito pelo contrário, a expectativa é que o aprendizado colabore com essa mudança de conduta.

Procure sempre assimilar o máximo de qualquer aprendizado, pois se não conseguir aplicá-lo no seu ambiente profissional, certamente conseguirá em algum momento da sua vida pessoal.

Não encare os treinamentos das empresas como "mais um". Tire proveito deles, pois quando se aposentar, as invés de desdenhar, sentirá falta deles.

## 308 COSTUMO REBATER E-MAILS COMO UMA "PARTIDA DE TÊNIS". ISSO ME PREJUDICA?

Isso não necessariamente o prejudica, mas você ficará conhecido na empresa como "jogador de tênis", o que não é um dos melhores adjetivos para uma pessoa. Explico.

A característica do "jogador de tênis" é de passar a bola para o outro lado e tentar complicar ao máximo a devolução por parte do adversário. Será que quando rebatemos os *e-mails* não temos a mesma intenção?

Normalmente, quando as trocas de *e-mails* começam, pode perceber que a agressividade vai aumentando de um *e-mail* para o outro, com o objetivo principal de coagir a outra pessoa. Veja que as partidas de tênis têm a mesma intenção, só que nesse caso a outra pessoa é um adversário a ser derrotado.

Perceba também que as trocas de *e-mails* desse tipo sempre acontecem com pessoas em cópia. Dificilmente duas pessoas trocam *e-mails* sem uma plateia. Interessante, né? Aparentemente ninguém quer perder a partida.

Procure se conter nas respostas para não transformar a troca de *e-mails* numa partida de tênis. Se notar que isso vai acontecer, seja profissional e ligue para a pessoa e, individualmente, esclareça o assunto.

Lembre-se, nem toda plateia gosta de assistir partida de tênis!

## 309 POR QUE ALGUMAS PESSOAS, QUANDO PROMOVIDAS, MUDAM DE COMPORTAMENTO?

Observa-se que muitas pessoas, quando atingem uma nova posição, como por exemplo, passam de analista sênior para coordenador, mudam totalmente o discurso. Parece até que esquecem que foram analistas um dia.

Isso é muito comum em todos os segmentos do mercado e não somente no mundo corporativo, pois é uma característica inerente ao ser humano.

Existem algumas explicações para esse tipo de comportamento que vão desde insegurança até empoderamento, mas não podemos concluir isso imediatamente.

A primeira ação de todo e qualquer "promovido" é justificar a escolha e é aí que as mudanças de comportamento ocorrem. Ninguém, sem exceções, quer que sua gestão caia em descrédito ou fique em ruína, por isso, começam a tomar certas precauções que não tinham quando ocupavam o cargo anterior.

Essas precauções certamente serão interpretadas como mudança de comportamento pelos demais, porém deve-se levar em consideração que se estivessem no lugar daquele, possivelmente agiriam da mesma forma. Olha a empatia!

Vamos procurar entender essas mudanças como período de transição e só tirar alguma conclusão se isso não cessar com o passar do tempo. Sejamos pacientes.

## 310 SÓ TENHO AMIGOS NO TRABALHO, ISSO É UM PROBLEMA?

Vamos dividir o assunto em duas classes, amigos e colegas de trabalho. Normalmente as pessoas consideram os colegas de trabalho como amigos e isso é um grande engano.

Colegas de trabalho são os indivíduos com os quais nos relacionamos no cotidiano profissional e que, se os encontrarmos fora do expediente, são certamente capazes de interagir de uma maneira amistosa e educada. Com os colegas de trabalho poderemos até criar laços interativos que denotam uma afinidade, porém não vai nada além disso.

Claramente os colegas de trabalho restringem os assuntos no âmbito profissional e dificilmente fogem disso, mesmo que estejam num *"happy hour"*, ou em qualquer outro evento fora da empresa.

Não estou afirmando que não temos amigos no trabalho, mas isso é raro. Os verdadeiros amigos são aqueles que nos procuram nos momentos tristes e felizes, fazem parte do nosso ambiente familiar e são capazes de entender as nossas necessidades.

Certamente é um grande problema ter amigos somente na empresa, pois quando você a deixar, o vínculo será quebrado e, consequentemente, ficará só. Procure ter amizades fora do ambiente de trabalho e interaja com profissionais das diversas áreas. A diversidade é o que nos faz crescer no sentido mais amplo das convivências.

## 311 CONFRATERNIZAÇÃO DE FINAL DE ANO. REALMENTE FAZ SENTIDO?

É chegado o tão esperado momento da confraternização.

Por experiência, recomenda-se o uso de "Demagogil" pelo menos três semanas antes do evento e "Hipocrisil" algumas horas antes.

O "Demagogil" servirá para amenizar as reações do organismo, às "pérolas" das lideranças, quando relatam a importância de realizar o evento, principalmente para reconhecimento das pessoas, enaltecendo sobremaneira o quanto foram importantes durante o ano.

O "Demagogil" agirá no seu organismo de forma a deixá-lo com "cara de paisagem" a cada sugestão temática mirabolante dada pelo grupo, fazendo com que você não discorde de nada e até faça sugestões que jamais faria sem o uso desse medicamento.

Por outro lado, o "Hipocrisil" servirá para mantê-lo tranquilo e sereno durante o evento. Seu organismo reagirá harmoniosamente aos comportamentos das pessoas, principalmente durante os momentos ímpares da confraternização, mantendo seu ímpeto de falar a verdade submerso em seu íntimo.

A melhor maneira de passar ileso por essas confraternizações é com o uso dessas duas medicações. Nunca relute em utilizá-las, pois não produzem efeitos colaterais e o efeito prolongado delas poderá ser benéfico no início do próximo ano, quando retornar ao trabalho.

## 312 OS LÍDERES SÃO TOLERANTES AOS PROBLEMAS PESSOAIS?

Devido à necessidade cada vez maior das famílias em trabalhar, os problemas pessoais acabam fazendo parte da vida profissional, uma vez que eles nem sempre são solucionáveis fora do período de trabalho.

Somos obrigados cada vez mais a participar dos problemas familiares, seja dos descendentes ou dos ascendentes, o que requer, na maioria dos casos, um afastamento momentâneo das atividades profissionais do dia a dia.

Existe uma linha bastante tênue nessas situações e me arrisco a dizer que a tolerância tem um limite que depende de cada tipo de chefia.

As lideranças atuais são mais tolerantes aos problemas pessoais, mas quando eles se tornam repetitivos e começam a atrapalhar o desempenho do colaborador, isso pode romper esse limite.

O bom senso deve ser o balizador nessas ocasiões. Tente sempre resolver os problemas pessoais fora do horário de expediente e quando isso não for possível, tente compensar as horas perdidas com atitudes que demonstrem sua contrapartida à chefia.

Procure também dividir o problema, quando aplicável, com outros familiares, minimizando ao máximo sua necessidade de estar presente.

# PARTE 5:
# PROCURANDO EMPREGO

**PARTE 5: PROCURANDO EMPREGO**

## 313 PERDI MEU EMPREGO E ESTOU DESESPERADO. O QUE FAÇO AGORA?

Calma! Não é motivo para desespero. Deixo abaixo cinco dicas que podem lhe dar um direcionamento ou amenizar o sofrimento:

**a)** As crises no Brasil são temporárias e passam. Certamente essa não é a primeira e não será a última, aliás, passamos a maior parte do tempo em crises econômicas;

**b)** Nem todas as empresas entram em crise, muito pelo contrário, algumas até intensificam as atividades nesse período. Procure então focar nelas para enviar os currículos;

**c)** Não fique parado em casa sem fazer nada. Aproveite seu tempo livre para treinamentos ou atividades filantrópicas. Lembre-se, "cabeça vazia é a oficina do demônio";

**d)** Peça ajuda a sua rede de contatos e colegas das empresas onde trabalhou. Agora não é momento de ser orgulhoso. Se tiveram problemas no passado, eles devem ser esquecidos e deixados para trás;

**e)** Se for necessário, aceite ofertas de emprego com remuneração inferior àquela que possuía, independentemente se não for compatível com seu cargo anterior ou mesmo com sua formação acadêmica. Esse não é o momento de recusar ofertas.

Continue firme que certamente o novo emprego aparecerá!

### 314 RECUSEI UMA OFERTA DE EMPREGO E ME ARREPENDI. POSSO RECONSIDERAR?

Essa é uma situação muito complicada, pois a partir do momento em que a empresa lhe faz uma oferta, ela espera que a resposta seja definitiva, sim ou não.

Existem dois tipos de empresas, aquelas que são extremamente profissionais e entenderão que no primeiro momento a resposta foi impulsiva e o aceitarão. Porém, outras não lhe darão uma segunda chance, pois poderão entender sua reconsideração como um ponto de indecisão, o que poderia ser uma característica pessoal a prejudicar seu desempenho após admitido.

Mesmo que esteja muito arrependido, o ideal seria não reconsiderar, para evitar qualquer interpretação da empresa, mas nós somos seres humanos e os erros fazem parte do nosso aprendizado.

No caso de reconsiderar, não explique muito por que está mudando de ideia. Simplesmente informe que, após sua recusa, algumas informações importantes sobre a função, empresa etc. chegaram ao seu conhecimento de forma bastante positiva e que, reconsiderando, a oferta lhe traria uma oportunidade imensa de crescimento profissional.

### 315 VOU PEDIR DEMISSÃO. QUAIS CUIDADOS DEVO TOMAR?

Este é um dos momentos mais importantes da vida profissional, portanto alguns cuidados devem ser tomados antes de oficializar a decisão:

Tenha certeza absoluta que é isso que você quer profissionalmente. Converse com amigos que já mudaram de empresa e pergunte sobre as experiências que tiveram.

Prepare uma carta para seu gestor imediato solicitando a demissão, bem como informando o limite máximo de tempo que estará disponível para a empresa.

Escolha um horário para conversar no qual seu gestor poderá estar atento e dedicado a você;

Logo no início dessa conversa, informe que é para pedir demissão e entregue a carta. Provavelmente será indagado se existe alguma possibilidade de reverter isso ou, se tem algum motivo específico. A resposta deve ser simples, informando que três pontos foram cruciais para sua decisão, são eles: oportunidade maior de crescimento, qualidade de vida junto à família e remuneração. Nenhum gestor tem argumentos contra esses fatos.

Nessa ocasião, não fale mal da empresa, não deixe margem para barganha, nunca reclame da remuneração atual, não mencione relacionamento com colegas etc. O único ponto que pode ser negociado é o tempo para passar atividades a outra pessoa.

A objetividade é primordial para que deixe sempre as portas abertas!

## 316 AS DEMISSÕES SÃO PESSOAIS?

Sim, as demissões são pessoais. É importante deixar claro que essa afirmação não inclui os casos de *"compliance"*, nos quais realmente não há privilégio para os infratores. Para os demais casos, a pessoalidade prevalece.

Os líderes sempre têm seus preferidos por empatia e pelos bons resultados apresentados, além da convivência entre chefe e funcionário.

Cada vez mais, o bom relacionamento entre as pessoas no ambiente de trabalho atua beneficamente nos resultados das áreas. Mas mesmo que tenhamos uma área extremamente engajada e com relacionamento excepcional, no momento da demissão a decisão do líder sempre será por aquele que tiver a pior relação pessoal com ele.

É importante deixar claro que profissionais de baixa *performance* dificilmente permanecem nas organizações, pois os líderes são cobrados constantemente por resultados e certamente a relação pessoal entre o líder e esses profissionais será ruim.

Nepotismo ainda existe, mas não dura por muito tempo, a partir do momento em que o líder sente que sua própria posição fica comprometida.

### 317 — POR QUE A MAIORIA DOS CURRÍCULOS É IGNORADA?

Quem nunca ficou aborrecido por não ter sido contatado para uma entrevista?

As empresas recebem anualmente milhares de currículos e não têm tempo de analisar a todos. Temos que dividir a questão em duas partes:

A primeira é a relação entre o perfil da vaga e a capacitação. Nota-se que muitas pessoas enviam os currículos sem estarem aptas àquela função, sem observar os requisitos mínimos.

A segunda é referente à prolixidade. Quem analisa um currículo não tem tempo para detalhes e foca na primeira página. Percebe-se claramente que a maioria dos currículos possui dados irrelevantes, como "habilidade em *Microsoft Office*", treinamentos de diversos tipos etc.

É importante que as pessoas mencionem na primeira página as principais contribuições que executou na vida profissional, com resultados bastante claros. As experiências internacionais devem também ser citadas nessa página. A partir daí, deve-se mencionar as empresas trabalhadas, respectivas funções e atividades relacionadas em ordem cronológica da mais recente para a mais antiga.

Caso o analista tenha se impressionado com a primeira página, irá para a segunda e terceira, que é o limite máximo de páginas de um currículo.

### 318 — POSSO DEIXAR REFERÊNCIA DE PROFISSIONAIS NO MEU CURRÍCULO?

Os currículos normalmente não têm referências profissionais informadas pelo candidato, porém não há problema algum em fazer isso, mas deve-se observar alguns critérios:

**a)** A referência deve ter um cargo mínimo de gerência, ou um cargo superior ao nível que você está se candidatando;

**b)** A empresa dessa pessoa deve ser conhecida no mercado e, preferencialmente, de grande porte;

**c)** As informações da referência devem ser completas com nome, cargo, empresa e telefones, se possível o celular;

**d)** Deve-se conversar antes com a pessoa e pedir autorização para incluí-la. Nunca force a situação, pois muitos aceitam para não constranger, porém não são os mais indicados para referenciá-lo;

**e)** Certifique-se de qual é o parecer dessa pessoa sobre o seu perfil profissional. Não existe nada pior do que colocar uma referência de um indivíduo que não considera você como um bom profissional;

**f)** Não coloque referências de pessoas que têm um vínculo forte de amizade com você, pois poderiam estar influenciadas;

**g)** Procure deixar no máximo três pessoas de referência e que sejam de empresas e segmentos diferentes;

**h)** Nunca coloque como referência uma pessoa que nunca teve contato profissional com você. Isso é dar "um tiro no pé".

## 319 — COMO DEVO PROCEDER COM OS CURRÍCULOS QUE RECEBO QUASE QUE DIARIAMENTE? DEVO PASSAR PARA FRENTE? IGNORAR?

Todos nós recebemos currículos e a maioria é de pessoas desesperadas em arrumar um emprego, mas como proceder para não ferir aqueles que pedem ajuda? Bom senso e discernimento.

Considere que, se você está recebendo currículos, provavelmente é um profissional qualificado, portanto, pode e deve discernir sobre quais currículos enviar, recusar ou orientar.

Somente reenvie currículos se tiver certeza de que aquela pessoa tem condição de assumir o cargo pretendido ou, se não existir um cargo ainda, que o candidato é um ótimo profissional.

Se você perceber que o currículo da pessoa não tem a capacitação suficiente, seja educado e informe que manterá o contato em seu arquivo pessoal e enviará adiante caso surja uma oportunidade ou uma solicitação de indicação.

Caso você sinta que o currículo recebido é passível de orientação à pessoa, sem que o orgulho seja ferido, verifique os pontos de capacitação que ela deveria melhorar e talvez até a forma como o currículo deveria ser elaborado. Oriente-a.

Jamais fique com remorso por não ter repassado um currículo, pois indicar pessoas não qualificadas é mais nocivo do que "ter peso na consciência".

## 320 QUAL POSTURA DEVO TER NUMA ENTREVISTA DE EMPREGO?

O ponto mais observado numa entrevista é a linguagem do corpo. O entrevistador ficará atento aos seguintes aspectos:

**a) Seus gestos corporais serão espelhados pelo entrevistador para criar um bom relacionamento:** observe isso logo no início da entrevista;

**b) O entrevistador é treinado para identificar a linguagem corporal:** suas palavras correspondem ao que está sendo dito pelo corpo;

**c) Haja por meio de sinais positivos:** postura segura confirma autoconfiança. Foque seus olhos nos olhos dele. Gestos explanatórios com as mãos revelam tranquilidade. Pernas relaxadas indicam corpo à vontade.

**d) Modo de falar:** não fale rápido demais, pois poderá denotar nervosismo ou grande entusiasmo. O tom de voz também deve ser controlado. Falar muito alto ou muito baixo podem comprometer sua entrevista;

**e) Não seja jamais evasivo:** algumas questões não gostaríamos de responder, seja por não sabermos a resposta, seja por entendermos que isso pode revelar alguma fraqueza. Mantenha seus olhos focados nos do entrevistador e evite fazer rodeios ou utilizar jargões que o confundam. Não fique se remexendo na cadeira ou mexendo no cabelo. Seja o mais sincero possível, evitando que seu corpo o entregue. Lembre-se sempre de que seu corpo fala por você!

### 321 TER TRABALHADO EM MUITAS EMPRESAS PREJUDICA MEU CURRÍCULO?

Muitas pessoas acreditam que excesso de empresas no currículo pode prejudicar sua carreira. Alguns pontos devem ser considerados.

O que mais chama a atenção de um entrevistador são os períodos curtos em cada empresa, pois serão indagados durante as entrevistas.

Nos últimos 40 anos, as interpretações sobre este assunto foram e voltaram, de forma a criar uma confusão. Muitos diziam que os melhores currículos eram aqueles que têm poucas empresas. Por outro, lado existiam opiniões diferentes, como dos que acreditavam que o profissional deveria mudar de empresa a cada cinco anos. Ou seja, dependendo da época, as versões mudavam.

Num currículo, o importante é mostrar as diferentes experiências adquiridas em uma ou várias empresas, mostrar que o indivíduo foi capaz de fazer uma "conexão" de crescimento profissional entre os departamentos pelos quais passou e entre as empresas nas quais trabalhou. É exatamente isso que gera a experiência profissional de cada um e gera interesse dos recrutadores.

Não se deixe influenciar por modismos do mercado, mas esteja seguro das mudanças na sua vida profissional, pois se essas "conexões" não forem bem preparadas, poderão lhe trazer alguns desconfortos futuros.

### 322 CORTE DE CABELO, TATUAGEM ETC. PODEM INTERFERIR NUMA ENTREVISTA?

Nenhum tipo de preconceito como de raça, gênero, religião, preferência política, orientação sexual, entre outros deveria interferir numa entrevista, mas infelizmente o ser humano ainda não tem evolução espiritual suficiente para esse discernimento.

Tive a oportunidade de me deparar com uma situação na qual, devido ao meu conhecimento de mercado, me perguntaram sobre um profissional que foi selecionado para um determinado cargo, pois ele seria o escolhido.

Minha recomendação aos solicitantes (no caso o CEO e o CFO) foi que o profissional era extremamente qualificado para a função, no que tange aos conhecimentos técnicos, bem como no seu perfil pessoal na parte ética e comportamental. Resumindo, deixei claro aos dois que deviam contratá-lo, pois seria um grande ganho para a empresa.

Em função disso, eles me informaram que fariam a contratação baseados em todo o processo de seleção e principalmente pela minha recomendação. Mas, para minha surpresa, pediram que conversasse com o candidato no quesito aspecto pessoal, relacionado ao corte de cabelo, para que cortasse de acordo com padrão "convencional"!

Ou seja, aspecto pessoal ainda é levado em conta nas entrevistas.

## 323 EXAME MÉDICO PODE REPROVAR O CANDIDATO NA ADMISSÃO?

Todo o processo admissional requer uma série de parâmetros que serão levados em conta para a tomada de decisão. Parâmetros esses relacionados ao conhecimento profissional, comportamento pessoal, capacidade de trabalhar em equipe e outros.

Após essas etapas cumpridas, o candidato escolhido passará por uma "bateria" de exames médicos que definirão se o candidato é ou não fisicamente apto ao trabalho. Aí que começa o problema.

As empresas não somente avaliam se o candidato é apto ao trabalho, mas também se a atual condição de saúde do indivíduo poderá trazer algum problema futuro para a empresa. Isso não é um caso isolado, mas sim uma prática constante das empresas.

A lei trabalhista é bastante clara e supostamente não deveria haver esse tipo de discriminação, porém as empresas se veem forçadas a atuar dessa maneira, pois os problemas legais podem ser grandes se o candidato vier a ter um problema de saúde.

Enquanto não tivermos um governo capaz de assumir sua função primária de Estado, as empresas serão forçadas a agir dessa forma. Esperemos que num futuro próximo as coisas mudem e esse fator seja eliminado dos processos de seleção.

## 324 "NETWORK" PODE REALMENTE AJUDAR?

Sim, pode. Percebemos claramente que a maioria das reposições das vagas ocorre por meio de indicações e que, muitas vezes, nem passa por um processo de seleção. Quando passa, serve somente para cumprir o procedimento.

As empresas não querem ter mais surpresas com contratações malsucedidas, portanto, cada vez mais ferramentas como o LinkedIn são usadas nas consultas dos profissionais.

A "*network*" não é usada somente nas contratações, mas principalmente em informações importantes entre as empresas, respeitando-se obviamente as políticas de confidencialidade delas.

Já existem no mercado associações de empresas para tratar de assuntos relativos às áreas de atuação como recursos humanos, compras etc. Nelas são abordados assuntos não confidenciais relativos às boas práticas das empresas.

Esse ambiente tem sido bastante salutar uma vez que processos são discutidos sem entrar em assuntos estratégicos de cada companhia.

Não existem mais empresas blindadas no mercado, portanto, é importante manter sua "*network*" ativa, pois o ajudará num futuro próximo.

## 325 POSSO MENTIR NUMA ENTREVISTA DE EMPREGO?

Pode, mas não deve! Existe uma linha tênue entre mentir e omitir. Lembre-se de que omitir não é mentir e, muitas vezes, é importante para não abrir "portas" para perguntas inconvenientes.

Muitos entrevistadores gostam de conduzir a entrevista nesse sentido, com perguntas relacionadas a: forma como foi demitido, por que ficou parado sem trabalhar, por que trabalhou por pouco tempo em determinada empresa, entre outras questões constrangedoras.

O melhor a se fazer nesse momento é tentar tirar proveito da situação e respondes às questões de maneira positiva, por exemplo:

**a)** Qual a razão da sua demissão? A empresa passava por uma situação delicada e a redução de pessoal foi necessária;

**b)** Por que ficou tanto tempo parado sem trabalhar? Na verdade, eu continuei trabalhando com algumas atividades autônomas que me trouxeram oportunidade de analisar o que realmente queria;

**c)** Por que trabalhou por pouco tempo naquela empresa? Tinha uma expectativa equivocada de crescimento profissional, porém, após pouco tempo, percebi que me enganei.

Essas respostas poderão criar perguntas novas, mas é importante que as ligações entre as respostas façam sentido. Não existe nada pior que uma entrevista se tornar uma acareação. Evite isso!

## 326 - FUI CONVIDADO A MUDAR DE ÁREA DE ATUAÇÃO DEPOIS DE MUITOS ANOS NA MESMA FUNÇÃO. DEVO ACEITAR?

Já presenciei algumas situações desse tipo que acabaram trazendo problemas posteriores aos envolvidos, uma vez que após muitos anos na mesma área, essas mudanças não são comuns, mas não existe nenhum empecilho para isso.

Existem áreas com muitas similaridades entre si e mudanças entre elas não causarão maiores problemas, como, por exemplo, entre as áreas de engenharia e produção ou até entre vendas e compras.

Porém, mudanças entre áreas totalmente diversas como jurídico e engenharia ou recursos humanos e finanças podem ser muito mais difíceis.

É importante ter em mente se a sua formação acadêmica pode ajudar a se adaptar à mudança antes de efetivá-la. Se você, por exemplo, tiver a formação em Direito e está trabalhando em finanças e pretende mudar para a área jurídica, provavelmente não será um problema.

Alguns gestores, em função de sua "genialidade de um quadrupede", acreditam que um excelente profissional de TI, com formação em matemática, pode assumir a função de gerente de produção sem maiores consequências. Tome bastante cuidado com esses "convites" inusitados, pois podem destruir sua carreira e você passa de herói para vilão em questão de meses.

## 327 POR QUE AS PESSOAS DIZEM QUE ESTÃO EM BUSCA DE NOVAS OPORTUNIDADES AO INVÉS DE FALAR QUE ESTÃO À PROCURA DE EMPREGO?

Alguns até utilizam a expressão "em transição de carreira". Interessante, não é? Acho que não tem necessidade disso.

Ninguém que está empregado utiliza a expressão "em busca de novas oportunidades", pois se estiver realmente buscando, fará de forma velada. E quanto a "estar em transição de carreira", pouco provável também que esteja empregado, pois as transições de carreira não são veiculadas.

Deixo algumas reflexões para que esses profissionais, que estão desempregados e não sabem como se expressar ou sentem vergonha:

**a)** Ficar desempregado não é desonra para ninguém, pois 90% dos profissionais já ficaram desempregados pelo menos uma vez na vida;

**b)** Procure ser o mais honesto possível quando enviar um currículo, deixando claro que está desempregado, pois numa entrevista lhe perguntarão;

**c)** No mercado em que vivemos, todos as pessoas convivem com amigos, familiares que estão desempregados;

**d)** Estar desempregado não é uma doença grave. É como um resfriado, ou seja, depois de um tempo, sara.

Seja autêntico e positivo nas suas afirmações e jamais diga que está em busca de novas oportunidades ou em transição de carreira.

## 328. PODEMOS COMPARAR A ATITUDE DAS PESSOAS COMO A HISTÓRIA DA FORMIGA E DA CIGARRA?

Essa é uma antiga fábula que sempre gosto de contar aos iniciantes: "A formiguinha carregando uma pesada folha, a cigarra então aconselhou: deixa esse trabalho, vamos nos divertir. A formiguinha resolveu ver a vida que a cigarra levava e ficou encantada. Mas, no dia seguinte, apareceu a rainha e, ao vê-la se divertindo, olhou feio para ela e ordenou que voltasse ao trabalho. A rainha das formigas falou então para a cigarra: se não mudar de vida, no inverno você passará fome e frio. A cigarra nem ligou e comentou: o inverno ainda está longe. Para a cigarra, o que importava era aproveitar o hoje, sem pensar no amanhã. Quando o inverno chegou, a cigarra começou a sentir o corpo gelado e não tinha o que comer. Desesperada, foi bater na casa da formiga. Abrindo a porta, a formiga viu na sua frente a cigarra quase morta de frio. Naquela hora, apareceu a rainha que disse à cigarra: no mundo das formigas, todos trabalham".

Muitas pessoas entendem que nunca perderão o emprego ou que nunca será necessário se aposentar, gastando tudo que têm sem fazer um pé de meia para emergências.

Mesmo sem nunca perder seu emprego, situações emergenciais acontecem e você deve estar preparado para isso.

## 329. PRETENDO DEIXAR O MUNDO CORPORATIVO PARA INGRESSAR NUMA EMPRESA FAMILIAR. QUAIS DIFERENÇAS ENCONTRAREI?

Encontrará centenas de diferenças e se prepare para isso. É importante que esteja seguro da decisão, pois afetará sensivelmente a forma que você está acostumado a trabalhar.

Abaixo cito algumas das principais diferenças que encontrará:

**a) Tomada de decisão:** as decisões não são tomadas em colegiado e ficará restrita ao dono da empresa, que dificilmente segue os conselhos dos demais;

**b) Segregação de atribuições:** nas corporações é muito claro quem faz o que, e até onde cada profissional deve atuar. As empresas familiares, por mais organizadas que sejam, não têm essa característica. Tentar dizer que "quem requisita um material, não compra e quem compra não pode pagar" é perda de tempo.

**c) Metodologias corporativas:** empresas familiares normalmente são inflexíveis quanto às teorias corporativas. Dizer que terão que implementar um "*Lean Manufacturing*", para melhorar a produtividade, é quase como xingar a mãe do dono.

Estou fazendo uma narrativa genérica, pois algumas empresas familiares já possuem metodologias iguais as das corporações.

De qualquer forma, procure entender o "*modus operandi*" da empresa antes de soltar alguma "pérola" que faz parte do mundo corporativo.

## 330 POR QUE ALGUNS PROFISSIONAIS NÃO CONSEGUEM SE MANTER EMPREGADOS, APESAR DE TEREM UMA BOA FORMAÇÃO E EXCELENTE RELAÇÃO INTERPESSOAL?

Nesses 35 anos de carreira, conheci profissionais desse tipo. A maioria deles com formação excelente, fluência em idiomas e excelente relacionamento. Mas, então, por que não se mantêm empregados?

Aparentemente as tarefas delegadas a esses profissionais não fluem da maneira como deveriam e, consequentemente, não atendem às expectativas dos gestores.

Nota-se que esses profissionais são verdadeiros "leões de entrevistas". Possuem um desempenho excelente que deixam os entrevistadores atônitos.

Após contratados, já no período de experiência, notam-se indícios de que as atividades não serão atendidas a contento.

Deparei-me uma vez com um caso interessante. Diariamente o gestor tinha que repassar todas as atividades que esse profissional deveria executar, mesmo que tivessem sido solicitadas no dia anterior. Parecia até o filme "*Como se fosse a primeira vez*", estrelado por Adam Sandler e Drew Barrymore, no qual a atriz principal sofria de uma doença rara que esquecia de tudo durante o sono.

Apesar disso, esse profissional estava sempre motivado para iniciar seu dia de trabalho como se fosse o primeiro dia dele na empresa. Dá para entender?

## 331 POR QUE QUANDO PEDIMOS DEMISSÃO, ALGUMAS EMPRESAS NOS TRATAM COMO PESSOAS "NÃO GRATAS"?

Apesar de atualmente não fazer o menor sentido esse tipo de comportamento, ainda existem algumas raridades no mercado que atuam dessa forma. Quando digo empresa, devemos entender que me refiro ao comportamento das pessoas que trabalham nela.

Essas pessoas sofreram uma lavagem cerebral tão intensa a ponto de acharem que a empresa é a melhor de todas e não é possível que alguém possa desdenhar dela e partir para uma outra, que elas consideram bastante inferior.

Isso era bastante comum na década de 1990, quando as políticas empresariais eram tão convincentes que realmente achávamos que não existia nada melhor no mundo do que fazer parte daquele "time". Grandes corporações da indústria automobilística atuavam dessa forma.

Isso faz parte de um passado, não muito remoto, que foi vivido pela geração "X". Atualmente, pode-se dizer que não existe mais esse tipo de situação no mercado e quando vemos algum caso similar, considere como uma exceção.

Se mesmo assim ocorrer com você e se sentir ofendido, o melhor a fazer é desprezar e deixar que isso caia no esquecimento.

## 332 ESTOU DESEMPREGADO HÁ MAIS DE UM ANO. COMO EXPLICAR ISSO NA ENTREVISTA?

Ficar desempregado por mais de um ano é bastante desagradável, porém, apesar de parecer algo incomum, acontece com uma frequência inimaginável no país em que vivemos.

Durante as várias crises que tivemos no Brasil, inúmeros casos de desemprego por períodos próximos ou superiores a um ano aconteceram, mas não é motivo de desespero. Tudo pode ser facilmente explicado no momento da entrevista.

O importante é deixar claro para o entrevistador que nesse período "sabático" você teve a oportunidade de se atualizar com treinamentos e pôde trabalhar em atividades extras, sem estar oficialmente com um vínculo empregatício. Atividades filantrópicas também podem ser mencionadas.

Outras perguntas surgirão quando você concluir sua dissertação. Por isso, é importante que esteja realmente preparado para possíveis questionamentos.

Não é esperado de ninguém que ficou desempregado por um ano ficar sentado no sofá assistindo TV sem ter feito nada nesse período. Então, tenha habilidade e veracidade nas afirmações que prestará.

Não existe nada pior em uma entrevista do que você passar por mentiroso, portanto, tenha bastante cuidado com sua retórica, caso contrário o insucesso será eminente.

## 333 EXISTE EMPREGO IDEAL?

Lógico que não! Emprego ideal pode ser comparado com amor platônico. Apesar da comparação esdrúxula que fiz, posso explicar com mais detalhes.

O ideal seria realmente não ter necessidade de trabalhar e fazer somente as coisas de que gosta, sem que haja necessidade de se preocupar com o dinheiro. Mas como isso não é possível, algumas dicas poderão ajudá-lo a entender o que seria um emprego quase ideal.

Gostaria de enfatizar que existem três pontos principais que definem a satisfação em se trabalhar, que são:

a) **Ambiente de trabalho:** tem um peso de 60% na satisfação;

b) **Oportunidade de crescimento:** tem um peso de 30% na satisfação;

c) **Remuneração:** tem um peso de 10% na satisfação.

Procure sempre focar em empregos que tenham um ambiente de trabalho favorável, pois esses serão os que mais se aproximam do emprego ideal.

Não existe nada pior do que você trabalhar todos os dias e abominar seu emprego, por isso a regra dos 60-30-10, pode ser usada na tomada de decisão, seja para aceitar um novo emprego ou para ficar onde você se encontra.

Tenha sempre certeza de que o ambiente de trabalho que encontrará num novo emprego seja aprazível e lembre-se que é isso que faz a diferença.

## 334 TENHO UM EXCELENTE CONTATO NA DIRETORIA DA MINHA EMPRESA E UM AMIGO ME PEDIU PARA INDICÁ-LO. COMO DEVO PROCEDER?

Você tem um enorme problema para resolver! Esse tipo de pedido costuma deixar qualquer um em situação ruim, no mínimo em relação a um dos lados e muitas vezes com os dois lados.

Existe um ponto extremamente importante que deve ser levado em consideração antes de tomar alguma atitude.

Partindo do pressuposto que seu amigo é um excelente profissional, que reconhecidamente performou de modo extraordinário nas empresas em que trabalhou, deve-se fazer uma análise criteriosa se a característica pessoal dele se enquadra com o *"modus operandi"* da sua empresa.

Muitas vezes nos deparamos com detalhes pessoais que podem ser abominados por determinadas empresas e apreciados por outras.

Não espero que você tenha uma "bola de cristal", mas se realmente fará essa recomendação, é importante que tenha certeza de que a empresa gostará dele pessoalmente, pois não existe nada pior do que ver um amigo ser demitido por não se adequar às "manias" da empresa.

Na dúvida, não o indique e justifique a ele que as "manias" da empresa não combinam com o perfil pessoal dele. Seja o mais honesto possível, sem comprometer a amizade!

## 335 PARA MUDAR DE EMPREGO, TENHO QUE TER NECESSARIAMENTE UMA "NETWORK" NA EMPRESA PARA A QUAL DESEJO IR?

Não necessariamente. *"Network"* ajuda muito no momento da recolocação, porém pode ser um complicador quando não é utilizada de forma adequada.

Quando somos contratados por uma empresa e a indicação da vaga foi feita pela sua rede de contatos dentro da companhia, temos que tomar alguns cuidados para não sermos vítimas da própria indicação.

Nesses casos, normalmente em pouco tempo todos saberão quem foi seu "padrinho" e, num primeiro momento, relacionarão a você as mesmas referências que têm daquele que o indicou. Ou seja, as atitudes negativas do seu "padrinho" serão rotuladas também em você. Isso levará algum tempo até que consiga demonstrar que não tem essas características.

Já observei muitos casos onde o "padrinho" foi demitido e, na sequência, o "afilhado" também. Por isso, seja cauteloso em utilizar sua rede nas recolocações. Entenda primeiro se o seu contato é realmente "pessoa grata" dentro da empresa e procure sempre se desvincular do seu "padrinho" o mais rápido possível, andando com suas próprias pernas.

Pude observar que as experiências que tive nas empresas nas quais consegui a vaga por mim mesmo foram melhores do que naquelas em que fui indicado por alguém. Pense nisso para não se frustrar depois.

## 336 COMECEI EM UMA NOVA EMPRESA. O QUE FAÇO PARA ME TORNAR PARTE DO TIME?

Os três primeiros meses na nova empresa serão cruciais para definir o seu sucesso. Existe um livro intitulado *"Os 100 primeiros dias"* que aborda esse tema e poderá ser bastante útil para esse início. Sugiro a leitura.

Nessa fase inicial, o importante é conhecer os formadores de opinião e tentar se aliar a eles. Mas, como faço para identificá-los e como faço essa aliança?

Normalmente, essas pessoas são conhecidas por todos os funcionários e não será difícil você conseguir essa informação. Pergunte às pessoas do departamento, de forma sutil, quem são os mais experientes da empresa e quais são os pontos de interesse deles, tipo, futebol, carros, política etc.

A partir daí, tente uma aproximação com eles, logo na sua fase de integração, envolvendo-os em conversas que sejam do interesse deles. Tome cuidado para não se precipitar e colocar tudo a perder, fazendo parecer que você é um interesseiro.

Feito esse primeiro contato, tente sempre pedir sugestões a esses colegas para cada decisão difícil que tomará. Com isso, a aliança está feita e deve ser perenizada durante sua estada nessa empresa.

Esteja convicto de que se não fizer as alianças corretamente, seu fracasso na empresa é certo!

## 337 MUDEI DE EMPREGO E PERCEBI QUE TOMEI A DECISÃO ERRADA. O QUE FAÇO AGORA?

Mudanças de emprego devem ser criteriosamente analisadas antes da tomada de decisão. Alguns fatores externos podem interferir e nos precipitar.

As forças de atração para a nova empresa normalmente vêm por cargos de liderança almejados, salários superiores, benefícios diferenciados etc. Por outro lado, existem também as forças de repulsão da empresa atual, tais como, decepções com chefias, frustrações por impotência nas decisões, benefícios, cargos não alcançados etc.

Deve-se sempre levar em conta que as empresas são muito parecidas entre si e atuam praticamente da mesma forma no que tange aos recursos humanos. Engana-se quem acha que mudando de emprego, tudo mudará.

Já que não existe nada a fazer depois do fato consumado, alguns pontos devem ser levados em consideração, pois não será bom para seu currículo uma nova mudança em menos de dois anos.

Tente tirar proveito das coisas boas que a nova empresa tem. Evite fazer comparações com o antigo trabalho e procure trabalhar harmoniosamente todos os dias. Sabemos que é difícil trabalhar onde não se adapta, mas é mais difícil explicar a um entrevistador por que deixou a empresa num espaço tão curto de tempo.

### 338 ACABEI DE ENTRAR NA EMPRESA E JÁ VEJO MUITAS COISAS ERRADAS. O QUE EU DEVO FAZER?

É muito comum quando começamos numa nova empresa encontrarmos pontos de melhoria, principalmente quando a companhia anterior executava corretamente, ou de forma diferente, aquela tarefa.

Com certeza também encontrará muitos pontos positivos que você entendia como deficientes em sua empresa anterior. O que fazer então?

Deve-se ter muito cuidado ao comparar a experiência anterior para não ter como foco a crítica em relação à empresa atual. É importante muita cautela nesse momento para não ferir o ego das pessoas do novo local.

Tente sempre demonstrar proatividade nas atitudes, apresentando soluções inovadoras que melhorarão o processo atual, sem que haja a necessidade de mencionar "na minha empresa anterior, fazíamos desse jeito" ou "a outra companhia tinha essas qualidades que aqui não tem" e assim por diante.

Humildade é um dos pontos mais apreciados quando chegamos novos em uma empresa e, portanto, é assim que devemos proceder. Nunca se julgue ser um "Luke Skywalker", com habilidades sobre-humanas, que chegou na nova empresa para livrá-la do lado "negro da força", pois encontrará o "Darth Vader" que vai, no mínimo, decepar seu braço quando o império contra-atacar.

### 339 O QUE FAZER NUMA ENTREVISTA QUANDO ELA COMEÇA COM A PERGUNTA: FALE UM POUCO DE SI MESMO?

Desafortunadamente, isso se tornou um jargão apreciado por entrevistadores, que utilizam essa pergunta inicial para "quebrar o gelo" da entrevista. Dificilmente os candidatos não passarão por essa pergunta durante o processo de seleção, então conforme-se.

A melhor coisa a se fazer é descrever o que você executou e não falar de si mesmo, que pouco importará ao processo de seleção.

Tente descrever sua carreira em ordem cronológica, enfatizando as atividades que trouxeram resultados econômicos surpreendentes para a empresa ou que foram consideradas como um "divisor de águas" em termos operacionais.

Se trabalhou em mais de uma empresa, tente estabelecer uma ligação entre a saída de uma com a entrada na outra, não deixando margens para perguntas do tipo: por que saiu de "A" e foi para a "B"? Sua retórica na explicação deve deixar subentendido ao entrevistador o motivo da saída.

Se mesmo assim, apesar de cobrir de forma sintética tudo o que fez, você for indagado a falar um pouco de si, procure mencionar suas atividades fora da empresa sem abordar temas com religião, política, questão de gênero etc., que podem desagradar o interlocutor.

## 340 NÃO ME ADAPTO AO MEU CHEFE, TAMPOUCO À EMPRESA. DEVO PEDIR DEMISSÃO?

Decisões precipitadas sempre incorrem em outros problemas. Alguns pontos devem ser observados antes de uma tomada de decisão dessa magnitude.

Um bom relacionamento com o chefe é sempre importante para que as atividades fluam de maneira positiva, porém alguns chefes são inadaptáveis. Nesse caso, é importante entender se somente você não se adapta, ou todas as pessoas do departamento têm esse problema com ele.

Se todos tiverem, cabe uma conversa entre as pessoas da área e o gestor do seu chefe. É difícil fazer isso, pois algumas pessoas recuarão com medo das retaliações, mas com um mínimo de três pessoas já será possível conversar sobre o fato.

Procure agendar essa conversa quando seu chefe estiver fora da empresa, por discrição. Aborde o gestor dele de forma objetiva, com dados e fatos, e tenha certeza de que essa é uma opinião geral de todos os funcionários. Dê um tempo para que as coisas mudem, pois mudarão.

Hoje as empresas dispõem de diversos recursos para delatar casos como esse, pois existe uma preocupação jurídica no que diz respeito a assédio moral. Caso não se adapte à empresa, o melhor mesmo é se manter por um tempo mínimo que não prejudique seu currículo e posteriormente, o pedido de demissão.

## 341 FUI DEMITIDO. O QUE VOU FAZER AGORA?

Não se desespere, pois não foi o primeiro e não será o último. É uma situação muito chata, mas é normal na situação econômica que vivemos. A estatística mostra que somente 10% da população nunca foi demitida nenhuma vez na vida até a aposentadoria, ou seja, isso acontece com praticamente todos.

Independentemente de quanto foi a sua indenização, a primeira coisa a fazer é "fechar a torneira". Sente-se com a família (entenda por família as pessoas que habitam a mesma casa) e exponha abertamente a situação e os fatos.

Os custos devem ser reduzidos ao máximo possível, sem abrir exceção para nada. Lembrando que o foco deve ser sempre alimentação, saúde, segurança e educação, nessa ordem de prioridade. Os demais itens podem esperar. Não estou dizendo para não honrar os compromissos, mas o bom senso é a chave do sucesso nesse período.

Com relação à recolocação, não saia "dando tiro para todos os lados", pois isso pode dar uma conotação de desespero. Nesse momento o melhor a fazer é buscar as oportunidades dentro da sua rede de contatos. Sempre haverá alguém disposto a ajudá-lo e é, nesse momento, que reconhecerá os verdadeiros amigos.

Não existe mal que dure para sempre e lembre-se, até um "pé na bunda" faz a gente andar para a frente. Tenha fé!

## 342 "SOU TÃO BONITO QUANTO APARENTO SER"?

A pergunta soa um tanto quanto estranha, mas faz todo o sentido. Normalmente acreditamos ser melhores do que realmente somos. Isso é um sentimento muito comum no ser humano e valorizado erroneamente por nossos pais e avós.

Isso acontece constantemente na nossa vida profissional, concluindo que poderíamos ter um cargo superior ao que temos, salário maior etc., mas sem entender quais são as restrições que temos.

É muito comum nos frustrarmos com essa situação, pela própria falta de discernimento das nossas limitações, em função daquilo que acreditamos que podemos ser. Com o passar do tempo, vamos adquirindo maturidade e consequentemente percebemos que não progredimos naquele momento por alguma limitação que tínhamos. Mas leva tempo até termos essa percepção.

Recomenda-se aos profissionais que manifestam esse ressentimento, que procurem as vagas e salários almejados, indo para o mercado para participar de entrevistas nas funções pretendidas. Só assim saberão ao certo se são "tão bonitos quanto pensam que realmente são". Essa experiência de reconhecer as derrotas trará uma nova consciência a essas pessoas.

## 343 FUI DEMITIDO. MEUS COLEGAS DA EMPRESA ME AJUDARÃO?

Dificilmente o ajudarão, com raríssimas exceções.

No primeiro momento, ficarão chocados. No dia seguinte, se perguntarão por que você foi demitido. Na semana seguinte, lembrarão que era você que fazia aquela determinada atividade. E, no mês seguinte, o esquecerão. Cruel dizer isso, mas é a dura realidade da vida!

Pouquíssimos o ajudarão com indicações do seu currículo ou conversando com a "*network*" deles, mas pode estar certo de que não passa disso. Muitas vezes, as pessoas só ajudam para tirar o "peso da consciência".

Você receberá ajuda das pessoas que você menos espera e que, por muitas vezes, não tinha um contato tão próximo. Aqueles que tinha expectativa que iriam ajudá-lo, em muitos casos, até se afastarão de você.

A vida é bastante emblemática e interessante, mas é assim que ela funciona. Nunca espere nada dos outros e não se frustre por atitudes inesperadas. Procure ajudar aqueles que estão ao seu alcance e não julgue ninguém, jamais, por não tê-lo ajudado.

Todos nós passaremos por situações semelhantes que servirão de exemplo para nosso crescimento espiritual e essa é uma delas.

### 344 — TIVE A NECESSIDADE DE ACEITAR UM EMPREGO COM REMUNERAÇÃO INFERIOR A QUE EU TINHA. POSSO TER PROBLEMAS NO FUTURO?

Normalmente os entrevistadores mais experientes não aceitam contratar profissionais com reduções de salário comparado com sua última remuneração. Se isso aconteceu é porque a empresa necessita urgentemente do profissional e não pode esperar mais por isso.

O motivo principal é que, certamente, a situação fica caracterizada por uma necessidade pessoal momentânea e que esse emprego servirá como trampolim para uma nova oportunidade.

Não podemos deixar de levar em consideração que as necessidades pessoais dos indivíduos remetem a essa situação, principalmente devido aos compromissos financeiros de cada um.

Como já citei em outro artigo, nunca é bom para o currículo uma mudança de emprego num curto espaço de tempo, mas nessa condição, tanto a empresa atual como a futura saberão que o fato ocorreu para suprir necessidades.

Por isso é importante ser honesto nas entrevistas, explicando os motivos que o levam a aceitar o emprego, bem como, no caso de futura mudança, também explicar o motivo por que está querendo mudar novamente. Esse discurso é bem recebido pelas empresas e é a melhor justificativa!

### 345 — MUITOS ENTREVISTADORES PEDEM PARA MENCIONAR OS "GOLDEN POINTS" E "WEAK POINTS" NA ENTREVISTA. POR QUÊ?

Isso virou quase um clichê nas entrevistas, fazendo parte da lista de perguntas que os entrevistadores devem necessariamente fazer.

É muito fácil para o entrevistado falar sobre os *"Golden Points"*, por meio de exemplos que fizeram parte da vida profissional do indivíduo e que trouxeram resultados positivos às empresas e foram fortemente elogiados pelos líderes.

O maior problema é quando precisamos falar dos *"Weak Points"*, pois nunca conseguimos falar daquilo que nos traz constrangimentos ou pode arruinar nossa imagem como profissional.

Como alternativa, os candidatos acabam enaltecendo características pessoais de forma a colocá-las como defeitos ou ainda como pontos negativos, por exemplo: sou muito exigente com prazos e acabo me excedendo com as cobranças sobre os envolvidos no projeto. Isso nada mais é do que uma qualidade colocada de maneira a tentar convencer o entrevistador.

Procurem fugir desse tipo de pergunta, dizendo: me constrange reconhecer meus pontos fracos, mas tenho certeza de que tenho muitos ainda e a cada dia procuro corrigi-los no momento em que tomo ciência deles, para que não se repitam.

## 346 POR QUE OS ENTREVISTADORES INSISTEM EM PERGUNTAR SOBRE ERROS COMETIDOS PELOS CANDIDATOS EM EMPRESAS ANTERIORES?

Isso é quase uma "arapuca" das entrevistas que alguns recrutadores ainda insistem em utilizar apesar de ser *démodé*.

Jamais um candidato quer falar de pontos negativos dele mesmo, mais conhecido no campo jurídico como "apresentar provas contra si mesmo", não faz o menor sentido comentar nada disso.

Uma alternativa para sair dessa armadilha é analisar alguma passagem da sua vida profissional na qual acabou tomando uma decisão que não estava dentro do seu nível de aprovação, sem consultar sua chefia imediata.

Dessa forma, poderia mencionar o seguinte ao entrevistador: erroneamente tomei uma decisão de determinada ordem que, por procedimento, jamais poderia ter tomado, mas como estava sem acesso à minha chefia e como a falta de direcionamento do assunto poderia causar danos irreparáveis ao cliente, decidi correr esse risco, consequentemente fui advertido pela minha chefia, que acabou entendendo o motivo.

Veja, com essa resposta, você admite não ter seguido o procedimento, ou seja, errou, porém denota uma atitude positiva em resolver o problema do cliente.

## 347 EXISTE VIDA FORA DO MUNDO CORPORATIVO?

Absolutamente, sim! O mundo corporativo não é nada mais do que uma parte do mercado e com uma representatividade de média para baixa, dentre as inúmeras oportunidades que o mercado oferece.

Podemos citar como exemplo os cargos públicos, os profissionais autônomos, o setor de comércio e serviços, entre outros.

O maior problema para quem está no mundo corporativo é se adaptar a esse novo ambiente, que realmente possui um "*modus operandi*" totalmente diferente daquilo que estamos habituados.

Para que possamos entrar nessa nova arena, temos que primeiro fazer uma mudança interna em nós mesmos, deixando de lado a "sopa de letrinhas" que envolve metodologias, processos, procedimentos, entre outros. Necessariamente deverá acontecer uma "lavagem cerebral" completa para esse enquadramento.

O mundo corporativo infelizmente contamina nossa mente a ponto de acharmos que tudo se resume a isso e, na verdade, o mundo real fica totalmente fora desse ambiente. Convivo com inúmeras pessoas em outros ramos de atividade profissional e que estão muito felizes na situação em que se encontram.

Acreditem, as pessoas que saíram desse ambiente corporativo dificilmente querem retornar.

## 348 POR QUE NÃO CONTRATAMOS PESSOAS ACIMA DE 50 ANOS?

Durante a passagem da geração "X" para "Y", uma série de profissionais jovens começou a entrar no mercado em posições de liderança, fazendo com que as idades dos líderes diminuíssem.

Criou-se um paradigma muito grande nesse sentido, tendo a falsa ideia que os profissionais mais velhos estavam desmotivados e com pouca chance de se adaptar às novas tendências tecnológicas vindouras.

Por isso, temos notado nos últimos anos uma dificuldade muito grande de recolocação de profissionais com mais de 50 anos, mas que deverá mudar nos próximos anos com a entrada massiva da geração "Z" no mercado.

A geração "Z" tem pouco a ver com as duas gerações anteriores, pois não criarão nenhum vínculo com as corporações e tampouco com as atividades nela relacionadas.

Dificilmente a geração "Y", que vem liderando as corporações nos últimos anos, terá habilidade de conviver e liderar a geração "Z", devido ao desprendimento desta. Obrigatoriamente terão que trazer de volta ao mercado a geração "X", que basicamente são as pessoas de 50 anos e acima, já totalmente adaptados às corporações.

Aguardem, pois ainda existirá oportunidades para os seniores!

## 349 TRABALHO COMO EMPREGADO. DEVO CONSIDERAR A POSSIBILIDADE DE ABRIR MEU PRÓPRIO NEGÓCIO?

Percebemos que muitas pessoas têm esse sonho de abrir sua própria empresa e fugir dos padrões corporativos e da necessidade de ter um chefe. Lembre-se de que, quando empresário, seu cliente será seu chefe, ou seja, ao invés de um único chefe, terá dezenas.

Apesar de diferentes, os problemas sempre existirão, seja como empregado ou como empresário.

É importante lembrar que de cada dez empresas abertas no Brasil, cinco fecham no primeiro ano, três fecham até o quinto ano e apenas duas sobrevivem. Para se tomar uma decisão dessa é importante sempre analisar os prós e contras.

Percebe-se que a perenidade das empresas acontece principalmente quando já existe uma experiência anterior de pais e avós e essa experiência é passada por meio de gerações para os herdeiros.

Conhecemos casos de sucesso, nos quais a pessoa saiu "do nada" e criou um império. Sim, porém são raríssimos esses casos.

O melhor mesmo é analisar com muito critério todas as variáveis antes da tomada de decisão e, preferivelmente, se for abrir um negócio, fazê-lo em paralelo com o atual emprego até que tenha certeza absoluta que pode deixá-lo.

# PARTE 6:
# APOSENTANDO

**PARTE 6: APOSENTANDO**

## 350 FALTAM ALGUNS MESES PARA ME APOSENTAR. COMO FAÇO PARA CONTROLAR MINHA ANSIEDADE?

Vou ser bastante sincero para você, minha ansiedade em aposentar começou cinco anos antes e imagine que naquele período a discussão sobre a reforma da previdência, que trouxe incertezas, tinha apenas começado.

Se você está convicto que se aposentará realmente, o melhor a fazer é reafirmar isso todos os dias e deixar claro para todos da sua intenção.

Não se preocupe com o que vão falar de você por tomar essa decisão, mas informe que está preparando um substituto e está à disposição da empresa a qualquer momento.

Não se engane a ponto de achar que a empresa não sabe os detalhes de tempo de serviço que você tem e quando pretendem rescindir o contrato. Nesse momento, o melhor a fazer é a transparência.

Para controlar a sua ansiedade, comece a pensar em como ocupar seu tempo na sua aposentadoria, ensine sua atividade ao seu potencial substituto, crie um time auto gerenciável etc.

Não espere mais nenhum minuto para deixar seu legado. Procure ensinar e, cada vez mais, se doe às pessoas. Não existe nada que nos dê tanta satisfação quanto fazer isso.

Viva intensamente esses últimos meses de trabalho e os encare como se fossem os últimos realmente.

## 351 COMO DEVO CALCULAR MEU CUSTO PARA ME APOSENTAR?

As pessoas sempre calculam o custo com base no padrão de vida que têm hoje, sem levar em conta que alguns gastos não existirão quando estiverem aposentadas.

O primeiro ponto que temos que entender é: quando iremos aposentar e qual é nossa expectativa de vida? A primeira pergunta é possível saber, mas, para a segunda, não possuímos essa dádiva ainda.

Temos que definir o custo fixo, mais as despesas que não tínhamos quando empregados, por exemplo, plano de saúde. Por outro lado, deixaremos de ter algumas despesas que são inerentes à nossa atividade profissional, como vestuário, combustível etc.

Não podemos esquecer que quanto mais tempo livre, mais chance temos de viajar e gastar dinheiro. Portanto, é importante que no cálculo consideremos esse valor.

Feitas todas as elucubrações, chegaremos num montante a ser gasto até o final da nossa existência. Esse valor deve ser menor ou igual a soma todos os nossos bens mais as aposentadorias a receber.

Parece loucura, mas não é necessário o cálculo de juros complexos, uma vez que automaticamente os ajustes são feitos. O ideal seria que o último centavo gasto acontecesse no momento do nosso falecimento. Mas não é assim.

Viva e aproveite tudo o que conquistou! Não se preocupe em acumular para deixar herança.

## 352 VOCÊ FOI ENVENENADO PELO SEU TRABALHO? COMO FAZ A DESINTOXICAÇÃO?

Muitas pessoas, mesmo após aposentadas, continuam envenenadas pelo seu trabalho. Ficam remoendo aquela reunião em 1999, a advertência recebida pelo chefe em 2002, a discussão com aquela pessoa em 2008 etc.

Esqueça! Tudo isso é passado. Nada disso faz mais parte da sua vida. O horário para acordar, almoçar, ir ao banco, finalizar o expediente... não existem mais. Agora você é uma pessoa livre desses compromissos, se desintoxique!

Tenho muitos amigos e familiares que ainda, apesar de aposentados, continuam como se estivessem trabalhando. Tornaram a vida dos familiares um verdadeiro inferno.

Muitos continuam querendo aplicar o Sistema Integrado da Qualidade em sua residência, inclusive com auditorias internas periódicas. Acham que estou brincando, não é? Pura verdade, só não vou contar quem faz isso.

Procure concentrar sua energia em outras atividades. Se quiser aplicar algum conceito corporativo, utilize-o na comunidade com o intuito de melhorar a vida das pessoas.

Essa abstinência ao mundo corporativo é necessária para dirimir qualquer resíduo de mágoa que ainda possa existir em relação às empresas e/ou pessoas com as quais trabalhou. Se ainda acredita que pode canalizar esse veneno, utilize-o para o seu crescimento espiritual.

## 353 QUAL A AVALIAÇÃO QUE FAÇO DO MEU INGRESSO E DESPEDIDA DO MUNDO CORPORATIVO?

No meu caso específico, desde o meu primeiro dia de trabalho, em 1º de fevereiro de 1984, pensei comigo mesmo: daqui exatamente 35 anos vou me aposentar. Ou seja, só faltam mais 12775 dias, que ótimo!

A partir daí, a cada dia que passava sentia que a aposentadoria se aproximava. Parece insano, mas foi exatamente como passei todos esses anos, pensando na minha aposentadoria.

Consegui ser efetivado em 8 de novembro de 1984 na General Motors e acreditava que em 31 de outubro de 2019 (são oito anos bissextos nesse período) estaria aposentado na própria GM.

Não tinha muita ambição naquele momento e acreditava que me aposentando como Analista SR de Processos já era um grande feito para minha carreira profissional. Todo meu planejamento foi feito com essa meta e logo de início já quis contribuir mensalmente com a previdência privada, visando uma aposentadoria adequada.

Logicamente, nem tudo ocorreu como planejado, pois as oportunidades foram surgindo e a ambição foi mudando. Concluí que tudo que passei foi muito bom e saio desse ambiente corporativo orgulhoso, principalmente pelo reconhecimento que conquistei das pessoas. Concluindo: entrei feliz, me mantive feliz e saí feliz do mundo corporativo!

### 354 — DENTRO DO MUNDO CORPORATIVO PARTICIPAVA DE EVENTOS VULTUOSOS E AGORA TUDO ISSO ACABOU NA MINHA APOSENTADORIA. ISSO É MOTIVO DE FRUSTRAÇÃO?

Pelo contrário, isso é motivo de felicidade! O ambiente corporativo é extremamente contaminado com essa ilusão de vultuosidade. Não se deixe enganar com aqueles eventos institucionais que traziam celebridades, com jantares em lugares inimagináveis, pois nada mais era do que um teatro. Quando um CEO vinha nos visitar, algumas pessoas ficavam "puxando o saco" de forma explícita, perdendo totalmente o senso de ridículo.

Apesar de aposentado, se você ainda não conseguiu se desapegar desse tipo de evento, você tem realmente um problema sério para enfrentar. Teoricamente esse entendimento já deveria ter acontecido antes mesmo de se aposentar, pois a maturidade adquirida no mundo corporativo já deveria ter lhe mostrado isso.

Procure perceber que daqui em diante é muito melhor ter um evento simples junto com sua família e amigos do que eventos majestosos com pessoas falsas e dissimuladas. A felicidade está dentro de cada um de nós e certamente aquilo que vivia e participava no mundo corporativo era pura ilusão.

Não se frustre jamais por isso, pois momentos muito mais aprazíveis surgirão e lhe mostrarão o real significado da vida.

### 355 — COMO DEVO PREPARAR MEU SUCESSOR PARA ME APOSENTAR DEIXANDO UM LEGADO?

Não existe nada mais gratificante em finalizar a carreira deixando um substituto totalmente preparado e capacitado para substituir você. O que fazer então para que isso seja factível? Delegar.

A delegação deve ocorrer não somente quando está prestes a se aposentar, e sim no cotidiano. Existem muitos gestores, apesar de fora de moda, que ainda insistem em não delegar responsabilidades aos subordinados, criando-se assim um contencioso de especialistas sem o mínimo preparo para a liderança.

Os atuais times de trabalho devem ser autogerenciáveis, desde uma atividade operacional, até uma decisão estratégica. A implementação dessa metodologia de trabalho é exclusivamente de responsabilidade do gestor da área, cabendo a ele criar um plano de sucessão de todas as pessoas da equipe.

Quanto ao seu substituto, deverá existir no mínimo um que seja reconhecido pela equipe como tal. A escolha dependerá do potencial para assumir a função, porém caberá a você o treinamento quase que diário dessa pessoa.

Utilize todas as oportunidades que tiver para colocá-la em evidência, pois será também avaliada por outros líderes, que endossarão a decisão de substitui-lo no futuro.

## 356 QUEM LEVOU MAIS VANTAGEM NA RELAÇÃO EMPRESA-EMPREGADO, AS EMPRESAS NAS QUAIS TRABALHEI OU EU?

Na relação empresa-empregado, as empresas normalmente levam em média vantagem de um para dois a cada empregado contratado, ou seja, cada trabalhador contribui duas vezes mais do que é remunerado.

Mas essa conta parece que não fecha se consideramos que o lucro de uma empresa rentável está na ordem de 10% e o custo da mão de obra pode variar entre cinco e 15%. Se considerarmos isso, a proporção seria de um para um. Correto. Porém, alguns outros pontos devem ser levados em consideração.

Vamos dividir a empresa em duas grandes áreas: aquelas que são necessárias para o andamento das atividades, independentemente do ramo, e aquelas que são responsáveis pela geração de lucro.

Muitas áreas, apesar de gerarem somente despesas para a empesa, são necessárias para suportar as geradoras de lucro, que se concentram principalmente nas áreas produtivas ou, mais especificamente, na operação.

Sem sombra de dúvida, as empresas sempre levaram mais vantagem do que você na relação empresa-empregado, pois não o teriam contratado se fossem levar prejuízo.

### 357 — POSSO DIZER QUE TUDO QUE CONQUISTEI FINANCEIRAMENTE SE DEVE A MINHA ESTADA NO MUNDO CORPORATIVO?

As corporações, de uma maneira geral, proporcionam benefícios excelentes aos associados, que vão desde planos de saúde de ótimo padrão, mesmo para os funcionários com salários mais baixos, até carros executivos para diretores e gerência seniores, bem como, plano de previdência para praticamente todos os níveis.

Quando trabalhamos quase que toda a nossa jornada profissional dentro das corporações, somos capazes de fazer um "pé de meia" suficiente para nos mantermos seguros na nossa aposentadoria.

Logicamente, existem exceções a toda e qualquer regra, que variam para os dois lados. Por exemplo, quando temos um negócio em paralelo à empresa ou quando recebemos uma herança, aí o que conquistou não é 100% oriundo do mundo corporativo.

Do outro lado, porém, podemos ter situações de perdas financeiras que vão desde problemas de saúde na família até "golpes financeiros" sofridos durante nossa vida. Nesse caso, não foi possível se estabilizar financeiramente devido a fatores externos.

Na maioria dos casos, podemos, sim, afirmar que nossa conquista financeira se deu principalmente por estar trabalhando dentro das corporações.

### 358 — ESTOU ME APOSENTANDO E NÃO ME PREPAREI ADEQUADAMENTE. O QUE FAZER AGORA?

Problema muito sério esse seu! Em 90% dos casos, as aposentadorias são impostas aos empregados de forma bastante sutil, porém, deixando claro que a partir daquele momento a empresa não tem mais interesse em permanecer com você.

Normalmente nesse momento, desagradável para aqueles que não se prepararam, a melhor alternativa é tentar uma sobrevida na empresa, negociando sua permanência pelo máximo tempo possível.

Algumas empresas chegam até a conceder períodos longos de permanência no intuito de reconhecer o empregado pelos bons serviços prestados, mas vamos partir do princípio que seu período se resume a apenas três meses.

Durante esses 90 dias, foque seu esforço em procurar alternativas no mercado de trabalho, seja como pessoa física ou como pessoa jurídica. Aproveite sua rede atual de contatos para fazer isso, pois após sua saída da empresa não terá mais esse privilégio.

Não é motivo de desespero, mas talvez tenha que partir para uma atividade que não está totalmente relacionada a sua função atual, como, por exemplo, consultoria, auditoria, vida acadêmica etc.

Encare também a possibilidade do seu salário diminuir, mas, por outro lado, as verbas rescisórias da sua atual empresa o ajudarão. Boa sorte!

## 359 OS MEUS COLEGAS DA EMPRESA ME CONTATARÃO APÓS A MINHA APOSENTADORIA?

Provavelmente não e você deve estar preparado para essa frustração! Por pior que seja essa afirmação, nós somos simplesmente um número dentro das organizações.

Quando estamos ativamente trabalhando, convivemos com nossos colegas praticamente um terço do nosso tempo, sendo que os outros dois terços estamos dormindo ou com nossa família. A partir do momento que uma pessoa deixa a empresa, seja por aposentadoria ou demissão, a rotina de trabalho continua para aqueles que ficaram e, em poucos dias, seremos esquecidos por eles.

Faça uma analogia: você manteve contato com as pessoas que saíram das empresas em que trabalhou? Então, por que acreditar que manterão contato com você quando sair?

Essa é a dura realidade dos ambientes corporativos, mas não podemos esquecer que alguns laços de amizade criados nesse ambiente serão perenizados, desde que tenha havido um relacionamento fora do trabalho. Pode ter certeza que isso não representa nem 1% dos contatos que você tinha quando trabalhava.

Ao se aposentar, procure esquecer completamente o ambiente corporativo e viva intensamente os momentos com seus familiares e verdadeiros amigos que participaram intensamente da sua vida.

## 360 APOSENTEI. QUE ROTA DEVO SEGUIR AGORA?

Primeiro ponto a colocar em mente é que existe vida após anos de trabalho.

Conheci muitas pessoas que se dedicaram às empresas de maneira incondicional, deixando de lado sua família, vida pessoal e social. Essas pessoas infelizmente não sabiam viver sem a rotina diária de trabalho.

Em alguns casos, a pessoa logo após se aposentar levantava-se no mesmo horário, fazia sua rotina e ia até a empresa. Chegando lá, cumprimentava os colegas e retornava para casa. E isso ocorreu por diversas semanas.

Isso infelizmente é muito triste, pois elas perderam fatos importantes na sua vida em função da empresa e hoje ficam como "baratas tontas".

Podemos usar como analogia um presidiário condenado a 40 anos de prisão. Quando sai da cadeia, ele não se lembra nem onde morava, muitos amigos já faleceram e a solidão chega muito rápido. Nesse caso, uma das diferenças entre a prisão e a empresa é que você dorme em casa.

Então, se você se aposentou, esqueça a empresa e comece a viver intensamente os próximos dias. Viva-os como se fossem os últimos de sua existência. Visite os velhos amigos e familiares, viaje com seu companheiro e filhos etc. Faça tudo aquilo que nunca fez quando trabalhava. Permita-se!

## 361 APOSENTEI, MAS ACHO QUE A EMPRESA ME PREJUDICOU EM ALGUMAS OCASIÕES. POSSO PROCESSÁ-LA JURIDICAMENTE?

Pode ser que alguns ainda não saibam, mas a expressão de que "brasileiro leva vantagem em tudo" surgiu em 1976 por meio de uma propaganda de cigarros. Infelizmente isso ficou enraizado no nosso

DNA a ponto de realmente querermos levar vantagem em tudo. Tentou-se criar a informal "Lei de Senna", no começo da década de 1990, para combater isso, mas não teve repercussão.

Talvez ao me aposentar eu possa pensar que fui lesado em algumas situações pela empresa na qual trabalhei por tanto tempo. Mas o bom senso sempre deve prevalecer e então vale se questionar: será que eu também trabalhei todo o tempo que fui remunerado? Evidente que não. Acabei dando minhas "escapadinhas" para resolver assuntos particulares e, mesmo assim, estava recebendo salário.

Então, nunca é tarde para sairmos desse universo "brasileiro" de querer levar vantagem em tudo e sobre todos. Devemos balancear cada situação e lembrando que nem tudo que é legal é moral.

Seja justo com a empresa e principalmente com a sua consciência e talvez a vontade de processar a empresa cesse. Utilize a "Lei de Senna", que era baseada em competência, dignidade e ética!

## 362. APOSENTEI, MAS QUERO VOLTAR PARA O MERCADO DE TRABALHO. O QUE DEVO FAZER?

Primeira pergunta que se deve fazer: tenho realmente certeza disso?

Entendemos perfeitamente que em inúmeros casos as pessoas necessitam retornar ao trabalho por questões financeiras. Muitos ainda possuem filhos em idade escolar, outros ainda estão com imóveis financiados etc.

Existem também outros casos nos quais o indivíduo se sente perdido em casa ou inútil por não executar alguma atividade. Isso normalmente ocorre por não ter se preparado adequadamente para aposentadoria e, principalmente, porque não ficou claro o que faria com esse "excesso" de tempo livre que passou a ter.

Alguns falam que viajar é a melhor opção, mas para isso é necessário ter se preparado financeiramente. E viajar o tempo todo também cansa.

Antes de tomar uma decisão de retornar ao trabalho, tente fazer um esporte, ter um *hobby* ou até executar uma atividade filantrópica. Dissemine um pouco do seu conhecimento adquirido nestes anos. Com isso, preencherá seu tempo livre e a vontade de voltar a trabalhar passará rapidamente, pode ter certeza disso.

Tire essa ideia de voltar a trabalhar da cabeça e aproveite a vida que lhe resta!

### 363 COMO SERIA MINHA APOSENTADORIA SE NÃO TIVESSE ESSA VIVÊNCIA NO CORPORATIVO?

Apesar de ter encontrado inúmeros pontos negativos, creio que se não tivesse tido essa experiência, deixaria de ter muitas oportunidades principalmente em diversidade cultural e consequentemente sentiria um vazio quando aposentado.

O mundo corporativo proporciona viagens internacionais e motiva sobremaneira a explorar novas culturas. Cheguei até a pensar em fazer um curso de antropologia para coroar o legado que estou deixando para as futuras gerações.

Os últimos 35 anos foram repletos de muitas mudanças tecnológicas, econômicas, políticas, entre outras, que, de uma maneira direta ou indireta, acabaram afetando as corporações. A sobrevivência a essas mudanças foi primordial para meu crescimento, seja no âmbito profissional, bem como cultural e espiritual.

Aí poderia ficar uma pergunta: se pudesse voltar ao passado, faria tudo da mesma forma? Se isso fosse possível, certamente o mundo corporativo não seria minha escolha, como já mencionei anteriormente.

Mas se eu reiniciasse nesse ambiente, mudaria a sequência dos fatos, por exemplo, priorizaria os idiomas à formação profissional, complementaria a habilidade de liderança com cursos de psicologia, daria mais atenção à família, teria uma atividade profissional paralela e colocaria a empresa em segundo plano.

### 364 SEREI INCOMPETENTE SE MORRER E DEIXAR UMA HERANÇA?

Um cartunista disse uma vez que seremos incompetentes se morrermos deixando alguma herança, pois chegamos nesse mundo sem nada e deveremos sair dele sem nada também. Isso faz todo sentido.

A maioria das pessoas tem o ímpeto de acumular patrimônio a vida inteira para usufruir disso no futuro ou deixar esse legado para as próximas gerações, mas até que ponto isso é benéfico?

Dois pontos devem ser observados antes de acumularmos: qual a finalidade de acumular tanto se quando morrermos não vamos poder usufruir? Qual benefício de crescimento espiritual meus herdeiros terão com as coisas que acumulei para eles?

Não existe um modelo matemático para determinar como usar o nosso patrimônio a ponto de morrer zerando a conta.

Então, seja caridoso e utilize aquilo que acumulou em benefício de outras pessoas. Procure gastar para viver intensamente seus dias aqui neste planeta e doe aquilo que você nunca terá tempo nessa vida de usufruir, mas certamente será de vital importância para aqueles que estão recebendo.

Sendo repetitivo: nascemos sem trazer nada, morremos sem levar nada, e nesse intervalo entre a vida e a morte brigamos por aquilo que não trouxemos e não levaremos. Pense nisso: viva mais, ame mais, perdoe sempre e seja mais feliz.

## 365 QUAL A COISA MAIS IMPORTANTE QUE FICA NA MEMÓRIA SOBRE O MUNDO CORPORATIVO?

Menciono dois momentos, um positivo e um negativo que foram os principais motivadores para que escrevesse este livro.

Positivo: o meu primeiro dia em uma das empresas que trabalhei, onde me dirigi ao meu novo chefe e perguntei como ele gostaria que reportasse as minhas atividades.

Sugeri semanal ou quinzenal, de acordo com a disponibilidade dele, e ele imediatamente me disse: "Contratei você para ser o "*head*" da área e entendo que é extremamente qualificado para tomar as decisões do departamento sem precisar me envolver". Adicionou: "Você tem total autonomia para isso. Me procure somente se tiver algo que não consiga resolver e eu também só vou procurá-lo caso tenha alguma dúvida sobre sua decisão".

Negativa: foi oposta a essa e se refere a meu último dia em outra empresa. Após cinco dias do meu pedido de demissão, o diretor veio até mim e disse: "Infelizmente você não poderá permanecer na empresa, pois descobrimos que está indo trabalhar na concorrente e nos preocupamos com o vazamento de informações, portanto, peço que deixe a empresa imediatamente".

O mais interessante é que um momento demonstra total confiança e, no outro, total desconfiança. Essas são as antíteses do mundo corporativo. Ame-o ou deixe-o!

**PARTE 6: APOSENTANDO**

# ÍNDICE REMISSIVO

**A**
Amadorismo..................................pp. 65/145
Analfabeto.............................................p. 63
Anta, antas..........................................p. 117
Apática, apáticas................................p. 181
Apelido, apelidos................................p. 234
Aposentadoria........................pp. 273/274
Auditor, auditoria...................pp. 55/102
Avaliação, avaliações........................p. 275

**B**
Babaca, babaquice.................pp. 62/227
Benefício, benefícios.........................p. 115
*Board*....................................................p. 77

**C**
Caos........................................................p. 54
Carga.......................................pp. 41/91
Carreira, carreirista..........................p. 110
CEO, CFO..................................pp. 56/67
Cheirômetro.......................................p. 177
Chute, chutador.................................p. 147
Cigarra.................................................p. 256
Clima.....................................................p. 66
Coerência, incoerência............pp. 164/233
*Coffee break*.......................................p. 109
Colaborador, colaboradores..............p. 41
Competência, incompetência...........p. 145
Competição, competidor........pp. 187/190
*Compliance*..............................pp. 44/74
Compras..............................................p. 124
Comunicação...........................pp. 19/27
Concorrente, concorrentes..........p. 22/42
Conformidade, conformidades.........p. 106

Confraternização......................pp. 218/239
Consultor, consultoria........................p. 93
Contratação, contratações................p. 42
Controle, controles............................p. 106
Conveniente, inconveniente.............p. 177
Crítica, autocrítica...................pp. 192/200
Cultura.......................................pp. 24/68
Currículo, currículos................pp. 248/249

**D**
Defecar................................................p. 154
Deficiência..........................................p. 163
Demagogia...........................................p.29
Demagogil.................................pp. 30/151
Demência............................................p. 199
Demissão..................................pp. 44/ 86
Denúncia..................................pp. 103/114
Desperdiçadores..................................p. 61
Disfunção............................................p. 170
Doente.................................................p. 156

**E**
Egoísmo................................................p. 85
*E-mail*.......................................pp. 27/45
Emocional.............................................p. 51
Empoderado.......................................p. 179
Empregado, desempregado......pp. 255/258
Emprego, empregado........................p. 259
Engajamento........................................p. 89
Engenharia.........................................p. 135
*Enterprise*..........................................p. 146
Entrevista, entrevistado.....................p. 10
Envenenado........................................p. 274
Erro, erros............................................p. 11

Estágio, estagiário...........................pp. 9/10
Ética..................................................pp. 37/50
Exame médico....................................p. 252
Executivo, executivos....................pp. 34/61

**F**
Faraós.................................................p. 108
Férias..............................................pp. 66/212
Fio de bigode....................................p. 131
Foda-se...............................................p. 56
Fofoca.................................................p. 65
Formação...........................................p. 19
Formiga..............................................p. 256
Fornecedor, fornecedores...................p. 70
Funcionário, funcionários....................p. 20

**G**
Gato....................................................p. 58
Geração, gerações........................pp. 29/76
Gerundismo.......................................p. 71
Graduação...........................................p. 9

**H**
*Happy hour*.......................................p. 188
Herança.......................................pp. 274/278
Hieróglifos..........................................p. 58
Hipocrisil............................................p. 48
Homem...............................................p. 28

**I**
Idade da pedra..................................p. 165
Idealista..............................................p. 79
Idiota, idiotice...................................p. 227
Inglês.............................................pp. 72/110
Inteligência emocional......................p. 51
Internacional....................................p. 100
*Internet*........................................pp. 11/186

**J**
*Job Protection*...................................p. 136
Jurídico..........................................pp. 95/103

**L**
Leão, Leões........................................p. 117
Leis................................................pp. 92/163
Líder, Líderes.....................................p. 41
Limo, limbo........................................p. 140
Linguarudo.........................................p. 80

**M**
MacGyver...........................................p. 142
Mão de obra..................................pp. 13/14
*Marketing*..........................................p. 211
Marqueteiro...............................pp. 120/121
Mediocridade......................................p. 36
Mentira, mentir................................p. 228
*Mentoring*..........................................p. 90
Merda..................................................p. 49
Meritocracia......................................p. 132
Metodologia..................................pp. 20/43
Minuta de reunião..............................p. 96
Moral...................................................p. 50
Mosca..................................................p. 68
Muleta................................................p. 190

**N**
Nacional, nacionalidade.....................p. 22
Negativista........................................p. 222
*Network*......................................pp. 253/261

**P**
Palestra...............................................p. 80
PDV....................................................p. 174
Peão....................................................p. 87
*Performance*................................pp. 23/67
Polêmico........................................pp. 26/50
Profissional....................................pp. 20/21
Prolixo...............................................p. 228
Puxa-saco..........................................p. 169

**R**
Racional..............................................p. 96
Rastro de sangue..............................p. 110
Recurso, recursos.........................pp. 85/99
Redes sociais................................pp. 10/13
Redução de custo...............................p. 69
Remuneração....................................p. 197
Resiliência...........................................p. 41
Reunião.........................................pp. 60/77
RH...............................................pp. 134/190
Rota de colisão.................................p. 119

**S**
Saí do armário..................................p. 175
Salário.........................................pp.103/115
Sapo..................................................p. 219
*Shadow*............................................p. 128

## PARTE 6: APOSENTANDO

Sinceridade..........................................................p. 119
Sindicato.............................................................p. 60
Sopa de letrinhas................................................p. 56
*Star Trek*.............................................................p. 33

**T**
Tartaruga............................................................p. 101
Tênis...................................................................p. 237
Teoria da conspiração..........................pp. 127/144
Terceirizado, terceirização..............................p. 136
Toco....................................................................p. 59
Trabalho, trabalhistas..............................pp. 66/92
Transparência...................................................p. 119
Treinamento.............................................pp. 42/44
Trem....................................................................p. 15

**U**
Universo....................................................pp. 19/33
Urgência...........................................................p. 105

**V**
Vaga..........................................................pp. 85/155
Vestir a camisa..................................................p. 49

**W**
*WhatsApp*.................................................pp. 27/57
*Workshop*.................................................pp. 46/62

**Z**
Zona de conforto.............................................p. 166